Franz Xaver Leitner

Der hl. Thomas von Aquin über das unfehlbare Lehramt des Papstes

Franz Xaver Leitner
Der hl. Thomas von Aquin über das unfehlbare Lehramt des Papstes
ISBN/EAN: 9783743613850
Hergestellt in Europa, USA, Kanada, Australien, Japan
Cover: Foto ©Lupo / pixelio.de

Manufactured and distributed by brebook publishing software (www.brebook.com)

Franz Xaver Leitner

Der hl. Thomas von Aquin über das unfehlbare Lehramt des Papstes

Der hl. Thomas von Aquin

über

das unfehlbare Lehramt

des

Papstes.

Inaugural-Dissertation

von

Franz Xaver Leitner,

Priester der Diöcese Regensburg.

> ...docet, quae vult tenet,
> ...jam inhaeret Ecclesiae
> doctrinae, sed propriae voluntati.
> Thom. Aquin. S. theol. 2. 2. q. 5. a. 3. i. corp.

Freiburg im Breisgau.
Herder'sche Verlagshandlung.
1872.
Strassburg: Agentur von B. Herder, 15, Domplatz.

Seiner Bischöflichen Gnaden

dem

hochwürdigsten Herrn Herrn

Ignatius

Bischof von Regensburg

dankbarst gewidmet

von

dem Verfasser.

I. Einleitung.

1. Wir gehen daran, die Lehre des hl. Thomas von Aquin über die Unfehlbarkeit des Papstes darzulegen und zu untersuchen. Da ist es von vorneherein wichtig zu bemerken, daß der englische Lehrer einen grossen Theil seines Lebens als Schüler und Meister an der Hochschule zu Paris zugebracht hat. Zu Paris, welches damals „das grosse Emporium und die Werkstätte theologischen und philosophischen Wissens" war, weilte der hl. Thomas als Schüler unter Albert dem Grossen von 1245 bis 1248, der hl. Wissenschaft beflissen; da holte er sich, im Auftrag seines Ordens, durch ein mehrjähriges Wirken im Lehramt (1252—57) die acabemischen Grade; da leitete Thomas a. 1258 als regens primarius das ganze theologische Studium, und setzte seine Vorlesungen, nach kurzer Unterbrechung, mit ausdrücklicher Dispense von den längeres Dociren verbietenden acabemischen Gesetzen noch ein weiteres Jahr neben den übrigen Magistern fort. Seit 1260 an verschiedenen Orten Italiens, besonders in Rom und Bologna lehrend, besteigt Thomas a. 1269 nochmal den theologischen Lehrstuhl in Paris, und nimmt ihn, jetzt als vollendeter Meister, mit Auszeichnung bei grossem Hörer=Zudrang zwei volle Jahre ein[1]. Im Jahr 1272 war zu Florenz Ordens=Capitel der Dominikaner; auf demselben liefen um Thomas förmliche Bewerbungen ein, von Rom, Neapel, auch von Paris. Der Orden entschied für Neapel. Dennoch als der gefeierte Meister, von Neapel nach Lyon zum Concilium reisend, zu Fossa Nuova so unerwartet gestorben war, beklagte seinen Tod nächst den

---

[1] Quetif et Echard, Scriptores Ord. Praedic. (Paris 1719.) I. p. 271. — Dr. Werner, der hl. Thomas von Aquin. (Regensburg 1858.) Bd. I. S. 108. 113. 117. 120. 213. 214.

Ordensbrüdern und Concilsvätern am lautesten — die Pariser Hoch=
schule. In einem Condolenzschreiben an die in Lyon zum Ordens=
capitel versammelten Prediger=Brüder, datirt 13. Sept. 1274, nennt
die Pariser Academie den Bruder Thomas ein luminare majus, das
der Welt aufgegangen und so schnell wieder verschwunden sei. Der
hochberühmten Pariser Schule habe Thomas als Schüler und Meister
so lange angehört: darum möchte sie auch seinen Leichnam und seine
letzten etwaigen Schriften haben [1]).

Wir können daraus wohl schließen, daß Person und Lehre des
Bruders Thomas damals bei der Pariser Schule gleich sehr in An=
sehen waren [2]).

2. Bald nach Thomas' Tod begannen wissenschaftliche Fehden,
in welchen selbstverständlich auch der Bruder Thomas als Autorität
angerufen wurde; die Gegner der Dominikaner fingen an, manche
Bemängelungen an einzelnen Sätzen des Thomas auszusprechen. Doch
betrafen dieselben zumeist, z. B. die des Franziskaners Wilhelm
de la Marre (1284) philosophische Anschauungen [3]). Das gilt auch
von den durch Bischof Tempier (Stephanus II. Templarius) i. J. 1277
censurirten 222 Thesen. Da bei dieser Censur kein Autor mit Namen
genannt war, so gab es viel Streit, wem dieselbe eigentlich gelte.
Es ist nicht unwahrscheinlich, daß dadurch der gemäßigte Realismus
mancher Franziskaner getroffen war; aber zweifelhaft war die Sache
immerhin [4]), und es fehlte nicht an Leuten, die „behaupteten, einige
dieser Artikel berührten auch die Lehre des ausgezeichneten Doktors,
des beatus Thomas, Bruders des Predigerordens" [5]). Weil solche

---

[1]) Natalis Alexand. H. E. XIII. et XIV. saec. diss. VI. a. 12. (Bingen
1789). — Oudinus, de scriptoribus eccles. (Leipzig 1722). III. p. 366 sqq.

[2]) Vgl. Döllinger in seiner „Rede über Vergangenheit und Gegenwart der katho=
lischen Theologie", in den Verhandlungen der Münchener Gelehrtenversammlung Seite
30. 31: „Als die scholastische Theologie, im 13. Jahrhundert, auf ihrer Höhe stand,
da hatte sie gleich der Kirche einen übernationalen Charakter; es waren alle euro=
päischen Nationen, welche in einträchtiger gewaltiger Geistesanstrengung dieses riesen=
hafte Gebäude des menschlichen Denkens und Forschens aufführten... Paris aber
war das grosse Emporium und die Werkstätte theologischen und philosophischen Wissens.
Dort strömten die Wißbegierigen und die Gelehrten aller Nationen zusammen. Nur
das, was dort Anerkennung oder doch Duldung sich erwarb, durfte
in der Kirche gelehrt werden."

[3]) Quetif & Echard l. c. I. p. 431.

[4]) Werner a. a. O. S. 863. 2.

[5]) Worte aus der nachfolgenden Erklärung des Pariser Bischofes Stephan
de Bouret.

Behauptungen auch noch nach der Heiligsprechung des Thomas (18. Juli 1323 durch Johann XXII.) umliefen, und allerlei schlimme Consequenzen daraus gezogen wurden, gab der Bischof Stephan von Paris (Stephanus III. de Boreto) nach dem Gutachten aller in einer eigenen Versammlung hierüber vernommenen Doktoren der Pariser Hochschule, auf den Rath des Pariser Capitels und in Uebereinstimmung mit dem Erzbischof Wilhelm von Vienne, der gleichfalls von 23 Magistern und 39 Baccalaureen der Theologie einzelne schriftliche Gutachten darüber eingeholt hatte, a. 1325 die feierliche Erklärung ab: Supradictam (unter Bischof Tempier) articulorum condemnationem et excommunictionis sententiam, in quantum tangunt, vel tangere asseruntur sanam doctrinam S. Thomae praedicti et doctoris eximii, tenore praesentium, ex certa scientia totaliter annullamus [1]).

Diese feierliche Erklärung enthält nebstdem die herrlichsten Lobsprüche auf Thomas, in Titeln, die ihm gegeben werden (z. B. doctorum universitatis nostrae Parisiensis speculum clarissimum), und überdieß ein klares Zeugniß über die Lehre der damaligen Bischöfe und Theologen Frankreichs von dem Ansehen der römischen Kirche in Glaubenssachen. Nos igitur, sagt der Pariser Bischof in der Erklärung, attendentes cum eis (die zum Gutachten aufgeforderten Theologen sind gemeint), quod sacrosancta Romana Ecclesia mater omnium fidelium et magistra fidei et veritatis, in firmissima Petri, Christi vicarii, confessione fundata, ad quam velut universalem regulam catholicae veritatis pertinet approbatio doctrinarum, declaratio dubiorum, determinatio tenendorum, et confutatio errorum, — praefatum doctorem eximium .. sanctorum catalogo adscribendum decrevit, etc.

Dieses war also noch damals, a. 1325, nachdem die traurigen Wirren unter Philipp dem Schönen vorausgegangen und die Uebersiedelung der Päpste nach Avignon erfolgt war, die Anschauung der französischen Bischöfe und Theologen von der römischen Kirche, von der Autorität des Papstes, kraft welcher derselbe, nicht ganz zwei Jahre vorher, den hl. Thomas canonisirt hatte [2]).

---

[1]) Oudinus l. c. III. 369—71. Ganz das Gegentheil könnte der bei Werner a. a. O. S. 863. 2. stehen gebliebene Druckfehler: annuimus statt annullamus beweisen. Auch wurde die Sentenz nicht schon vor der Canonisation des hl. Thomas, sondern die Jovis ante sacros cineres 1325, also 1³/₄ Jahre nachher gefällt!

[2]) Möge Janus sehen, wie er dem gegenüber seinen Satz halten kann: „Man setzte seit geraumer Zeit [er redet von der Zeit Johann XXII.] in Sachen der Lehre,

3. Doch, noch im Laufe des 14. Jahrhunderts traten Ereignisse ein, welche den Bau der Kirche Gottes in seinen Grundfesten zu erschüttern drohten. Seit 1378 war das Schisma permanent. Bereits im Jahre 1381 hören wir den Vizekanzler der Pariser Universität, Heinrich von Langenstein, in seinem Concilium pacis (Gerson. opp. ed. du Pin, t. II. p. 809—40) die Ansicht aussprechen: Ein allgemeines Concil kann im Falle des Schisma auch ohne Berufung und Vorsitz des Papstes gehalten werden.

Da trat im Jahre 1387 der Dominikaner Johannes Montson (de Montesono) zu Paris mit mehreren der Academie anstößigen Thesen auf. Die Facultät censurirte 14 davon[1]). Dieselben handelten von der Trinität, der hypostatischen Union, der Allmacht Gottes, der unbefleckten Empfängniß Mariä. Keine der Thesen enthält auch nur eine Sylbe über den Primat. Der Bischof von Paris trat dem Urtheil der Universität bei.

Doch Johannes versteht sich nicht zum Widerruf. Er appellirt an den Papst zu Avignon, Clemens VII. Als Grund hiefür gibt er an:

1) Quia Universitas et Episcopus Parisiensis doctrinam S. Thomae condemnaverant.

2) Quia sic condemnare non erat Universitatis aut Episcopi, sed „solius summi Pontificis, quandoquidem praedicti Doctoris doctrina fuerat ab Ecclesia comprobata, proindeque aliquid attentare contra appellationem, erat incurrere crimen laesae Sanctitatis Pontificiae et Ecclesiasticae auctoritatis"[2])

Während der Dominikanerorden des Bruders Johannes sich annahm, erließ die Pariser Academie ein Circularschreiben an alle wahrheitsliebenden Bischöfe, Priester und Laien der katholischen Welt. Laut klagen darin die Professoren über die eingelegte Appellation, die sie „wegen Mangels an Gründen" eine frivole nennen. Sie hätten den rechten Weg gegen Bruder Johannes eingeschlagen; hätten erst privatim ihn zurecht gewiesen, dann an den Bischof von Paris sich gewendet, der zunächst die ecclesia des Evangeliums repräsentire

---

in theologischen Materien kein Vertrauen in die Curie". S. 293. (1. Auflage) Anm. 301. Man vergl. dazu die gleichzeitigen Aussprüche des Pariser Doctors, zugleich Dominikaner-Generals Hervāus (beim hl. Antonin p. 3. tit. 22. c. 2. §. 3.) und des Franziskaners, späteren Cardinals Vitalis e Furno (bei Raynald ad ann. 1322 n. 67).

[1]) Dieselben stehen bei Baluzius, Vitae Patrum Avenion. t. II. n. 228. — Bulaeus, Hist. Univ. Paris. t. IV. ad a. 1387. (ed. Paris. 1668). p. 618 seqq. 620. Thesis 11. ging gegen die immacul. concept. b. M. V.

[2]) Bulaeus l. c. p. 621.

und der judex ordinarius in hac parte sei ¹); leider habe der Dominikaner=Orden, — ob ganz oder bloß theilweise, wüßten sie nicht — Partei für Montson ergriffen, angeblich aus reinem Eifer für die Wahrheit und die Lehre des hl. Thomas. Und doch handle es sich hier nicht um die Lehre des hl. Thomas, sondern um die Verdrehungen des Johannes ²). Darum sollten alle Freunde der Wahrheit die verurtheilten Sätze für censurwürdig halten, so lange der „Apostolische Stuhl" nicht anders entschieden habe. Das sei aber durchaus nicht zu erwarten.

Das Circularschreiben der Professoren hinderte nicht, daß des Johannes Appellation angenommen und die Facultät collegialiter nach Avignon citirt wurde ³). Vier Pariser Doctoren vertraten dieselbe, darunter als Sprecher Peter d'Ailly. Dieser hielt vor Allem zwei Reden vor dem Papst und vor der Curie. In der Rede vor dem Papst, — welchen er den „Stellvertreter Christi" (cujus sc. Christi vices geritis), und „Regenten der gesammten Kirche" (qui universalem fidelium regit ecclesiam), den „von Gott zum Gipfel der Würden erhobenen vicarius veritatis" nennt ⁴) — betont Peter, daß keine der censurirten Propositionen aus Thomas sich feststellen lasse; er könnte das beweisen, unterlasse es aber der Kürze halber ⁵). Die Rede an die Curie begann Peter mit kräftigen Zeugnissen für den Primat; die Pariser Schule halte unverrückbar fest am Primat. Totum, versichert Peter, correctioni et judicio *Sedis* Apostolicae et *Sedentis* in ea Summi Pontificis humiliter submittimus..... De qua *Sede* in persona Petri Apostoli in ea sedentis dictum est: Petre, rogavi pro te etc.

Haec est igitur, ad quam determinatio fidei et approbatio

---

¹) Bulaeus l. c. p. 621. 622. 629. n. 7.

²) Ibid. p. 622. Dicunt (sc. fratres Ord. Praed.) quod nonnisi veras aut quae b. Thomae doctrinam tangere possunt, prosequi intendunt. Nos autem, sagen die Akademiker, millesies diximus, et ut videmus non sufficit, *qualiter S. Thomae doctrinam in dicta nostra condemnatione nequaquam reprobamus, sed dicimus* ..., hunc Joannem ejusque fautores doctrinam ejus (sc. Thomae) ad dictorum fideique absonum sensum adaptantes, aut ultra quam fieri debet dilatantes — condemnandos.

³) Peter d'Ailly läßt darüber in der Rede vor dem Papst die fides orthodoxa (personisicirt) ihre Verwunderung aussprechen. Bulaeus l. c. p. 625.

⁴) Ibid. p. 623. 626.

⁵) Ibid. p. 624: quod nulla earum (propositionum) ex dictis S. Thomae de Aquino dogmatizanda sit, quamvis possem ostendere, omitto.

veritatis Catholicae, ac haereticae impietatis detestatio *maxime* pertinet [1]).

In den letzten Worten haben wir eine der Formen, in welche Peter die Lehrgewalt des „Apostolischen Stuhles" kleidet.

Im Verlauf gibt er die feierliche Erklärung: Protestamur, quod contra honorem et reverentiam Sti Thomae de Aquino aut doctrinam ipsius nihil omnino proponemus, sed sicut dicit facultas theologica — „salva in omnibus reverentia Sancti hujus nec non doctrinae suae" — hanc causam fidei prosequimur.

Aber sofort wird diese Erklärung abgeschwächt. Wie Augustin bei Cyprian, so unterscheide auch er (Peter) bei Thomas und prüfe, bevor er folge. Sic hujus doctoris sanctitatem veneramur, et ejus doctrinam, quantum fides vel ratio patitur, tenendam censemus [2]).

Zu den Reden Peters gegen Johannes kam noch ein schriftlicher Tractat, welcher dem Papste und Consistorium überreicht wurde. Die drei Capitel desselben führen aus:

1) daß der Bischof und die Facultät von Paris das Recht der Censur über falsche Sätze haben;
2) daß die Sätze Montson's legitim proscribirt seien;
3) daß die Lehre des hl. Thomas ihrer Verurtheilung nicht entgegen sei.

Buläus gibt uns den Text dieses Tractates nicht; wir haben ihn wohl bei Natalis Alexander [3]).

Der Tractat war offenbar gegen die Appellations-Gründe des Johannes, nicht mehr gegen die 14 Thesen gerichtet. Der zweite Appellationsgrund war (nach Natalis Alexander) so gefaßt: Solius Sedis Apostolicae est declarare, damnare et reprobare, et eorum quae tangunt fidem ad solum Summam Pontificem pertinet examinatio et decisio. Peter d'Ailly suchte, mit Aufwand vieler Gelehrsamkeit, zu beweisen, dieser Satz enthalte Häresie, sei voll von Widersprüchen und Irrthümern, und schon darum, wenn Montson nichts anderes geschrieben hätte, solle er von der römischen Kirche zum Widerruf gebracht werden. Dieß Urtheil bewies er u. A. durch Unterscheidung zwischen Sedes und Sedens, durch Hinweis auf den Widerspruch, der darin liege, daß der Papst allein dieß kann, die „Kirche mit ihm" aber nicht u. s. w. Der zweite Theil des Satzes

---

[1]) Bulaeus l. c. p. 626.
[2]) Ibid. p. 627. 628.
[3]) H. E. t. 16. ed. Bing. p. 453. seqq. cf. Bulaeus l. c. p. 632.

sei deßhalb häretisch, weil dadurch die allgemeine Kirche und das all=
gemeine Concil, welches die Kirche repräsentire, von Glaubens=
entscheidungen ausgeschlossen würden; das canonische Recht gestatte,
vom Papst an ein allgemeines Concil zu appelliren u. s. f.

Als eigene Thesis stellt Peter folgende Conclusion auf: Ad Sedem
Apostolicam pertinet auctoritate judiciali suprema circa ea quae
sunt fidei judicialiter definire [1]). Dieser folgen sodann andere Con=
clusionen, welche die Rechte der übrigen Factoren im kirchlichen Lehr=
amt wahren sollen [2]).

Umsonst sucht man indeß in Peters Auseinandersetzung ein Wort
mit Bezug auf die Lehre des hl. Thomas über das Lehramt der
Päpste. Und doch hatte sich Montson im Allgemeinen auf Thomas
berufen! Auch wäre durch eine Vergleichung mit Thomas das ob=
waltende Mißverständniß [3]) sicher aufgedeckt worden. So aber macht
Peter, um die Lehre des hl. Thomas im Allgemeinen als nicht ganz
fehlerlos, als bloß probable und brauchbare (utilis) Doctrin hinzu=
stellen, ziemlich unerhebliche Bemäckelungen an einzelnen Sätzen des
heiligen Lehrers [4]), ja er führt gegen Montson sogar die Thasache
an: Im Jahre 1325 habe der Bischof Stephan zugleich mit der Facul=
tät die Doctrin des hl. Thomas approbirt, also habe nicht der Papst
allein und einzig das Recht der Approbation.

Die wiederholten Versicherungen der Facultät selbst, der Streit
drehe sich nicht um die Lehre des Thomas, sondern des Johannes
Montson, haben wir schon oben vernommen.

Also kam des hl. Thomas Lehre vom päpstlichen Lehramt nicht
in Frage, vielleicht deßhalb, weil man sie schon damals im Sinne
der späteren Gallicaner interpretirte.

Darnach läßt sich bemessen, wie viel Wahrheit in den Worten
des Janus (S. 296. 297) liegt: die Pariser Facultät habe im

---

[1]) Eine andere Fassung haben wir oben bereits angeführt.

[2]) Peter d'Ailly mit seinem „maxime pertinet" ist unbestimmt, trotz vieler
Worte. Uebrigens sprach und schrieb er bei dieser Gelegenheit so viel Schönes über
den indefectiblen Glauben des „Apostolischen Stuhles", daß Natalis Alexander (l. c.
n. 12) schließlich bemerken zu müssen glaubt: Peter habe hiebei den ex cathedra,
das heißt: accedente ecclesiae consensu redenden Papst im Auge. Sonst hätte
er ja nicht wiederholt sagen können, man könne vom Papst an's Concil appelliren.
Cf. Defens. Declar. Cleri Gallic. ed. Magunt. 1788. t. II. p. III. lib. X. c. 12.

[3]) Peter nahm „solus" einzig in exclusivem Sinne: mit Ausschluß aller
Andern; und doch bedeutet es auch: mit Absehen von den Andern!

[4]) Siehe Werner a. a. O. S. 867 ff.

Jahre 1388 eine Reihe von Irrthümern bei Thomas aufgezählt und dessen Lehre von der päpstlichen Unfehlbarkeit und Alleinberechtigung zu diesen Irrthümern gerechnet.

Der Ausgang des Streites zu Avignon ist bekannt. Nach langen Verhandlungen bestätigte der Papst das Vorgehen der Facultät gegen Johannes Montson. Werner (a. a. O. S. 870 ff.) meint, damit sei die Auffassung Peter d'Ailly's von der Tragweite der päpstlichen Approbation des Thomistischen Systems bestätigt worden. Wir erinnern dagegen, daß die Wahl Clemens VII., der jenes Urtheil fällte, selbst nach Janus (S. 316) „gesetzlich ungiltig" war, und die Identität der Lehre des Montson mit der des hl. Thomas erst zu beweisen wäre[1]).

4. Dreihundert Jahre später, im goldenen Zeitalter Ludwigs XIV., wurde die Frage über das Ansehen päpstlicher Lehrentscheidungen brennend.

Schon im Anfang des 17. Jahrhunderts begegnet uns in Richer nach Uebernahme des Syndicats der Pariser Universität (1608) ein eifriger „Kämpfer gegen die Jesuiten und für die alte Lehre"[2]).

Aber dieser Gelehrte war früher selbst Anhänger der „Bellarminischen Lehre von der Papstgewalt", warnte seine Schüler vor der Doctrin der Pariser Schule und gewann erst aus dem spanischen Dominikaner Franz von Viktoria angeblich eine bessere Ansicht über die Lehre der Sorbonne.

Doch war „bei Weitem der größte Theil der Theologen des 17. Jahrhunderts der gegentheiligen Ansicht und für die päpstliche Unfehlbarkeit"[3]). Im Jesuiten-Collegium zu Clermont war am

---

[1]) Vgl. die oben angeführten Worte Peter's selbst. Inwieweit Montson's Satz über das päpstliche Lehramt aus Thomas genommen war, wird sich später zeigen.

[2]) Worte Pichler's in „Gesch. der kirchl. Trennung zwischen Orient und Occident" Bd. II. 695 ff.

[3]) Pichler a. a. O. S. 705. Vgl. die beiden Schreiben der französischen Bischöfe von 1652 und 1653 an Papst Innocenz X. nach Verurtheilung der 5 Jansenistischen Sätze. Guéranger, de la Monarchie Pontificale gegen Marot (Deutsch: Mainz 1870.) S. 17 ff. und Anhang S. 221. Im Letzteren findet sich die Stelle: es sei ihr (der Bischöfe Frankreichs) fester Glaube, wie es die Ueberzeugung der alten Kirche war: non solum ex Christi domini nostri pollicitatione facta, sed etiam ex actis piorum Pontificum, et ex anathematismis adversus Appollinarium et Macedonium, *nondum ab ulla synodo oecumenica damnatos*, a Damaso paulo antea jactis, — *judicia pro sancienda regula fidei a summis Pontificibus lata*, super episcoporum consultatione (sive suam in actis relationis sententiam ponant, sive omittant, prout collibuerit) *divina aeque ac summa* per universum

12. Dezember 1661 die Unfehlbarkeit des Papstes vertheidigt worden, und am nämlichen Tage wurde in der Sorbonne fast dieselbe Thesis aufgestellt: Romanus Pontifex controversiarum ecclesiasticarum est constitutus judex a Christo, qui ejus definitionibus indeficientem fidem promisit.

Die deßhalb entstandenen Zwistigkeiten veranlaßten den König, den de Marca zu befragen. Dieser, schon auf dem Sterbebett, gab (a. 1662) in einer eigenen Abhandlung folgende Antwort[1]): Die Ansicht, daß der Papst allein, ohne erst die Zustimmung der Kirche zu bedürfen, unfehlbar sei, ist die einzige, welche man in Italien, Spanien und den andern Ländern der Christenheit lehrt und annimmt, so daß die entgegengesetzte der Pariser Schule nur tolerirt ist. Auch der größte Theil der Theologen und Juristen Frankreichs folgt derselben, und verspottet die der alten Sorbonne[2]).

In den Jahren 1663 und 1664 erklärte sich aber die Sorbonne neuerdings gegen die päpstliche Unfehlbarkeit. Doch der 6. der Anfangs dem Parlament überreichten Sätze war noch ausweichend gefaßt: Es ist nicht Lehre oder Dogma der Facultät, daß der Papst ohne Zustimmung u. s. w. unfehlbar sei. Erst der 4. Artikel der Declaratio cleri Gallicani, welche unter bekannten Umständen[3]) fertig wurde, formulirte ganz die „Lehre der Sorbonne".

Bossuet ist der von der Versammlung statt des schärferen Bischofes von Tournay aufgestellte Redacteur der vier Artikel, wie sie vorliegen[4]). Er hatte auch die Defensio der Declaration zu schreiben. Darin nun spricht er sich äußerst ungünstig über die Theologen des 13. Jahrhunderts aus. Im 13. Jahrhundert, sagt er, sei es geschehen, was früher unerhört war: es fand die Dichtung, daß alle kirchliche Jurisdiction vom Papst stamme, resp. zu erholen sei, damals Eingang in die Theologie, postquam scilicet philosophicis

---

Ecclesiam auctoritate niti: *cui Christiani omnes, ex officio, ipsius quoque mentis obsequium praestare teneantur.*

[1]) Pichler a. a. O. S. 708. 8.

[2]) De Marca, Mémoire n. 32. 34, mitgetheilt von Charlas, de la puissance de l'église S. 1. 1687, 89. (vgl. Guéranger, a. a. O. S. 11 ff.). De Marca sagt: La plus grande partie des docteurs non seulement de la théologie, mais encore de droit suivent *l'opinion commune* et se moquent de celle de l'ancienne Sorbonne. ... n. 31: Was wäre es, wollte man jene allgemeine Ansicht verwerfen? Ce serait ouvrir la porte à un grand chisme!

[3]) Charles Gérin, Recherches historiques sur l'assemblée de 1682.

[4]) Fénélon, Oeuvres (Versailles 1820) II. 260. bei Pichler a. a. O. II. 712.

ratiocinationibus iisque pessimis agere, quam patres consulere plerumque maluerunt. Mit Thomas indeß, dem „großen Meister der Pariſer Schule", will ſich der gelehrte Biſchof nicht in Widerſpruch ſetzen. Darum verſucht er es in ſeiner Defensio¹), die zwei Hauptſtellen Thomas' für die päpſtliche Unfehlbarkeit — nach ſeinem Sinne umzudeuten.

Summ. theol. 2. 2. q. 1. a. 10. ſoll nach Boſſuet nicht vom Papſt allein, ſondern vom Papſt in Verbindung mit dem Concil oder Conſens der Kirche die Rede ſein; — Op. de potentia (q. 10. a. 4. ad 13.) aber ſoll die Appellation a synodo ad Papam nicht von einer allgemeinen Synode ausgeſagt, und müſſe darnach die ganze Stelle anders verſtanden werden.

Wie eitel dieß Bemühen Boſſuet's ſei, wird ſich ſpäter zeigen. Hier conſtatiren wir: Boſſuet hielt den hl. Thomas nicht für einen Vertheidiger der päpſtlichen Unfehlbarkeit.

Das Gleiche muß von Thomas' berühmtem Ordensgenoſſen, Natalis Alexander, geſagt werden. Dieſer große Gelehrte hatte in ſeiner Kirchengeſchichte oft Gelegenheit, ſeine gallicaniſche Anſchauung über die kirchliche Lehrgewalt auszuſprechen. Deßhalb von den Censores religiosi mit Noten verfolgt, führt er nicht ſelten in

---

¹) Defensio declar. Cleri Gallic. (Mogunt. 1788) t. II. p. III. lib. X. c. 16. Boſſuet leitet das Capitel alſo ein: Quamquam theologi graves, postquam exploratam habent *Patrum* sententiam, non multum commoveri solent *novellis scholasticorum* opinionibus, nostra tamen postulat erga S. Thomam ac S. Bonaventuram, *scholae Parisiensis decora*, reverentia singularis, ne illos silentio praetermittamus. Dann geht er näher ein auf die Stellen des hl. Thomas. Voraus ſchickt er die Anſicht Gerſon's. Vidi nuper S. Thomam et S. Bonaventuram dantes supremam et plenam summo Pontifici potestatem ecclesiae. Recte procul dubio; sed hoc faciunt in comparatione ad fideles singulos et particulares ecclesias. (Dup. t. II. p. 355.) Die Hauptſtelle S. Theol. 2. 2. q. 1. a. 10. wird durch Hinweis auf Comm. i. Luc. 22, 32, — auf S. theol. 2. 2. q. 1. a. 9. Sed contra ad 3, endlich auf den hl. Antonin S. theol. p. III. §. 4 zu erklären verſucht. Die unitas fidei bleibe auch ſo gewahrt. Denn nach Gerson (t. II. p. 28): Ea, quae fidei sunt, debent eadem esse apud omnes; et haec identitas atque unitas *vix aut nunquam* perpetuari potest, nisi recursus esset finalis ad unum caput. Boſſuet erklärt dieß: non profecto quod omnia a solo papa finiantur, .. sed quod finale illud sit, quod cum tota ecclesia papa definiat. Merito ergo Gerson nihil se a S. Thoma discrepare docet. Am Schluß des Capitels die Bemerkung: *Quare si rem, ut diximus, summa ipsa perpendimus, nihil S. Thomam a reliquis Parisiensibus differre videatur; quem tamen si perfracte nihil tale memorantem*, ad Romani Pontificis omnino absolutam atque independentem ab ecclesiae consensu auctoritatem trahant, — patiantur certe nos in doctrina Patrum et in Concilii Constantiensis judicatis tuto adquiescere.

den Scholien früher gemachte Aeußerungen auf eine mildere Form und ein bescheidenes Maß zurück¹).

Am 7. und 8. Mai nun des Jahres 1683, also ein Jahr nach der Declaration, hatte er in öffentlichem Vortrag die Censur seiner Facultät über folgende Thesis zu begründen: Ad solam sedem apostolicam divino immutabili privilegio spectat, de controversiis fidei judicare.

Er selbst hat uns seinen Tractat darüber aufbewahrt²); er sagt darin u. A.: Würde es in der Thesis heißen: finaliter determinare statt judicare, dann würde er sie nicht bestreiten, sondern näher erklären; weil sie aber absolut gefaßt sei, in Worten, welche das Falsche, das Irrthümliche, einen dem Worte Gottes entgegengesetzten Sinn offen aussprechen, weil keine Modification beigesetzt sei, welche die Proposition für katholische Ohren und Herzen einigermaßen erträglich machen könnte, weil ihr **endlich der hl. Thomas durchaus nicht günstig ist, selbst nicht an der Stelle, auf welche von den Vertheidigern der Thesis mit so viel Ostentation hingewiesen werde**, so sehe er nicht ein, wie sie einer Censur entgehen könnte. Der gelehrte Sorbonnist thut seinem hl. Ordens-Genossen nicht Unrecht, wenn er sagt, Thomas sei der Proposition in dieser für eine feierliche Widerlegung außerordentlich bequemen Fassung nicht günstig. Wenn er aber, bei näherem Eingehen auf Thomas' Lehre, namentlich auf S. 2. 2. q. 1. a. 10. herausbringt, Thomas eigne daselbst dem Papst nur deßhalb die Editio Symboli zu, weil sie auf einem allgemeinen Concil erfolge und der Papst dieses versammle, oder wenn er sagt, Thomas rede insoferne von Bestätigung des Concils durch den Papst, als dieser über die Allgemeinheit und Rechtmässigkeit des Concils entscheide, dessen Beschlüsse promulgire, und ihre Ausführung befehle, so verfährt er offenbar, wie sich zeigen wird, mehr politisch als aufrichtig mit der Lehre des hl. Thomas.

Ganz anders urtheilte Launoy über Thomas. Ihm ist es ausgemacht, daß Thomas die Infallibilität des Papstes bei lehramtlichen Entscheidungen vorgetragen habe. Desto eifriger bemüht er sich aber, zu zeigen, Thomas sei lediglich durch Pseudo-Cyrill auf diese Ansicht gekommen³).

---

¹) Cf. H. E. (Binger Ausgabe 1789) t. 7. diss. 17; t. 9. diss. 14; t. 16. diss. 6. etc.

²) H. E. tom. 16. p. 440. (Anhang über Peter b'Ailly's Rede in Avignon 1387.)

³) Vgl. die Capitel über das Opusc. 1. contra errores Graecorum.

5. In unseren Tagen hat die Ansicht Bossuet's einen neuen Vertreter gefunden in dem Verfasser der Observationes quaedam [1]). Allerdings, führt derselbe in dem von Thomas handelnden Capitel aus, habe Thomas' Autorität der Lehre von der päpstlichen Unfehlbarkeit die Thore der Schule geöffnet; auch habe Thomas, gereizt durch den Zauber fingirter Stellen, über das päpstliche Lehramt Worte gebraucht, welche die Infallibilität auszusprechen scheinen; aber eigentliche Infallibilisten seien erst die Thomisten in der zweiten Hälfte des 16. Jahrhunderts gewesen, und wenn Thomas vom Lehramt des Papstes spreche, so meine er eigentlich den Papst, der sich stütze auf den Rath und die Hilfe der Gesammtheit der Kirche [2]). — Eine italienische Streitschrift: La infallibilità del Papa secondo S. Tommaso d'Aquino per V. P. — bestreitet gleichfalls, daß der englische Lehrer die päpstliche Unfehlbarkeit vorgetragen habe.

So ziemlich alle andern Gegner des Dogma's sind mit den alten Infallibilisten, Cajetan, Suarez, Bellarmin der Ansicht, Thomas sei ein Hauptvertreter der päpstlichen Unfehlbarkeit gewesen. Richter citirt ihn neben Bellarmin als Hauptzeugen dafür [3]); Gratry (in seinen lettres) und Döllinger (in den Erwägungen §. 24. und in der Erklärung vom 28. März 1871 S. 9. 10.) stehen ganz auf Launoy's Standpunkt. Am ausführlichsten hat sich Janus darüber ausgesprochen [4]).

Thomas von Aquin (heißt es S. 91) war der erste Theolog, welcher die Lehre vom Papst und seiner Machtfülle förmlich in die Dogmatik aufgenommen hat. Seit 1274 ist es Regel, daß die Lehre vom Papst einen eigenen Tractat oder Locus in den dogmatischen Werken erhalte.

Wir erfahren auch, wie das gekommen. Ein lateinischer Theologe, wahrscheinlich ein Dominikaner, der sich unter den Griechen

---

[1]) Wien 1870. p. 74. 75. 76.
[2]) Folgert dieß besonders aus S. th. 2. 2. q. 1. a. 10. mit Rücksicht auf den hl. Antonin, den „ganz ergebenen Schüler" des Thomas: „Sanctus Antoninus mentem Doctoris Angelici, cujus discipulum deditissimum se profitebatur, probe expressit, cum diceret: Licet (Papa), ut *persona singularis ex motu proprio agens errare posset in fide, eum tamen utentem consilio et requirentem adjutorium universalis ecclesiae* non posse errare. S. theol. p. III. t. 23. c. 3. Wie diese Stelle im Zusammenhalt mit der Gesammtlehre Antonin's zu verstehen sei, haben die trefflichen Animadversiones in quatuor libellos c. XIII. ausführlich dargelegt.
[3]) „Kirchenrecht", Leipzig 1867. 6. Aufl. S. 391.
[4]) Citate nach der 1. Auflage. Leipzig 1869.

aufgehalten hatte, stellte eine erdichtete Traditions=Kette griechischer Concilien und Väter ... zusammen, in welcher die neuen päpstlichen Ansprüche ihre dogmatische Basis erhalten sollten. Diese Zeugnisse wurden dem Papst Urban IV. 1261 vorgelegt, der sie den Griechen gegenüber sofort benutzte, aber vorsichtig den Namen der Zeugen ver= schweigend (S. 285. 286.). Papst Urban, „offenbar selbst getäuscht", stellte die Schrift dem Thomas von Aquin zu, der denn auch das den Primat betreffende Stück ganz benutzte, ohne den mindesten Ver= dacht zu schöpfen..... Thomas, der griechischen Sprache unkundig, im gregorianischen System erzogen, seine Kenntniß des kirchlichen Alterthums einzig aus Gratian schöpfend, sah sich auf Einmal im Be= sitz dieses Schatzes der wichtigsten Zeugnisse aus den ersten Jahrhun= derten, welche es ihm unzweifelhaft erscheinen ließen, daß die großen Concilien und die angesehensten Bischöfe und Theologen des 4. und 5. Jahrhunderts im Papst bereits den dogmatisch unfehlbaren und die ganze Kirche mit absoluter Gewalt beherrschenden Monarchen ver= ehrt hatten. **Er that nun, was die Scholastik bisher nicht gethan hatte, er führte die Lehre vom Papst und seiner Unfehlbarkeit wie er sie, zum Theil mit denselben Worten, aus den fingirten Beweisstücken ableitete, in die Dogmatik ein, ein Schritt, dessen Wichtigkeit und voll= ständiger Erfolg kaum überschätzt werden kann.** (S. 287).

Zunächst hätten die Päpste selbst darüber gejubelt. Im päpst= lichen Palaste erkannte man alsbald, wie groß der Gewinn sei, daß das, was bisher nur die Juristen und die Rechtsbücher gelehrt hätten, nun auch Bestandtheil der Dogmatik, theologische Doctrin geworden war. Daher die Versicherung des Papstes Johann XXII.: Thomas habe nicht ohne spezielle Eingießung des hl. Geistes geschrieben, habe so viele Wunder gethan, als er Artikel geschrieben, also „könne man ihn, auch ohne daß Mirakel durch ihn geschehen, canonisiren." (S. 289.)[1]

Weiter haben von dieser neuen griechischen Tradition nach Janus die Bettelmönche Nutzen gezogen, deren Strom sich gerade damals über die Kirche des Abendlandes ergoß (S. 290).

Die wichtigste Folge aber sei gewesen: Es behaupteten vom Be= ginn des 14. Jahrhunderts an die Pseudo=Cyrill'schen Stellen und die

---

[1] Vgl. Werner a. a. O. S. 854. „Nachdem die Untersuchung über die gewirk= ten Wunder vier Jahre gewährt hatte, wurde Thomas am 18. Juli 1323 von Johann XXII. heilig gesprochen." Die bekannten Worte: Quot scripsit articulos, tot miracula fecit, sind nicht aus dem Canonisations=Prozeß, sondern aus der Lob= rede des Papstes nach der Heiligsprechung genommen.

fingirten Concilien-Canones, schon durch ihren Gewährsmann Thomas gegen jeden Verdacht geschützt, ihr Ansehen. Freilich fehle zwischen 1320 und 1450 merkwürdigerweise ein Werk, das der Ausführung des Papalsystems gewidmet wäre (S. 359); Kardinal Torquemaba jedoch ruhe vollständig auf den Fictionen seit Pseudo-Isidor, und ganz besonders auf dem falschen Cyrill bei Thomas (S. 310). In seine Fußstapfen traten Cajetan und Jacobazzi. Auch Melchior Cano baute fest auf den durch seinen Thomas ihm verbürgten Cyrillus, und so auch noch Bellarmin und die ihm folgenden Jesuiten (S. 311).

Erst die Dominikaner Nicolai, Le Quien u. s. w. sagten es offen heraus, daß ihr Meister Thomas durch einen Betrüger, und die ganze Schaar der folgenden Theologen und Canonisten dann durch Thomas seien hintergangen worden.

S. 416 heißt es: Die 3 vornehmsten Begründer der neuen Lehre, Thomas, Cajetan und Melchior Cano hatten sich ja auch nur auf diese Fictionen, in Ermangelung eines besseren Beweises aus der Tradition gestützt.

S. 424 endlich werden die fingirten Stellen, besonders aus Cyrill, welchen Janus auch den „Lieblingsautor des Thomas" nennt, kurzweg „Thomas-Fälschungen" genannt.

Ueberblickt man diese aus Janus absichtlich ausführlicher ausgehobenen Sätze, so möchte man meinen, Thomas wäre ohne den Pseudo-Cyrill u. s. w. gar nicht auf die Lehre von der Vollgewalt und Unfehlbarkeit des Papstes gekommen[1]).

Wie ganz unwahr und falsch dieß sei, hat schon Professor Hergenröther in seinem Anti-Janus (S. 115—17) kurz, aber schlagend nachgewiesen. Derselbe hat auch den hiehergehörigen Passus aus Döllingers „Erklärung" in seiner „Kritik" (S. 31—32) in's rechte Licht gestellt. Ein im Mainzer „Katholik" (1871 Maiheft) abgedruckter, dann auch separat als Broschüre erschienener längerer Aufsatz[2]) von Dr. Raich hat gleichfalls Herrn Döllinger geantwortet. Die neuere und ältere Literatur über das von Janus besonders „ausgezeichnete" Opusculum 1. contra errores Graecorum werden wir später anzuführen haben[3]).

---

[1]) Die gleiche Anschauung wird vertheibigt in einer Turiner Schrift: Monsignor Manning e l'infallibilità dei Rom. Pontefici.

[2]) Vgl. S. 61—84 (Broschüre); S. 549 n. IV. im Mainzer Katholik. Dazu kam im Augustheft S. 214 ff. ein Aufsatz (nach Uccelli) von einem andern Verfasser.

[3]) Kleinere Hinweise auf Thomas und Bemerkungen zu seiner Apologie finden sich zahlreich in der Conciliums-Literatur. Vgl. Guéranger a. a. O. p. II. §. 4. In

Indem wir nun näher auf die Lehre des hl. Thomas vom unfehlbaren Magisterium der Päpste eingehen, seine Darstellung und Beweisführung genauer untersuchen, leitet uns nicht bloß polemisches Interesse, sondern ganz vorzüglich die Liebe zur Wahrheit, die wir in dem Dogma der Kirche gläubig umfassen, und die hohe Achtung vor dem englischen Lehrer, dessen Stimme auch in diesem Punkte hell und klar durch 600 Jahre zu uns herübertönt.

II. Der Primat.

1. Alle Argumente für die päpstliche Unfehlbarkeit wurzeln in der Lehre vom Primat. Schon deßhalb muß der Darstellung von Thomas' Lehre über das unfehlbare Lehramt der Päpste seine Lehre vom Primat überhaupt in gedrängter Kürze vorausgeschickt werden.

Diese nun findet sich durchaus nicht an einem eigenen Locus, in einem besonderen Tractat beisammen, sondern ist in einzelnen, wenigen, zerstreuten Artikeln, in kurzen Antworten auf selbstgemachte Einwände, gelegentlich, oft ganz zufällig unter fernliegenden Materien angebracht. So viele hundert Quästionen auch die 3 Theile der theologischen Summe des hl. Lehrers enthalten, nicht eine einzige darunter behandelt das in unserer Zeit so wichtige Thema von der Kirche und vom Papste[1]). Nur die philosophische Summe liefert für den Primat in einem Capitel einen eigentlichen Beweis. Warum das Opusculum 1. näher eingeht auf die Lehre vom Primat, werden wir später sehen. Hier sei nur bemerkt: dasselbe dient einem rein apologetischen Zweck, gerichtet gegen die 4 wichtigsten damals von den Griechen leidenschaftlich festgehaltenen Irrthümer (über filioque, Primat, Azymen, Fegfeuer). Weil später darüber ausführlich gehandelt werden muß, sollen in diesem Capitel, nur der Uebersicht halber, die Thesen aus dem Opusculum anmerkungsweise mitgetheilt werden.

Italien hat Professor A. Reali gegen die oben citirte Turiner Schrift polemisirt (S. Tommaso d'Aquino e l'infallibilità dei Rom. Pontifici), — Raym. Bianchi in seinem Werk: De constitutione monarchica Ecclesiae et de infallibilitate Rom. Pontificis juxta d. Thomam Aquin. ejusque scholam — Rom. 1870 — die Widerlegung der bereits angeführten italienischen Streitschrift von V. P. unternommen. Vgl. Katholik, 1870. I. S. 757.

[1]) Daher die magere Darstellung der Lehre von der „Kirchlichen Hierarchie" nach Thomas bei Werner Bd. 3.

So kurz indeß, so zerstreut und zufällig auch die Aeußerungen des hl. Thomas über den Primat sind: übersichtlich zusammengefaßt geben sie uns ein treues Bild der damals herrschenden katholischen Anschauung.

2. Am klarsten und bestimmtesten ist die Idee des Primates entwickelt, seine Nothwendigkeit, Einsetzung und Fortbauer begründet in der Summa contra gentes[1]). Im Zusammenhang mit der Lehre vom Ordo wird in cap. 76. nachgewiesen, daß in der bischöflichen Gewalt Einer der Höchste sei (quod in episcopali potestate unus sit summus). Mit diesen Worten ist auch schon das Wesen des Primat gegeben; synonym wird im Verlauf der Inhaber desselben genannt: Haupt der ganzen Kirche, Vorstand der ganzen Kirche nach Christi Anordnung, der welcher an Christi Statt die Sorge für die ganze Kirche hat. Daß nun ein solcher Vorstand über die ganze Kirche gesetzt sei, ist höchst congruent. Denn das Regiment der Kirche ist gewiß auf's Beste geordnet, da der es eingesetzt hat, durch welchen die Könige regieren und die Gesetzgeber gerecht entscheiden. Das beste Regiment über eine Gemeinschaft von Menschen ist aber dieses, daß sie durch Einen regiert wird. Der Zweck des Regiments und des Regenten ist ja: Friede und Einheit der Untergebenen. Das Princip (causa) der Einheit ist aber congruenter Einer, als Viele[2]); also wird das Regiment der Kirche so eingerichtet sein müssen, daß Einer der ganzen Kirche vorsteht.

Dasselbe ergibt sich aus der Analogie, welche zwischen der streitenden und triumphirenden Kirche (Apocalypsis c. 21.) besteht. Ja, daß Einer über die ganze Kirche gesetzt sei, ist durchaus nothwendig. Denn Christus hat Eine Kirche gründen wollen und gegründet. Und doch gibt es verschiedene Nationen, und in denselben Diöcesen, Städte u. s. w. Sollen diese in Wahrheit Eine Kirche bilden, so muß wie Ein Bischof über die Gläubigen einer Diöcese, so auch Ein Vorsteher über alle Gläubigen, über die ganze Kirche gesetzt sein. Die Einheit der Kirche überhaupt also fordert Ein Haupt über die ganze Kirche[3]).

---

[1]) lib. IV. c. 76. cf. Sent. lib. IV. d. 24. q. 3. a. 2.

[2]) Cf. opusc. de regimine principum lib. I. c. 2, wo die Gründe hiefür entwickelt sind. — Op. contra errores Graec. de Primatu prop. 1: Papa episcoporum summus.

[3]) Exigitur ergo ad unitatem ecclesiae conservandam, quod sit unus qui toti Ecclesiae praesit. Im opuscul. 1. contra errores Graecorum wird die Noth=

Das gilt noch mehr von der Einheit im Glauben. Ueber den Glauben tauchen leicht Streitfragen auf. Wäre da nicht Einer, dessen Stimme entscheidet, so würde die Kirche gespalten durch die Verschiedenheit der Meinungen. Also fordert die Einheit der Kirche, besonders im Glauben, daß Einer ihr Haupt sei¹).

3. Mit dem Amt dieser nothwendigen Vorstandschaft über die ganze Kirche hat nun Christus der Herr wirklich einen seiner Apostel, den Petrus, betraut.

Man konnte es nicht anders erwarten. Denn der Herr, welcher einst schon von der Synagoge sagte (Isai. 5.), er habe seinem Weinberg alles mögliche Gute gethan, wird doch nicht seiner Kirche das Nothwendige versagt haben. Und wirklich hat er dem Petrus vor seiner Himmelfahrt gesagt: Pasce oves meas (Joan. ultim.), und vor dem Leiden: Tu iterum conversus confirma fratres tuos Luc. 22; ihm allein hat er verheißen: Tibi dabo claves Matth. 16, um anzudeuten, daß die Schlüsselgewalt durch Petrus auf die andern übertragen werden müsse zur Erhaltung der kirchlichen Einheit (ut ostenderetur potestas clavium per eum ad alios derivanda ad conservandam ecclesiae unitatem²).

Auf diese Weise setzte der Herr den Petrus als das Eine Haupt und den Einen Hirten über seine Kirche, wie schon bei Osee (1, 11) geschrieben steht.

Hiegegen läßt sich nicht einwenden, daß Christus ja selbst das Eine Haupt und der Eine Hirte, der Eine Gemahl seiner Kirche sei. Denn Christus selber sei es ja auch, der eigentlich taufe, sei der wahre Priester, der wahre Consecrator in der hl. Messe u. s. w. Und doch habe er zur Spendung der hl. Sakramente an die Gläubigen „Stellvertreter" erwählt, Diener, durch welche Er die Gnadenmittel spende; warum? Weil er selbst leiblich nicht bei Allen sein, und nicht allezeit sichtbar gegenwärtig bleiben konnte (corporaliter, praesentialiter). Aus demselben Grunde aber, weil er seine natürliche, leibliche Gegen-

---

wendigkeit Eines Hauptes über die ganze Kirche daraus bewiesen, daß sie der mystische Leib des Herrn ist. Wer dieses Eine Haupt läugne oder bestreite, der löse die Einheit des mystischen Leibes auf. Non enim potest esse unum corpus, si non fuerit unum caput, neque una congregatio, si non fuerit unus rector. Thomae Opp. (Antwerpen 1715) t. 17. p. 5.

¹) Wir kommen auf diese Stelle bei der Unfehlbarkeitsfrage zurück.

²) Cf. Optatus Milev. de schismate Donat. Lib. VII. 3: Petrus claves regni coelorum communicandas caeteris solus accepit. Aehnlich Siricius, ep. 5. n. 1 ap. Coust. p. 651: per quem (sc. Petrum) et apostolatus et episcopatus in Christo coepit exordium. — Leo Magn. serm. 4. c. 2; serm. 5. c. 3.

wart der Kirche entziehen sollte, war es nothwendig, daß er Einem Gewalt und Auftrag gab, an seiner Statt die Leitung der ganzen Kirche zu übernehmen. (Oportuit, ut alicui commiteret, qui loco sui universalis Ecclesiae gereret curam)[1].

Auch die Apostel wurden durch Petri Vorrang nicht ihrer Würde beraubt. Sie heißen nach Christus (I. Cor. 3, 11) und mit Petrus (Matth. 16, 18) Fundament der Kirche (Apoc. 21); auch sie haben Löse- und Bindegewalt erhalten (Matth. 18, 18. Joann. 20, 23). Aber Simon allein wird Petrus genannt a Petra Christo; er wird für sich als fundamentum Ecclesiae bezeichnet, was die Apostel nur insgesammt und in Gemeinschaft mit den Propheten heißen[2]; er allein hat mit Umgehung der Uebrigen den Auftrag erhalten, alle Lämmer und Schafe des Herrn zu weiden, so daß Keiner sich einen Christen nennen kann, der sagt, er stehe nicht unter jenem Hirten[3]; endlich während die Apostel insgesammt (communiter) und später die Binde- und Lösegewalt empfingen, hat Petrus dieselbe zuerst, allein und eigens (primus, solus, singulariter), zugleich mit der Schlüsselgewalt erhalten, zum Zeichen, daß von ihm aus die Gewalt auf die Andern absteigen solle[4].

Darum ist Petrus der Coriphä unter den Aposteln, der Mund derselben, das Haupt des Collegiums (nach Chrysostomus), mit dem Vorrang unter den Brüdern („Catena" zu Joann. 21, 15; im Commentar ad idem.), ist auch nach seinem Falle noch der Vorstand der ganzen Welt (nach Theophylact; in der Catena zu Luc. 22, 32.), mit der Sorge für „die Kirche" betraut, dem „die Kirche" übergeben

---

[1]) Soweit die Ausführung in der Summ. c. Gentes. lib. IV. c. 76.
[2]) Siehe Commentar zu Matth. 16, 18.
[3]) Commentar zu Joannes 21, 15.
[4]) Lib. IV. Sentent. D. 24. q. 3. a. 2. ad 1. (Suppl. q. 40. a. 6. ad 1): Quamvis omnibus apostolis data sit *communiter* potestas ligandi et solvendi, tamen ut in hac potestate ordo aliquis significaretur, *primo soli* Petro data est, ut ostendatur, quod ab eo in alios potestas debeat descendere; propter quod etiam ei dixit *singulariter*: Confirma fratres tuos, et: Pasce oves meas: i. e. loco mei (ut dicit Chrysost.), praepositus et caput esto fratrum, ut ipsi te in loco meo assumentes ubique terrarum te in throno tuo sedentem praedicent et confirment. Cf. Suppl. q. 22. a. 1. ad 1. sub fin. Da unterscheidet Thomas die clavis ordinis et jurisdictionis und sagt: Utramque tamen Deus Petro contulit, et ab ipso ad alios descendit, qui utramque habent. — Dazu vgl. Comment. zu Matth. 18, 18. Dicendum, quod immediate (sc. claves) dedit Petro, alii vero a Petro recipiunt. Ideo ne credatur, ista *solum* dici Petro, dixit: Quorum remiseritis etc.

worden (Commentar zu Joann. 21, 15), ist endlich der eigentliche Stellvertreter Christi (Lib. IV. Sent. 1. c.).¹)

4. Das von Christus dem Petrus übertragene Vorsteheramt über seine ganze Kirche sollte aber mit Petrus nicht aufhören, sondern durch Petrus auf seine Nachfolger übertragen werden, nach Christi Willen und Absicht. Denn klar ist, daß Christus die Kirche gegründet hat, damit sie dauere bis zum Ende der Welt (nach Jf. 10); klar ist also auch, daß der Herr diejenigen, welche damals ein Amt bekommen, so gestellt habe, daß deren Macht auf die Nachfolger übergehe zum Nutzen der Kirche, so lange die Welt steht. Er sagt ja selbst bei Matthäus (c. ult.): Ich bin bei Euch alle Tage bis ans Ende der Welt²).

Thomas argumentirt hier ganz allgemein, obwohl er zunächst die Nothwendigkeit der Fortdauer des Primates beweisen will. So nothwendig, deutet er damit an, die Fortdauer des Apostolats im Episcopat ist, gerade so nothwendig ist die ständige Nachfolge im Primat. Episcopat und Primat stehen und fallen mitsammen, weil sie beide auf dem gleichen Recht der Nachfolge beruhen, die Christus bei Einsetzung beider Gewalten mit der steten Dauer seiner Kirche nothwendig intendirt hat. Auch folgt aus dieser Fassung des Beweises einfach und natürlich, daß Jeder, der kraft rechtmäßiger Weihe oder Nachfolge in ein schon von Christus selbst eingesetztes Kirchenamt tritt, nothwendig kraft göttlichen Rechts, ex ordinatione Christi, dasselbe bekleide, daß also auch, ja ganz vorzüglich im Primat (dignitas, potestas Petri) kraft göttlichen Rechts eine Nachfolge bestehe.

---

¹) Cf. Chrys. (Opp. Paris. ed. Gommes) VII. 18. B; III. 7. E; VIII. 334. E; VI. 334. E; XII. 466. A; IX. 31. D; 27. C. etc. bei Pichler a. a. O. I. S. 123 f. Wir kommen später auf Chrys. zurück. — Theophyl. com. in Luc. 22, 32. (Migne S. gr. t. 123 p. 1073: Antistes Mundi.) — Ambros. (Opp. ed. Paris 1690. II. 2. p. 440. B. C.) heißt die Kirche, gegenüber ihrem Vorbild, der Arca Noe kurzweg: Petri ecclesia. — i. Ps. 40, 30 (opp. I. 879. F.) ist bekannt. Die schönste Stelle über spezifische Stellvertretung Christi durch Petrus wohl bei Asterius, Bischof von Amasea (um 410). Derselbe sagt in seiner Lobrede auf Petrus und Paulus (ap. Combefis. Bibl. PP. Auction. Paris 1648. I. p. 146. E. [bei Pichlera. a. O. I. S. 124. n. 31]).... ἔλαβε τὸν κόσμον εἰς ἐπιμέλειαν, ὡς μίαν ἀγέλην εἰς ποιμήν· ἀνθ' αὐτοῦ τὸν πιστότατον μαθητὴν ἔδωκεν ὁ κύριος τοῖς προσηλύτοις πατέρα καὶ νομέα καὶ παιδευτήν.

²) Summ c. gent. IV. c. 76. Non potest autem dici, quod etsi Petro hanc dignitatem (cf. No. 3.) dederit, per eum tamen ad alios non derivatur. Manifestum est enim, quod Christus ecclesiam sic constituit, ut esset usque ad fines saeculi duratura. Manifestum est ergo, quod ita illos, qui tunc erant in ministerio, constituit, ut eorum potestas derivaretur ad posteros pro utilitate Ecclesiae usque ad finem saeculi, praesertim cum ipse dicat: Ego vobiscum sum etc.

Charakteristisch für die scholastische Methode werden die hochwichtigen Thatsachen, daß Petrus in Rom war, die römische Kirche gegründet und geleitet und dort den Tod erlitten habe, — stillschweigend vorausgesetzt. Mit Umgehung dieses unbezweifelt[1]) feststehenden Untersatzes zieht der hl. Thomas sofort den Schluß: Also ist kein Raum für den anmaßungsvollen Irrthum Einiger, die es wagen, sich der Obedienz und Subjektion unter Petrus zu entziehen indem sie seinen Nachfolger, den Papst, nicht als Hirten der ganzen Kirche anerkennen[2]).

Der Papst also ist, was er ist, ratione Petri, als Nachfolger Petri, ist der Hirt der ganzen Kirche; wer ihm sich widersetzt, entzieht sich dem Gehorsam Petri[3]). — Das ist kurz Thomas' Lehre vom Primat, die er an allen übrigen vom Primat redenden Stellen nur in ihre Theile zerlegt.

Als Petri Nachfolger ist auch der Papst, führt Thomas aus der Vorstand, das Haupt der ganzen Kirche[4]). Freilich ist Christus der Herr das Haupt der ganzen Kirche, welche sein mystischer Leib ist (I. Cor. 12); wie das Haupt am fleischlichen Leib durch Stellung Vollendung und Kräfte hervorragt, so auch Christus am mystischen Leib geistiger Weise, während der hl. Geist besser das „Herz" der Kirche genannt werden kann. (S. theol. 1. q. 8. a. 1.) Aber es gibt auch noch Andere, die Kirchenhaupt heißen: sie sind dieß aber in anderer Weise als Christus[5]). Während Christus mit Rücksicht auf

---

[1]) Vgl. Döllinger, Christenthum und Kirche. 1. Aufl. S. 313 n. 21.

[2]) Per hoc autem excluditur quorundam praesumptuosus error, qui se subducere nituntur ab obedientia et subjectione Petri, successorem ejus Romanum Pontificem universalis Ecclesiae pastorem non recognoscentes. S. c. Gentes l. c. fin. Werner a. a. O. I. S. 760. meint, die hier getroffenen Gegner des Primates seien vielmehr die abendländischen Sektirer Tanchelm, die Katharer, Waldenser u. s. w., als die Griechen. Jedenfalls aber passen die hier entwickelten Gründe für den Primat auch als Antwort auf die Auslassungen eines Nilus Doxopatrius.

[3]) So schon Cyprian ep. 55. (ed. Pamel.): Die römische Kirche — Petri cathedra atque ecclesia principalis; — die Stelle aus Leo Magn. serm. 2. c. 2. 3 serm. 3. c. 4; Petrus Chrysol. ad Etych. ep. (inter Leoninas ep. 25): B. Petrus qui in propriâ sede et vivit et praesidet, etc. — Kaiser Constantin Pogonatus an Papst Leo II.: οἶον αὐτὸν Πέτρον ταῖς τῆς ψυχῆς ἀγκάλαις ὑπεδεξάμεθα bei Mansi XI. 716; 721. (von Agatho's Schreiben).

[4]) S. c. Gent. IV. c. 76. — Supplem. q. 25. a. 1. c. corp. und sonst. S. theol 3. q. 8. a. 6 l. corp. Cf. op. 1. contra errores Graec.

[5]) Cf. Sent. IV. d. 19. q. 1. a. 1. ad 2. „Die Schlüsselgewalt habe Christus und habe der Priester: aber in Christus ist sie ut in per se agente, — in dem Priester instrumentaliter etc."

das innere Leben der Kirche, das alleinige Haupt ist, und auch in Bezug auf die äußere Leitung das Haupt aller, die zur Kirche gehören, ist ohne alle räumliche oder zeitliche Schranke, sind andere Kirchenhäupter dieses nur in Bezug auf den Status viatoris, nur so lange sie selbst als solche leben, und zwar entweder nur in gewissen Gegenden, wie die Bischöfe in ihren Sprengeln, oder über die ganze Kirche, wie der Papst für die Dauer seines Pontificats (S. theol. 3. q. 8. a. 6.); alle endlich, welche Haupt der Kirche heißen, heißen nur so an Christi Statt: vicem gerunt Christi, non ita dicuntur propria virtute.

Aber, obgleich alle Prälaten in der Kirche Christi Stelle, Gottes Stelle vertreten (S. theol. 2. 2. q. 88. a. 12), obgleich auch alle Pfarreivorstände sponsi ihrer Kirchen sind, als Stellvertreter des wahren Bräutigams der Kirche[1]); ja obgleich sogar der einfache Priester bei der hl. Wandlung, bei der Taufe u. s. w. Christi Stelle vertritt (S. c. Gent. IV. c. 76. ministri, per quos Christus sacramenta fidelibus dispensat): ist doch der Papst allein der eigentliche Vicarius Christi, wie Petrus, weil er Christi Stelle als Haupt der Kirche in der ganzen Kirche und vollständig (plenarie) vertritt[2]).

Als solcher hat der Papst die *plena cura*, die Pflicht der Sorge für die ganze Kirche (S. theol. 2. 2. q. 89. a. 9. ad 3.), aber auch, dieser Pflicht entsprechend, die oberste Regierungsgewalt über die ganze Kirche. Wie demnach der einzelne Bischof Macht hat, um das Spezial=Wohl seiner Diöcese zu fördern, so muß der Papst Alles vermögen, was das Gemeinwohl der Kirche, für welches er in der Kirche zu sorgen hat, erheischt. Wie der Bischof zu jenem eine wahre Regierungsgewalt hat, so der Papst zu diesem.[3]) Man heißt „diese oberste Gewalt des Papstes zur Regierung der ganzen Kirche"

---

[1]) Opusc. contra impugnantes Religionem et Dei cultum, Antwerpener Ausgabe c. IV. p. 137. Diese Schrift des hl. Thomas gibt uns die Streitrede, in welcher er die beiden Orden der Dominikaner und Franziskaner a. 1256 gleichzeitig mit Albert dem Grossen und dem hl. Bonaventura zu Anagni vor Papst Alexander IV. vertheidigte gegen die bissigen Angriffe des Wilhelm von St. Amour. Thomas scheint sie bald, nachdem sie gehalten worden, veröffentlicht zu haben. Echard & Quetif, l. c. p. 271.

[2]) S. theol. 2. 2. q. 39. a. 1. i. corp.; q. 88. a. 12. ad 3.: In *tota* Ecclesia gerit *plenarie* vicem Christi. Cf. S. Thom. Opusc. 31. Expositio primae decret. ed. Antw. t. XVII. fol. 195 seqq.: Vicarius Christi. Mit dem Titel Vicarius Christi ist also der Papst noch lange nicht für eine Incarnation Gottes erklärt (Janus S. 43). In seiner Sphäre, z. B. im Bußgericht, ist dasselbe auch der einfache Priester. Cf. Gelas. ep. 27. n. 15: die Bischöfe und Priester sagen zu ihm: Vicarium Christi te videmus, Apostolum Petrum te videmus.

[3]) Sentent. IV. d. 24. q. 3. a. 2. Cum tota ecclesia sit unum corpus, oportet, si ista unitas debet conservari, quod sit aliqua *potestas regitiva* respectu

Vollgewalt oder Fülle der Gewalt¹). Diesen Namen hat die päpstliche Gewalt mit Rücksicht auf den mystischen, nicht auf den wahren Leib des Herrn (Sent. IV. d. 7. q. 3. a. 1. ad 3: Papa per hoc quod est episcoporum summus, non dicitur habere plenitudinem potestatis per relationem ad corpus Domini verum, sed ad corpus mysticum); überhaupt bemißt sich der Inhalt der Vollgewal nach dem Maß der Gewalt, welche Christus bei Einsetzung der Kirche in dieser hinterlegen wollte. Die Einsetzung der Kirche ist die Basis für jede Thätigkeit der Kirchenbeamten, wie das Schöpfungswerk die Grundlage für jede Thätigkeit des Geschöpfes Mit der Einsetzung der Kirche sind vor Allem der Glaube und die Gnadenmittel (fides et sacra) gegeben. Daran etwas Wesentliches zu ändern hat kein Minister in der Kirche die Gewalt; dazu reich nicht die dem Papst zustehende Vollgewalt, dazu reicht allein die Christi

totius ecclesiae super potestatem episcopalem, qua unaquaeque specialis ecclesia regitur. Et haec est potestas Papae ... Alias non posset esse colligati ad unum ... Oportet ergo regimen esse universale supra particularia regimina: quia in omnibus virtutibus et actibus, ut dicitur in I. Ethic. (lib. I. c. 1 et 2.) est ordo secundum ordinem finium. Bonum autem commune est divinius quam bonum speciale; et ideo supra potestatem regitivam, quae communica (conjectat) bonum speciale, oportet esse potestatem regitivam universalem respectu boni communis.

¹) Plenitudinem Potestatis in ecclesia Papa habet. S. theol. 3. q. 72. a. 11 ad 1; q. 89. a. 9. ad 3; Sent. IV. d. 20. q. 1. a. 4. etc. Janus läßt die „Fülle der Gewalt" erst durch Pseudo-Isidor dem Papste vindicirt werden. Dadurch sei die Kirche eine absolute Monarchie geworden (S. 101. 102). Wir kommen später (opusc. 1 contra errores Graecorum) auf die päpstliche Vollgewalt. Wir verweisen hier au Thomas' eigene Erklärungen über deren „Schrankenlosigkeit und Willkür", und au Stellen, wie die (auch bei Pichler citirte, I. 136) vom hl. Abt Maximus († 662) Beatissimus Papa ... *universarum, quae in toto terrarum orbe sunt, sancta rum Dei ecclesiarum in omnibus et per omnia percepit et habet imperium auctoritatem et potestatem ligandi et solvendi.* Opp. S. Maximi Confess. ed Combefis. (Paris 1675.) II. 76. Cf. Serm. S. Hieron. de assumt. B. M. V. (über das: gratia plena): Bene *plena*, quia caeteris *per partes* praestatur; Mariae vero simul se *tota* infudit *plenitudo* gratiae. (In Brev. Rom. ad fest. Immacul. Concept. Noct. II. lect. 4.) — Dazu Thomas S. theol. 3. q. 7. a. 9. über die plenitudo gratiae in Christus. Daselbst sagt er: *Plene* habetur, quod perfecte et totaliter habetur. Totalitas autem et perfectio potest attendi dupliciter: uno modo quantum ad quantitatem ejus intensivam,... alio modo secundum virtutem ... Christus hatte die Fülle der Gnaden in beiden Beziehungen: quia conferebatur ei gratia tanquam cuidam *universali principio* in genere habentium gratiam. Virtus autem *primi principii alicujus generis universaliter se extendi ad omnes effectus illius generis etc.* Diese Stelle verbreitet auch Licht über die *plena potestas* jurisdictionis Papae!

allein eigene excellentia potestatis, die er hat als Gründer der Kirche. Darum kann der Papst z. B. von der Beicht, soweit sie ein von Christus eingesetztes Sakrament ist, so wenig dispensiren, als von der Taufe¹). Ist also die Gewalt des Papstes durch Christi Willen bei Einsetzung der Kirche beschränkt, so ist sie innerhalb dieser Schranken eine plena potestas, weil die höchste in der Kirche, und die höchste, wegen ihrer Ausdehnung über die ganze Kirche; denn eine Gewalt ist um so höher, je weiter sie sich ausdehnt²).

Die päpstliche Gewalt ist also Vollgewalt, weil universell innerhalb der angegebenen Schranken³).

4. Sie erstreckt sich für's Erste über alle kirchlichen Objecte, salva institutione ecclesiae. So kann der Papst, weil im Besitz der Vollgewalt, einfachen Priestern die Ermächtigung geben, das hl. Sacrament der Firmung zu spenden, wie dieses Gregor der Große wirklich gethan hat, und auch die niederen Weihen zu ertheilen, was sonst ordentlicher Weise nur den Bischöfen zusteht (S. 3. q. 72. a. 12. ad 1. cf. Sent. IV. d. 7. q. 3. a. 3.); er könnte die vorhandenen von der Kirche eingesetzten Orden und Weihen (Minores) um neue, z. B. zum Predigt-Amt, vermehren (S. theol. 2. 2. q. 188. a. 3.); er kann sich gewisse Fälle zur Absolution vorbehalten⁴); solche Reservate kann er auch aufstellen in Bezug auf Dispensen. Am menschlichen Leib gibt es gewisse Functionen, die nur den hervorragenden Gliedern,

---

¹) Sent. IV. d. 17. q. 3. a. 1. quaest. 5. i. corp.: Ministri ecclesiae instituuntur in ecclesia *divinitus*, et ideo institutio ecclesiae praesupponitur ad operationem ministrorum, sicut opus creationis praesupponitur ad opus naturae. Et quia ecclesia fundatur *in fide et sacramentis*, ideo ad ministros ecclesiae nec novos articulos fidei edere, aut editos removere, aut nova sacramenta instituere, aut instituta removere pertinet: sed hoc est potestatis excellentiae, quae soli debetur Christo, qui est ecclesiae fundamentum.

²) Sent. IV. d. 24. q. 3. a. 4. Sed contra: Potestas tanto est altior, quanto ad plura se extendit.

³) „Das deutet noch der Umstand an, daß der Papst nicht, wie die andern Bischöfe, einen Krummstab trägt: die Krümmung des Stabes weist auf die Beschränkung der Gewalt." Cf. Suppl. q. 40. a. 7. ad 8: Potestatis plenitudo residet penes Romanum Pontificem, sed ipse non habet baculum ... in signum, quod non habet coarctatam potestatem, quod curvatio baculi significat... Vielleicht auch deßhalb, weil Petri Stab in der Diöcese Trier, nach alter Sage.

⁴) Suppl. q. 24. a. 1. i. corp.: exceptis sex casibus, quos sibi juris conditor sc. Papa reservavit. Cf. Sent. IV. d. 19. q. 1. a. 3. ad quaest. 2. „Die Gewalt der Weihe erstreckt sich über alle Sünden, und ist in Allen gleich. Aber zu ihrem Gebrauch ist Jurisdiction erforderlich, quae a majoribus in inferiores descendit. Daher Reservate!"

andere, die nur dem Haupt zukommen. In der Kirche nimmt der Papst die Stelle des Hauptes ein, ergo aliquae dispensationes sunt, quas solus papa potest facere. (Sent. IV. d. 38. q. 1. a. 4.). Er allein hat volle Dispensationsgewalt in Bezug auf Gelübde, so weit sie überhaupt dispensabel sind; die grösseren Gelübde, nämlich Gelübde der Keuschheit und der Wallfahrt in's hl. Land, sind dem Papst reservirt[1]). So könnte er auch vom Cölibat, der kirchlichen Rechts ist, aus wichtigen Gründen (allgemeiner Nutzen für die Kirche, ein Reich oder eine Provinz) dispensiren, hingegen nicht von den feierlichen Ordensgelübden der Keuschheit und der Armuth; der Grund, warum das feierliche Keuschheitsgelübde auch für den Papst indispensabel ist, liegt nicht in der Würde dieser Tugend überhaupt, sondern in der Perpetuität und Universalität, welche dem feierlichen Gelübde der Keuschheit eigen ist: jeder, der dasselbe ablegt, wird gleichsam Gott geheiligt. Kein Prälat der Kirche kann bewirken, daß der, welcher also geheiligt ist, aufhöre, es zu sein[2]).

Die höchste Dispensationsgewalt hat der Papst auch in Bezug auf den promissorischen Eid. Wenn das Object eines solchen Eides offenbar erlaubt und nützlich ist, dann scheint Dispensation oder Commutation nur möglich, wenn mit Rücksicht auf das öffentliche Wohl etwas Besseres substituirt wird: das aber kann, wenn irgend Jemand, der Papst bestimmen und substituiren, der ja die Sorge für die ganze Kirche hat; ist aber eine absolute Relaxation möglich, dann steht auch diese dem Papst zu, quod etiam ad Papam pertinet in omnibus generaliter, quae ad dispensationem rerum ecclesiasticarum pertinet, super quas habet plenitudinem pietatis[3]).

Dem Papst als dem Haupt der Kirche kommt auch allein das Recht zu, von dem durch allgemeines Kirchengebot vorgeschriebenen Fasten zu dispensiren, weil an sich kein niederer Vorgesetzter in Sachen des Gebotes eines Höheren dispensiren kann[4]).

---

[1]) S. 2. 2. q. 88. a. 12. ad 3. Ipse habet plenitudinem potestatis dispensandi in omnibus dispensabilibus votis ... vota majora, puta continentiae et peregrinationis terrae sacrae reservantur Summo Pontifici.

[2]) S. theol. 2. 2. q. 88. a. 11. Daselbst nimmt Thomas seine frühere Ansicht (Sent. IV. d. 38.) zurück. Bekanntlich ist die Mehrzahl der Theologen hierin gegen Thomas. Cf. Gury, theol. mor. ed. Ratisbon. II. n. 147.

[3]) S. theol. 2. 2. q. 89 a. 9. ad 3. „Thomas redet auch hier von einer Vollgewalt" des Papstes, trotz der oben angegebenen Beschränkungen!

[4]) Sent. IV. d. 15. q. 3. a. 2. praeterea 3. sub 1. (nach dem hl. Bernhard): „Alle müssen nach dem allgemeinen Kirchengebot fasten, nisi forte ille, qui est caput totius ecclesiae vel loco capitis, scilicet papa, dispensaverit."

Deßgleichen steht dem Papst im vollen Maß das Recht der Ab=
laßertheilung zu. Die Abläſſe werden ertheilt aus dem thesaurus
ecclesiae: dieser gehört der ganzen Kirche. Was einer Geſellſchaft
gemeinſchaftlich gehört, kann nicht unter die Mitglieder vertheilt wer=
den ohne den Willen des Einen, welcher der ganzen Geſellſchaft vor=
ſteht. Der Papſt iſt aber das Haupt der ganzen Kirche, und
darum der Stellvertreter Chriſti im vollen Sinn: hat Paulus einſt
an Chriſti Statt, „als Stellvertreter der Machtvollkommenheit Chriſti"
(*in persona Christi* II. Cor. 2, 10. nach Reiſchl, Erklärung ad hoc)
Ablaß ertheilt, ſo kann dieß auch der Papſt, qui non est minoris
potestatis in Ecclesia quam Paulus fuit[1]). — Als Lenker der ganzen
Kirche hat der Papſt auch ein Recht über das „Studium generale",
und zwar ein vorzügliches Recht, weil dasſelbe eine öffentliche, kirch=
liche Körperſchaft, und zum Wohl der ganzen Kirche geſtiftet iſt[2]).

Der Papſt kann ferner auch über jene Dinge Verfügungen
treffen, welche die hl. Väter als poſitives, menſchliches Recht feſt=
geſtellt haben, kann hierin Aenderungen vornehmen, dispenſiren nach
Zeit und Umſtänden. Der Grund hiefür iſt des Papſtes höchſte Aucto=
rität, ohne deren Dazwiſchenkunft auch kein (allgemeines) Concilium
ſtattfinden kann. Wenn aber der Papſt andere Statuten erläßt, als
die Väter auf Concilien erlaſſen haben, ſo iſt das nicht wider die
Statuten der Väter; denn es wird immer die Intention der Urheber
derſelben gewahrt, die keine andere iſt als der Nutzen der Kirche. Es
findet da nur der Fall ſtatt, daß ein ſpäteres Geſetz dem früheren
derogirt, was bei Beſtimmungen poſitiven (menſchlichen) Rechts (opp.
jus divinum) zuläſſig iſt[3]).

---

[1]) Sent. IV. d. 20. q. 1. a. 4. ad 3. Potestas faciendi indulgentias plene
resídet in Papa: quia potest facere *quod (quot?) vult*, causa tamen existente
legitimâ. Das *quod vult* iſt concret in Bezug auf Ablaßertheilung zu nehmen, und
ſteht im Gegenſatz zu dem „taxatum" der Biſchöfe. Aehnlich l. c. ad 2. Suppl.
q. 25. a. 1.

[2]) Contra Impugnantes religionem etc. l. c. c. 4. p. 137: Ordinare de
studio pertinet ad eum, qui praeest reipublicae, et maxime ad auctoritatem
Apostolicae Sedis, qua universalis Ecclesia gubernatur, cui per generale studium providetur. Dieß als Antwort auf den Einwand, daß der Papſt bei Beſetzung
von Lehrſtellen nichts mitzureden habe. Das Recht, ſolche höhere Lehranſtalten mit
kirchlichem Charakter, wie das studium generale damals war, zu errichten und zu
beſtätigen, wird noch heute von allen der Kirche nicht feindlichen Rechtslehrern als Be=
ſtandtheil der päpſtlichen Lehrgewalt aufgeführt.

[3]) Ibid. c. 4. p. 137. Nec tamen papa quum aliquid aliter facit, quam
a Sanctis Patribus statutum sit, *contra* eorum statuta facit: quia servatur in-

Der Papst kann darum auch in **Ehehindernissen** dispensiren, vermöge seiner Vollgewalt, soweit sie menschlichen oder positiven Rechtes sind; nicht aber, wenn sie aus dem Naturrecht oder dem göttlichen Rechte entspringen, weil sie dann unverrückbar feststehen nach Gottes Einrichtung. (Quodlib. IV. a. 14.) In Sachen menschlichen Rechts ist der Papst selbst eigentlicher Gesetzgeber[1]).

In solchen Dingen „kann darum der Papst auch etwas **wider den Apostel**" (contra Apostolum). Zu diesem eigenthümlich gefaßten Satz wurde Thomas veranlaßt durch einen Angriff der Pariser Wilhelm von St. Amour und einiger Genossen auf die neuen Orden. Der Apostel, sagten diese, verbiete im Corintherbrief (II. Cor. 10, 15), daß Jemand sich rühme in alienis laboribus. Die Mönche aber gehören gar nicht zu der göttlich geordneten, kirchlichen Hierarchie, diese kann weder der Papst noch irgend ein Sterblicher umstoßen, also —. Darauf Thomas: Falsch sei es, daß die Mönche, wenn sie mit Erlaubniß und Vollmacht vom Papste, dem Hirten der ganzen Kirche, predigen und Beichten hören, dadurch auf frembes Gebiet übergreifen (alienis plebibus praedicare etc.)[2]). Dann sei es gar nicht wahr, daß der Papst nichts thun kann contra Apostolum. Denn der Papst dispensire einen Bigamus, trotz gegentheiliger Verordnung des Apostels, und dispensire auch von der Strafe, welche die „apostolischen" Canones gegen einen presbyter fornicator[3]) verhängen.

Schon im Commentar zu den Sentenzen (Sent. IV. d. 27. q. 3. a. 3.) hebt Thomas das allgemeine Dispensationsrecht des Papstes in **Irregularitäten** hervor. Gegenüber dem 2. aus Titus 1, 6 genommenen Einwand bemerkt er dort: Nemo potest dispensare quantum ad ea, quae sunt de jure naturali et quantum ad ea

---

tentio statuentium, etiamsi non servantur verba statutorum, quae non possunt in omnibus casibus, et in omnibus temporibus observari, servata intentione statuentium, quae est utilitas ecclesiae, sicut et in omni jure positivo accidit. Dazu Sent. IV. d. 20. q. 1. a. 4. ad 2.

[1]) Suppl. q. 24. a. 1. i. corp.: juris conditor .. qui jus condendi potestatem habet. Cf. *Ambros.* Opp. II. 2. p. 296. A.: Damasus *rector* ecclesiae. — *Gelas.* ep. 33: Decretales epistolas, quas beatissimi papae diversis temporibus ab urbe Roma pro consultatione diversorum patrum dederunt, venerabiliter suscipiendas esse. — Das Tridentinum wahrt seinen eigenen Beschlüssen gegenüber dem Papst dieses Recht. (S. XXV. de reform. c. 21.) Das allgemein anerkannte Dispensationsrecht des Papstes auch in allgemeinen Kirchengesetzen gründet sich darauf.

[2]) Cf. Sent. IV. d. 17. q. 3. a. 3. quaest. 5. i. c. et ad 1.

[3]) Opusc. contra impugnantes etc. l. c. p. 137.

quae sunt de necessitate sacramentorum et fidei; sed in aliis quae sunt de institutione Apostolorum[1]), cum ecclesia habeat nunc eandem potestatem statuendi et destruendi, potest *per eum*, qui primatum in ecclesia tenet, dispensari.

Dieß der Umfang der päpstlichen Gewalt und zugleich ihre Schranken in Bezug auf kirchliche Objecte, auf geistliche Dinge. Es frägt sich: Wie verhält sich des Papstes Gewalt zur weltlichen Gewalt?

Der Papst kann trotz seiner Vollgewalt in geistlichen Dingen nicht einmal die Infamie aufheben, welche durch ein Civilgericht verhängt ist, wie er auch die infamia facti nicht heben kann[2]).

Hingegen kann der Papst, wenn der Fürst vom Glauben apostasirt, dessen Unterthanen vom Eid der Treue entbinden. An sich widerstreitet der Unglaube der Herrschaft, dem Dominium nicht. Daher muß nicht immer diese Entbindung von der Pflicht des Gehorsams geschehen (Julian), sondern kann geschehen in einer Zeit, wo die Päpste Macht dazu haben. Der Grund dieses Rechtes liegt in der Pflicht, das Gut des Glaubens treu zu hüten, und in der Voraussetzung, der apostasirte Fürst werde trachten, seine Unterthanen vom Glauben loszureissen (separare), wie er selbst von Gott getrennt ist[3]).

Thomas, der sich in dieser Auseinandersetzung auf das c. Nos sanctorum Gregors VII. (C. 15 q. 6.) stützt, setzt hier, wie besonders

---

[1]) Cf. Quodlib. 4. c. 14. Der Apostel habe in zweifacher Weise Lehren vorgetragen: Einiges, indem er das jus divinum promulgirte: so Gal. 5, 2. und sonst; Manches aber habe er angeordnet kraft seiner Autorität. So I. Cor. 11. Dahin gehöre auch die Bestimmung, daß ein bigamus nicht zu weihen sei. Ea non juris divini institutio, sed humanae auctoritatis, divinitus homini concessae.

[2]) S. theol. 2. 2. q. 68. a. 4. ad 3.: vel loquitur de infamia irrogata per judicem civilem. Thomas erklärt eine Stelle von Papst Gelasius.

[3]) S. theol. 2. 2. q. 12. a. 2. i. corp. Infidelitas secundum se ipsam non repugnat dominio, eo quod dominium introductum est de jure gentium, quod est jus humanum. Distinctio autem fidelium et infidelium est secundum jus divinum, per quod non tollitur jus humanum. Sed aliquis per infidelitatem peccans potest *sententialiter* jus dominii amittere, sicut etiam quandoque propter alias culpas. Ad ecclesiam vero non pertinet punire infidelitatem in illis, qui nunquam fidem susceperunt (nach I. Cor. 5: Quid mihi de his etc.); sed infidelitatem illorum, qui fidem susceperunt, potest sententialiter punire: et convenienter in hoc puniuntur, *quod subditis fidelibus dominari non possint.* Hoc enim vergere posset in magnam fidei corruptionem: quia apostata homo pravo corde machinatur malum, et jurgia seminat, intendens homines separare a fide. Et ideo quam cito aliquis per sententiam denuntiatur *excommunicatus* propter apostasiam a fide, *ipso facto* ejus subditi sunt absoluti a dominio ejus, et juramento fidelitatis, quo ei tenebantur. Cf. S. theol. 2. 2. q. 10. a. 10.

aus den Lösungen der historischen Einwände (2. 2. q. 12. a. 2. ad 1. u. 2.) hervorgeht, voraus:
1. Ein bereits ganz katholisches Volk.
2. Abfall des Fürsten vom christlichen Glauben überhaupt (Julian).
3. Entsprechende Zeit- und Rechtsverhältnisse; daher: tempore Juliani Ecclesia *nondum* habebat potestatem terrenos principes compescendi (ad 1)[1].
4. Positive Versuche des Apostaten, die Untergebenen mit allen Mitteln vom Glauben abzubringen (machinare, ut separet a fide). Freilich liegt die Gefahr hiezu schon in der Natur der Apostasie vom christlichen Bekenntniß; denn gegenüber dem Einfluß des Herrschers festhalten an seinem Glauben setzt bei Untergebenen grosse und darum seltene Energie voraus[2]).
5. Die Aussicht auf guten Erfolg dieses Einschreitens für den Glauben; dasselbe müßte unterbleiben, wenn durch dasselbe der Glaube noch mehr gefährdet würde (ad 1. ut *majus* periculum fidei vitaretur).

Um das Verhältniß der geistlichen und weltlichen Gewalt zu einander ganz allgemein zu bestimmen, geht Thomas zurück auf den Ursprung beider Gewalten.

Die weltliche und die geistliche Gewalt — beide leiten sich her von der göttlichen; zwischen beiden besteht daher jenes Verhältniß, welches Gott gewollt hat; respective: die weltliche Gewalt steht soweit unter der geistlichen, als Gott sie ihr unterworfen hat[3]). Nun ist es gewiß, ein Regiment steht um so höher, einem je höheren Zwecke es dient. Die Menschheit zu ihrem höchsten Zweck,

---

[1]) näher bezeichnet: solche Verhältnisse, wie sie zur Zeit des hl. Thomas bestanden: daß nach dem geltenden Recht der kirchlich ausgesprochenen Excommunications-Sentenz *ipso facto* Lösung des Unterthanenverhältnisses u. s. w., weil der Apostasirte, von Gott getrennt, aufhörte, gläubige Unterthanen regieren zu können.

[2]) S. theol. 2. 2. q. 10. a. 10. De facili illi qui subjiciuntur aliorum jurisdictioni, immutari possunt ab eis quibus subsunt, ut sequantur eorum imperium, nisi illi qui subsunt, fuerunt magnae virtutis.

[3]) Sent. II. d. 44. q. 2. a. 3. ad 4: Potestas saecularis et spiritualis utraque deducitur a potestate divina, et ideo in tantum est potestas saecularis sub potestate spirituali, in quantum ei a Deo supposita est, scilicet in his quae ad salutem animae pertinent. Et ideo in his magis obediendum potestati spirituali quam saeculari. In his autem, quae ad bonum civile pertinent, est magis obediendum potestati saeculari, quam spirituali secundum illud Matth. 22: Reddite quae sunt Caesaris Caesari etc. [Siehe S. 30 Anm. 2.]

durch ein tugendhaftes Leben zur endlichen Seligkeit in dem Genusse
Gottes nach dem Tode zu führen, ist die Aufgabe des geistlichen
(divini), nicht des weltlichen (humani) Regiments, weil nicht Menschen=
kraft allein, sondern nur die Gnade Gottes mit dem Menschen das
Ziel des geistlichen Reiches erreichen kann. Der Dienst dieses Reiches
ist, um die irdischen Dinge von den himmlischen zu scheiden, nicht den
Königen, sondern den Priestern übergeben, ganz besonders dem höch=
sten Priester, dem Nachfolger Petri, Christi Statthalter auf Erden,
dem Papste, dem alle Könige der Christenheit in Gehorsam ergeben
sein müssen, wie Christo dem Herrn selber. Dem, der für den letzten
Zweck zu sorgen hat, müssen die sich unterordnen, welche untergeord=
nete Zwecke erfüllen, müssen von seinen Geboten sich leiten lassen.
Das ist im Christenthum das rechte Verhältniß, während im Heiden=
thum, und zum Theil auch im Judenthum das umgekehrte Verhältniß
stattfand, deßhalb weil bei den Heiden der Götzendienst rein der zeit=
lichen Güter wegen, bei den Juden der Gottesdienst vornehmlich der
irdischen Verheißungen wegen geübt wurde[1].

Im Christenthum steht das ewige Heil obenan: in Punkten,
welche das Heil betreffen (quae ad salutem pertinent), bestimmt die
geistliche Gewalt, und wenn Bestimmungen der weltlichen damit colli=
dirten, gälte die Regel: man muß der geistlichen Gewalt mehr ge=
horchen als der weltlichen, weil der Satz gilt: dem Kaiser was des
Kaisers, und Gott, was Gottes ist (Matth. 12), Sent. II. d. ult. l. c.,
und weil die weltliche Gewalt unter der geistlichen steht, wie der Leib
unter dem Geiste. (S. theol. 2. 2. q. 60. a. 6. ad 3. Potestas sae-

---

[1] So im opusc. de regimine Principum lib. I. c. 14. (Antwerpener Ausgabe,
t. 17. opusc. 20. p. 166 F.): Est regimen tanto sublimius, quanto ad finem
ulteriorem ordinatur... Ministerium hujus regni sacerdotibus traditum et praecipue summo sacerdoti, successori Petri, Christi Vicario, Romano Pontifici,
cui omnes reges populi Christiani oportet esse subditos, sicut ipsi Domino nostro
Jesu Christo. Sic enim ei, ad quem finis ultimi cura pertinet, subdi debent
illi, ad quos pertinet cura antecedentium finium, et ejus imperio dirigi etc.
Bekanntlich gehören die libri II. III. & IV. desselben Opusculums nicht dem hl. Thomas,
also auch nicht die langen Stellen über Päpstliche Gewalt in lib. III. c. 10. c. 19.
Cf. Const. apost. II, 34. — Gregor. Naz. orat. 17.: Auch wir Bischöfe führen eine
Herrschaft; ich will hinzufügen: wir haben eine größere Herrschaft, eine erhabenere;
oder soll etwa der Geist dem Fleische sich unterwerfen? — Gregor. Magn. ep. l. 3. ep. 65.
ad Mauritium imp.: Ad hoc enim potestas super omnes homines Dominiorum
meorum pietati coelitus data est, ut qui bona appetunt, *adjuventur*, ut coelorum via largius pateat, *ut terrestre regnum coelesti regno famuletur*. So der
auf seine Gewalt nicht pochende Gregor.

cularis subditur spirituali, sicut corpus animae: Anspielung auf das den Vätern geläufige Bild.)

Möglicher Weise aber kann der Inhaber geistlicher Gewalt auch in zeitlichen Dingen eine Gewalt haben: wenn es sich um Dinge handelt, bei welchen die **eigentlich** geistlichen Interessen berührt werden, oder um Dinge, über welche die weltliche Gewalt der geistlichen ein Recht eingeräumt hat[1]).

Der Papst vereinigt beide Gewalten in sich: er **steht auf dem Gipfel beider Gewalten**; das sei so gekommen durch Fügung des Heilandes, der Priester und König zugleich ist in alle Ewigkeit[2]), durch Fügung der göttlichen Vorsehung, welche gerade Rom zum Hauptsitz (principalem Sedem) der Christenheit ausersah, endlich durch allmälige Gewohnheit, indem die weltlichen Regierungen (imperia) keinen Anstand nahmen, der Kirche (sacris) zu dienen, da sie in diesem Verhältniß zur Kirche Gottes die sicherste Bürgschaft für die irdische Wohlfahrt ihrer Reiche erblickten[3]).

---

[1]) S. theol. 2. 2. q. 60. a. 6. ad 3. Potestas saecularis subditur spirituali, sicut corpus animae. Et ideo non est usurpatum judicium, si spiritualis praelatus se intromittat de temporalibus *quantum ad ea, in quibus subditur ei saecularis potestas vel quae ei a saeculari potestate relinquantur.* Dieß die ganz correcte Lösung des Einwandes, daß geistliche Herren in weltliche Dinge sich nicht mischen sollten. Unter der ersten Classe sind offenbar jene Gegenstände einbegriffen, welche man jetzt „gemischte" nennt, trotz vorherrschend geistlichem Charakter.

[2]) Sent. II. de ult. q. 2. a. 3. ad 4. — Marc. 12, 17. gelte im Allgemeinen: nisi forte potestati saeculari etiam potestas spiritualis conjungatur, sicut in papa, *qui utriusque potestatis apicem tenet, sc. temporalis et spiritualis, hoc illo disponente,* qui est sacerdos et rex etc. Die von Döllinger am Schluß seiner Erklärung noch schnell aus der Civiltà cattolica angeführten Worte gehören also — dem hl. Thomas.

[3]) Op. de regim. Principum l. c.: putabant imperia, ita se humanarum rerum habitura regimen, si divinae potentiae bene atque constanter fuissent famulata. Mit besonderer Beziehung auf Frankreich sagt Thomas: Das grosse Ansehen der Druiden bei den heidnischen Galliern (Caesar, de bello gallico) sei ein merkwürdiges Vorspiel gewesen der segensreichen Thätigkeit, welche das christliche Priesterthum gerade auf gallischem Boden am schönsten entfalten sollte. — Thomas' Anschauungen über die Stellung des Papstes sind ganz die seiner Zeit: sie wurzeln in der Idee des Papstthums und dessen Superiorität über alle irdischen Machthaber, wie in den concreten Verhältnissen des Mittelalters, miteinbrgriffen die Stellung des Papstes als Souverän des Kirchenstaates. Vgl. den Brief der Königin Eleonora von England an Papst Cölestin III., welchem sie schrieb wegen ihres gefangengehaltenen Sohnes Richard (ep. 145 bei Baron. ad a. 1193): Nonne Petro Apostolo et in eo vobis a Deo omne regnum omnisque potestas committitur? Non rex, non imperator, aut dux a jugo vestrae jurisdictionis eximitur.

5. Die päpstliche Gewalt heißt aber **Vollgewalt** auch wegen ihrer Ausdehnung über alle **Subjecte** in der Kirche¹).
Wie nämlich Keiner sich Christ nennen könnte, der sagte, er stehe nicht unter dem Einen Hirten, Petrus (Comm. zu Johannes 21, 15.), so nennt der Papst, weil er über Allen steht (praesidet universis), weil sein Regiment über Alle sich ausdehnt (regimen universale), alle — seine Söhne²). Alle sind darum verpflichtet, auf ihn zu hören, ihm zu gehorchen. Wer das nicht thut, ist im Irrthum (S. c. Gent. IV. c. 76. Ende), ist ein Schismatiker (S. theol. 2. 2. q. 39. a. 1.), weil er die Einheit der Kirche zerreißt, ja, wenn er zugleich den Vorrang der römischen Kirche läugnet, den sie nach Christi Anordnung als die Kirche Petri hat, und so seinen Ungehorsam rechtfertigt, ist er zweifelsohne ein Häretiker³).

Das Gesagte gilt auch von den **Bischöfen**: denn sind auch Alle, die Bischöfe sind, in Bezug auf die bischöfliche Weihe gleich, so unterstehen doch auch die Bischöfe jure divino dem Papste, der kirchlichen Einheit wegen, des Papstes Gewalt steht über der der Bischöfe, überragt sie, nicht zwar wie die bischöfliche Gewalt die priesterliche als eine Gewalt anderer Gattung, sondern als eine Gewalt derselben Gattung, als die Fülle der bischöflichen Gewalt⁴).

---

¹) *Indistincte* habe der Herr zu Petrus gesagt: Pasce oves meas, heißt es im op. 1. contra errores Graecorum. Siehe später.

²) Sentent. IV. d. 24. q. 3; d. 20. q. 1.

³) Im op. contra impugnantes Religonem c. 3. p. 132. wiederholt. Hoc privilegium Christus Romanae Ecclesiae contulit, ut omnia ei sicut Christo obediant. Cf. Bonifacius I. ep. 14 n. 1 ed. Const. p. 1037: a qua (Sede Apostolica) se quisquis abscindit, fit christianae religionis extorris. — Im op. 1. contra errores Graecorum steht die aus der Bulle Unam sanctam Bonifaz' VIII. bekannte These: Subesse Romano Pontifici est de necessitate salutis. — Eine Pflicht folgt für Alle aus diesem Verhältniß zum Papst: alle sind gehalten, nach Kräften und nach Bedarf den Papst mit Mitteln zu versehen, die er braucht zur Leitung der Kirche. S. theol. 2. 2. q. 87. a. 4. ad 3. Der Grund dafür: Naturalis enim ratio dictat, ut illi, qui habet curam de communi multitudinis statu, provideatur de bonis communibus, unde possit exequi ea, quae pertinent ad communem salutem.

⁴) Sent. IV. d. 24. q. 3. a. 6. *ad 3*. Potestas sacerdotis exceditur a potestate episcopi quasi a potestate alterius generis; sed potestas episcopi exceditur a potestate papae quasi a potestate ejusdem generis ... Et ideo quantum ad ea quae sunt episcopalis ordinis, omnes episcopi sunt aequales ... Im Sed contra: Episcopi alicui subsunt etiam jure divino. Dazu Sent. IV. d. 20. q. 1. a. 4. ad 3: Papa habet plenitudinem *Pontificialis* potestatis. — Cf. Eusebius Emes. Hom. in Vigil. SS. Apostolorum. Bibl. PP. Lugdun. t. VI. p. 794.

Aber wie kann bei Alledem der hl. Thomas anderwärts sagen: die Bischöfe haben die höchste Gewalt in der Kirche? oder: sie seien die Stellvertreter der Apostel, welchen der Herr das Lehramt zu persönlicher Ausübung als ihr vorzüglichstes Geschäft übergab? — oder endlich: die höchste Gewalt, das gläubige Volk zu regieren, komme dem bischöflichen Amte zu?[1])

Diese Aussprüche bestehen zu Recht. Denn an diesen drei Stellen wird die Gewalt der Bischöfe im Allgemeinen, speziell im Gegensatz zur priesterlichen hervorgehoben. (An der ersten Stelle in Bezug auf die Firmung, an der 2. in Bezug auf Spendung der Taufe in eigener Person, an der 3. überhaupt von bischöflichen Amtshandlungen gegenüber priesterlichen Verrichtungen)[2]).

Was da vom Collegium der Bischöfe, von der dignitas episcopalis, welcher auch der Papst angehört, gesagt ist, wird im Einzelnen dahin angegeben: der Bischof kann das Haupt, der Bräutigam seiner Kirche genannt werden, die sich ausdehnt über eine gewisse Gegend, und darum auch Stellvertreter Christi[3]). In seiner Diöcese hat

---

Omnium pastor est, regit subditos et praelatos... Leo M. in natali s. Serm. III. 2. Quamvis in populo Dei multi pastores sint, *omnes tamen proprie regit Petrus*, quos principaliter regit et Christus. Welches nach Thomas die Stellung des Papstes zu der Gesammtheit der Bischöfe auf dem allgemeinen Concil ist, lernen wir später ausführlich kennen.

[1]) S. theol. 3. q. 72. a. 11. Summam episcopi obtinent potestatem in Ecclesia. — Ib. q. 67. a. 2. ad 1. Utrumque officium, docendi et baptizandi, Dominus Apostolis injunxit, quorum vicem gerunt Episcopi ..., sed officium docendi, ut ipsi per se exercerent illud, tanquam principalissimum. — S. c. Gent. IV. c. 76: Quod summa potestas regiminis populi fidelis ad episcopalem pertinet dignitatem. — Cf. Sent. IV. d. 7. q. 3. a. 1. quaest. 2. Sed contra: Soli episcopi in loco Apostolorum succedunt; sed soli Apostoli in primitiva ecclesia manus imponebant, — (es handelt sich darum, ob auch einfache Priester firmen können?) — Ib. q. 3. a. 1. ad quaest. 2. Episcopi in ecclesiastica hierarchiâ tenent supremum locum. Sent. II. d. 44. q. 2. a. 2. Praelatio, secundum suam formam, semper (auch beim unwürdigen Subjecte) est a Deo.

[2]) Nach Gratry (Lettre III) hat auch der Briefschreiber in der A. A. 3. (Brief n. 28. vom 18. März) die Stelle der Summe (3. q. 72. a. 11) aus dem sonst verworfenen, weil „durch Fictionen getäuschten" hl. Thomas auf die pot. *jurisdictionis* bezogen. Vgl. Hist.-Pol. Bl. Bd. 66. S. 568. Anm.

[3]) S. 3. q. 8. a. 6. — c. impugn. Religionem. c. IV. cf. Sent. IV. d. 19: Wie in der himmlischen Hierarchie, so muß es auch bei der streitenden Kirche sein: ut apud aliquem esset praelatio *indistincte in omnes*, et sub hoc essent aliqui, qui *super diversos distinctam* potestatem acciperent. Cf. S. theol. 1. q. 112. a. 2. ad 2. mit gleichem Bezug die Hierarchie der Engel. Ib. a. 3: Der Papst, qui habet

der Bischof die *plena potestas* (impugn. c. IV. p. 134.), ist der Bischof der princeps sacerdotum (Sent IV. d. 24. q. 3. a. 5.). Die priesterliche Gewalt fließt aus der bischöflichen, denn die Bischöfe pflanzen das Priesterthum fort durch Spendung des Ordo (ib., dazu S. c. Gentes IV. c. 76: derivatur.); daher üben die Priester ihr Amt in einer bestimmten Gegend auctoritate episcoporum ib.[1]), sind jure divino dem Bischof unterworfen; der Bischof überträgt die Seelsorge in seinem Sprengel an Priester, behält aber dieselbe trotzdem in der ganzen Diöcese[2]) u. s. w.

Aber das Alles können und sind die Bischöfe niemals anders als in der Unterordnung unter den Papst. (*Sub illo*, qui habet indistinctam potestatem super omnes, episcopi distinctas potestates acceperunt. Siehe oben!) Dem Papste, der der höchste im bischöflichen Amt, der Bräutigam, das Haupt der ganzen Kirche, Christi eigentlichster Stellvertreter ist, helfen die Bischöfe in ihrem Amte als die vorzüglichsten Glieder in der Kirche[3]), wie die Priester dem Bischofe helfen. Darum redet er die Bischöfe als Brüder an (Sent. IV. d. 20. q. 1.).

Jeder einzelne Bischof hat eine wahre Regierungsgewalt, aber eine particuläre, unter dem regimen universale (Sent. IV. d. 24. q. 3. a. 6.). Die Bischöfe haben Theil an der Macht, in Gelübden zu dispensiren, und Ablässe zu ertheilen, aber nur in beschränktem Maß (taxatum, concessum): das Maß bestimmt der Papst, in welchem die Kirchengewalt nicht bloß theilweise (participare bei den Bischöfen), sondern in ihrer Fülle (principaliter) sich findet[4]). Gemäß der Ver-

---

indistinctam potestatem *super omnes*, potest uti clavibus in quemlibet; illi autem qui *sub illo* distinctas potestates acceperunt, non in quemlibet, sed in illos, qui eis in potestatem veniunt.

[1]) c. impugnantes Relig. c. IV. p. 134. Episcopi est omnem dare sacerdotibus auctoritatem.

[2]) Op. contra impugn. religionem. c. IV. p. 136. committit curam parochiae, tamen adhuc pertinet ad eum habere curam totius plebis sibi commissae. — Ueber das Recht der Bischöfe im kirchlichen Lehramt — später!

[3]) Sent. IV. d. 38. q. 1.: membra principalia cooperantur. Cf. Ephrem. in Josua c. 24: Petrus, *communicato* cum reliquis Apostolis labore, divulgavit praecepta Christi. Dazu vergleiche man Sent. II. d. 44. q. 2. a. 3. quaest. Ab ipso Papa gradus dignitatum diversi in ecclesia et disponuntur et ordinantur. Gilt auch von der bischöflichen Gewalt, soferne sie auf einen bestimmten Bezirk angewiesen wird. Denn Thomas folgert: Also müssen wir dem Papste mehr gehorchen, als den Bischöfen u. s. w.

[4]) S. theol. 2. 2. q. 11. a. 2. ad 3. Ecclesiae universalis auctoritas principaliter residet in Summo Pontifice. Cf. Sent. IV. d. 38. q. 1; d. 20. q. 1.

fassung der Kirche, welche im Ganzen monarchisch, nicht aristokratisch ist, nimmt der Papst eine Stellung in ihr ein, wie der König im Reiche; die Bischöfe aber sind in partem sollicitudinis berufen, und gleichen den Richtern, die über einzelne Städte (Bezirke) gestellt sind¹).

Demgemäß ist die Jurisdiction des Papstes in der Kirche eine **unmittelbare über die ganze Kirche**. Während nämlich der Metropolit über die Gläubigen der Diöcese eines Suffraganbischofes nur mittelbare Gewalt hat, nur eine bedingte, dann nämlich, wenn an ihn appellirt worden, die Suffraganbischöfe selbst ferner dem Metropoliten nur in jenen Punkten unterworfen sind, welche die Kirche ausdrücklich festgesetzt hat, — hat der einzelne Bischof über alle Gläubigen seiner Diöcese, ebenso über alle Priester darin, die jure divino der bischöflichen Gewalt unterstellt sind, eine unmittelbare Jurisdiction. Aus demselben Grund jedoch, nämlich **kraft des durch göttliches Recht**, durch Einsetzung des Herrn und nicht erst durch Synodalbeschlüsse bestehenden Primates, hat der Papst über alle Christen, über Jeden in der Kirche **unmittelbare Jurisdiction**. Diese ist daher in Wahrheit eine **bischöfliche** über die ganze Kirche, weil der Papst Gewalt über Jeden in der Kirche, wie der Bischof Gewalt hat über Jeden in seiner Diöcese; weil auch auf den Papst Bezug hat, was Petrus

---

a. 4. — Deßhalb könnte er, mit Rücksicht auf das Wohl der Kirche, Einem befehlen, den oder den Bischofsstuhl anzunehmen, wenn er nicht freiwillig diese Last auf sich nehmen will. Sent. IV. d. 29. q. 1. a. 4. ad 4. Cf. Leo Magn. ad episc. Vienn. (ep. 10): Ita Dominus ad omnium Apostolorum officium hujus muneris sacramentum *pertinere* voluit, ut in beato Petro, Apostolorum omnium summo — *principaliter* collocarit.

¹) Sent. IV. d. 20. q. 1. a. 4. ad 3: Papa habet plenitudinem pontificalis potestatis quasi rex in regno, sed episcopi assumuntur in partem sollicitudinis quasi judices singulis civitatibus praepositi. Cf. Leo M. in natal. s. serm. III. 2. Obwohl viele Hirten in der Kirche: omnes tamen proprie regit Petrus. Dasselbe sagt Optat. Milevit. (de schismate Donat.) lib. 2. c. 2. Gallandi V. 471: Die Cathedra episcopalis, welche Petrus zu Rom erhalten, sei die una cathedra, in qua unitas ab omnibus servatur, sei die singularis cathedra, neben welcher Niemand eine zweite, ohne Sünde und Gefahr des Schisma, aufstellen kann, nicht einmal die einzelnen Apostel sich eigene aufstellen konnten (ne caeteri Apostoli singulas sibi quisque cathedras defenderent). — Daß nicht jeder Bischof die plena sollicitudo ecclesiae hat, sondern nur partem sollicitudinis, folgt daraus, weil der Papst allein die erstere übt und geübt hat. Leo M. ep. 12. ad univers. episc. Africae Opp. Ballerini t. 1. p. 669. Ratio pietatis exigit, ut pro sollicitudine, *quam universae ecclesiae ex divina institutione dependimus* etc.

in seinem Brief von Christus sagt: Pastor et Episcopus animarum nostrarum. (I. Petr. 2, 25.)¹).

Deßhalb kann nicht bloß er selbst die Schlüsselgewalt gegen Jemanden üben, sondern auch Ordensgeistlichen u. s. w. Jurisdiction zum Predigen und Beichthören in beliebigen Gegenden ertheilen²).

Aber dann sind ja zwei Bischöfe in derselben Diöcese neben einander? Ist das nicht ungereimt? Ungereimt wäre es, wenn Zwei in gleicher Weise (aequaliter) dieselbe Gewalt in einem Sprengel üben würden; nicht aber wenn von diesen Zweien, die über ein Volk gesetzt sind, der Eine über dem Andern steht. So sind Pfarrer, Bischof, Papst gestellt über eine christliche Gemeinde, und zwar alle drei unmittelbar: jeder derselben kann, innerhalb der Grenzen seiner Jurisdiction, delegiren³).

---

¹) Op. contra impugnantes relig. etc. c. 4. p. 136: Der Bischof hat unmittelbare Jurisdiction über die Geistlichen seiner Diöcese, ... der Metropolit nur in dem angegebenen Sinn. Sacerdos qui ex jure divino episcopo subditur, in omnibus est ei subjectus, *sicut etiam Papa habet immediatam jurisdictionem in omnes Christianos, quia* Romana ecclesia nullis synodicis constitutis caeteris ecclesiis praelata est, sed evangelicâ voce Domini ... primatum obtinuit. Fast wörtlich auch so Sent. IV. d. 17. q. 3. a. 3. sol. 5. Offenbar ist hiebei Bezug genommen auf die Worte der unter Gelasius a. 494 gehaltenen römischen Synode: Sancta Romana ecclesia non ullis synodicis constitutis caeteris ecclesiis praelata est, sed evangelica voce Domini Salvatoris nostri primatum obtinuit. c. Quamvis D. 21. bei Mansi VIII. 640 sq. — Ueber I. Petr. 2. 25. vgl. Reischl N. Test.: „Der Heiland — Hirt und Bischof Eurer Seelen." Die hohe Bedeutung des Wortes Hirt und Bischof wird erst voll empfunden, wenn wir Jesum so genannt und begrüßt sehen von dem, welchen Er selbst an seiner Statt zum stellvertretenden Hirten seiner ganzen Heerde und zum Oberbischof aller christgläubigen Seelen gemacht hat, — von Petrus." Auch Natal. Alex. (H. E. t. 16. p. 440) nennt den Papst mit den Worten des Karthäusers Gerigo (dessen Brief an Innocenz II. im Chronicon Mauriniacense) denjenigen, *cujus totus orbis dioecesis est.* Aehnlich Peter b'Ailly in seiner Rede vor Papst Clemens in Avignon (gegen Johannes Montson): Papa = qui universalem fidelium regit ecclesiam. Bulaeus l. c. p. 623.

²) Sent. IV. d. 19. (Siehe oben.) — Op. c. impugn. relig. l. c.

³) Sent. IV. d. 17. q. 3. a. 3. quaest. 5. sol. 5. Inconveniens esset quod duo aequaliter super eandem potestatem constituerentur. Sed quod duo, quorum unus principalior alio, super eandem plebem constituantur, non est inconveniens. Et secundum hoc super eandem plebem immediate sunt et sacerdos parochialis et episcopus et papa, et quilibet horum potest ea quae sunt jurisdictionis ad ipsum pertinentia — committere alteri. Folgt dann die Berufung auf c. Quamvis D. 21. Thomas hat hiemit die Lösung eines Einwandes gegeben, der auch in unseren Tagen gegen die „Universalherrschaft" des Papstes erhoben wurde.

Darum sind wir Katholiken aller Länder und Diöcesen gehalten, dem Papst, der unmittelbare Gewalt über die ganze Kirche hat, dessen Gewalt gewissermaßen das Fundament in der Kirche ist, durch den die Andern ihre Gewalt empfangen, mehr zu gehorchen, als den Erzbischöfen oder Bischöfen oder Aebten, ohne alle Ausnahme (absque ulla distinctione). So fordert es die Natur und das rechte Verhältniß der verschiedenen Gewalten in der Kirche[1]).

Während so alle Mitglieder der Kirche unter dem Papste stehen, steht er selbst unter keiner Gewalt in der Kirche. Im strengen Sinn steht er auch nicht unter den Canones, soweit diese menschliches Recht enthalten: sie sind für ihn Directiven, nicht zwingende Normen[2]).

Wohl besteht auch gegenüber dem Papst die Pflicht der brüderlichen Zurechtweisung; diese hätte sogar öffentlich zu geschehen, wenn sein Verhalten Aergerniß mit Gefahr für den Glauben gäbe[3]); der Papst könnte für seine Person, wie jeder andere Privatmann auch

---

[1]) Sent. II. d. 44. q. 2. a. 3. quaestiunc.: Höhere und niedere Gewalt können sich entweder so verhalten, daß die niedere aus der höheren fließt. Dann ruht alle Kraft der niederen auf der höheren. Darum ist in allen Stücken mehr der höheren als der niederen Gewalt zu gehorchen. So ist das Verhältniß der ersten zur zweiten Ursache; so das Verhältniß Gottes zu jeder Gewalt; so das Verhältniß des Kaisers zum Proconsul; so auch das Verhältniß des Papstes zu jeder Gewalt in der Kirche: quia ab ipso papa gradus dignitatum diversi in ecclesia disponuntur et ordinantur. *Ipsius potestas est quoddam fundamentum ecclesiae* nach Matth 16. etc. — Es kann aber auch so eine Gewalt höher sein als die andere, daß beide zugleich aus einer beiden übergeordneten fließen, aber in einer Weise, daß trotzdem zwischen beiden ein Verhältniß der Unterordnung besteht. Dann ist die eine höher als die andere nur in den Punkten, in welchen diese Unterordnung wirklich vorhanden ist; und nur in diesen Punkten gehen die Befehle der höheren Gewalt jenen der niederen vor. So verhält es sich mit den Gewalten des Bischofes und Erzbischofes zu einander: beide sind, wenn auch verschiedene, Abstufungen unter der päpstlichen Gewalt (descendentes a potestate papae). Cf. Commentar zu Matth., wo Thomas nach Zusammenhaltung der Texte Matth. 16, 18. 19. und 18, 18 sagt: Et hac ratione Papa, qui est loco S. Petri, habet plenariam potestatem, alii vero ab ipso.

[2]) Op. c. impugnantes l. c.: regula directiva.

[3]) S. Theol. 2. 2. q. 33. a. 4. ad 2: Ubi immineret periculum fidei, etiam publice essent praelati a subditis arguendi. Unde et Paulus, qui erat subditus Petro, *propter imminens periculum scandali circa fidem*, Petrum publice arguit. Aehnlich schon Sent. IV. d. 19. q. 2. a. 2. quaest. 3. ad 1. Paulus hätte durch die Art der Zurechtweisung das rechte Maß überschritten, nisi immineret periculum fidei. Denn es werde der niedere Vorgesetzte der höhere, und dieser der niedere, *si in infidelitatem laberetur*. — Die Ausdrücke sind so gewählt, daß man an eine zweifache Gefahr für den Glauben, beim höheren Vorgesetzten selbst und bei den Gläubigen denken muß.

Simonie treiben, weil die res ecclesiae nicht sein Eigenthum, sondern nur Gegenstand seiner Verwaltung vorzüglich sind (dispensator principalis¹).

Aber gestraft kann der Papst von irgend einer Gewalt in der Kirche in solchen Fällen nicht werden: weil er nämlich auf Erden in der Kirche keinen höheren Vorgesetzten hat, wie andere Prälaten, man müßte im Gebet sich zu Gott wenden: Gott kann ihn besser werden oder sterben lassen²).

Der Papst selber könnte für das äußere Forum keinem Menschen Jurisdiction über sich verleihen, wohl aber für das innere Forum³).

6. Wir haben hiemit die Lehre des hl. Thomas über den Primat, absehend vom päpstlichen Lehramt, so vollständig, aber zugleich so gedrängt als möglich gegeben. Die einzelnen Aeußerungen darüber fanden sich fast ausnahmslos wie zufällig und gelegentlich in den verschiedensten Werken des hl. Lehrers. Und dennoch diese Klarheit und Consequenz, diese Einheit und Harmonie. Der hl. Thomas hätte dieses System erst gemacht und eingeführt? Gefälschte Texte, ihm erst nach mehreren Lehrjahren und nach bedeutenden Publicationen eingehändigt, hätten das Material zu seinem „Papalsystem" geliefert, welches er in seinem ersten theologischen Werk, im Commentar zu den Sentenzen, bereits vollständig entwickelt, vollständiger, als selbst in seinem letzten und größten Werke, der theologischen Summe? Dazu kommt: das zweite

---

¹) S. theol. 2. 2. q. 100. a. 1. ad 7. Papa potest incurrere vitium simoniae, sicut et quilibet alius homo: peccatum enim tanto in aliqua persona est gravius, quanto majorem obtinet locum. Quamvis enim res Ecclesiae sint ejus, ut principalis dispensatoris, non tamen sunt ejus sicut domini et possessoris etc.

„Auch ist die Meinung, der Papst könne keine Simonie begehen, weil die kirchlichen Dinge sein Eigenthum seien, ein Irrthum." (Sent. IV. d. 25. q. 9. a. 3. ad 2.)

²) Sent. IV. d. 19. q. 2. a. 2. quaest. 3. ad 3: Ecclesia recurrat ad Deum, ut cum emendet vel de medio subtrahat. Cf. S. 2. 2. q. 67. a. 1. ad 2. „In rebus humanis aliqui propria sponte possunt se subjicere aliorum judicio, quamvis non sint eorum superiores (ex gr. arbitri!). Sic ergo et Christus propria sponte humano judicio se subdidit, *sicut etiam Leo papa se judicio imperatoris subdidit.* Nicolaus (bei Migne) bemerkt hiezu: *Leo IV.* nimirum Ludovico (II.) Augusto ad purganda crimina coram illo, de quibus erat accusatus, — ut in Decr. C. 2. q. 7. cap. „Nos si incompetentes" videre est.

³) Sent. IV. d. 19. q. 1. a. 3. ad 3. quaest. Ille qui limitavit potestatem clavium, potest extendere in quem voluerit, etiam in semetipsum.

Concil von Lyon, im Sterbjahre des hl. Thomas 1274 gehalten, kennt und bekennt in seiner feierlichen Erklärung über den Primat dieselben Anschauungen: Romana Ecclesia, erklärt es, summum et plenum primatum super universam Ecclesiam catholicam obtinet, quam se ab ipso Domino in beato Petro, Apostolorum Principe sive vertice, cujus Romanus Pontifex est successor, cum potestatis plenitudine recepisse veraciter et humiliter recognoscit[1]).

Dieß war damals das kirchliche Bewußtsein, wenigstens des katholischen Abendlandes. Hat Thomas dieß Bewußtsein erst gemacht, etwa seit 1261? In der Uebereinstimmung mit dem kirchlichen Bewußtsein liegt vielmehr eine Rechtfertigung des hl. Thomas: seine Thesen, mit dem Bewußtsein der Kirche übereinstimmend, sind wahr, auch wenn er nicht die wahren Gründe, die ächten loci für dieselben angeführt hätte.

Daß Thomas meist keine Belege für seine Sätze über die Papstgewalt beibringt, ist ein weiterer Beweis, daß dieselben damals feststanden und nicht erst durch ihn „eingeführt" wurden[2]). Aber Thomas hat mehrmals in seiner Lehre vom Primat den Pseudo-Cyrill und andere fingirte Stellen verwendet, die in dem Werke gegen die Griechen vorkommen!

Richtig, im Commentar zu den Sentenzen (IV. d. 24. q. 3. a. 6.) wird als argumentum prolusorium ein angeblicher Canon eines Concils von Constantinopel, und ein längeres Zeugniß aus Pseudocyrill (Ut membra maneamus etc.), sodann zur Lösung des ersten Einwandes eine amplificirte Stelle aus Chrysostomus angeführt; letztere und ein Theil aus dem pseudo-cyrillischen Zeugniß („alle gehorchen

---

[1]) Apud Labbé, tom. XI. p. 1 col. 966. Folgt: Et sicut *prae caeteris* (Bossuet schließt [Defens. Cleri Gallic. t. II. p. 3. lib. 7. c. 36 l. c. p. 67. 68.] daraus: ergo non *solus*, quia *prae caeteris!*) tenetur fidei veritatem defendere, sic et de fide, si quae subortae fuerint quaestiones, suo debent judicio definiri. Daran schließt sich die Erklärung des Rechtes, Appellationen anzunehmen in quibuscunque causis atque negotiis. Zuletzt heißt es: Ad hanc autem (Rom. sc. eccles.) sic potestatis plenitudo consistit, quod ecclesias caeteras ad sollicitudinis partem admittit: quarum multas et patriarchales praecipuo diversis privilegiis honoravit; sua tamen observata praerogativa, tum in generalibus conciliis, tum in aliquibus aliis semper salva. Bossuet bemerkt hiezu: „His praelati graeci data speciali epistola consentiunt."

[2]) Daß sie auch ohne Pseudo-Isidor und Gratian bestehen, dürften, ganz abgesehen von der Controverse über diese beiden, die den Citaten aus Thomas von uns beigesetzten Väterstellen in Erinnerung bringen.

dem Papst wie Christus dem Herrn selber") finden sich auch im Opusc. contra impugnantes religionem (l. c. c. 3. p. 132. c. 4. p. 134.); ein Hinweis auf Pseudo-Cyrill begegnet uns im Opusculum de regimine principum (l. c. p. 166. obedire sicut ipsi Domino), eine andere Stelle aus Pseudo-Cyrill ist in der Catena aurea (zu Matth. 16, 18. 19.) aufgeführt: Secundum hanc promissionem etc.

Es wird sich bei der Untersuchung über das opusc. 1. contra errores Graecorum zeigen, daß diese Stellen, soweit sie nicht verificirt werden können, Thomas' Anschauung nicht geändert oder bestimmt haben.

Hier muß hervorgehoben werden, daß Thomas auch nicht im Entferntesten der Verdacht treffen kann, als habe er sich leichtlich durch einzelne Stellen zu gewissen Ansichten bestimmen lassen: denn wie uns seine Erklärung zu den drei von ihm angerufenen Schriftstellen (S. c. Gentes IV. c. 76.) zeigt, stand Thomas eine reiche Fülle ächter Väterstellen zu Gebot, und hat Thomas daraus nicht bloß dem Primat günstige, sondern auch von demselben ganz absehende Zeugnisse gewählt.

So werden in der Catena (ad. Matth. 16, 18.) die wichtigen Worte super hanc petram so zu sagen allmöglich erklärt: mit Hieronymus (Comment. i. h. l.) werden sie auf die Person Petri (= super te), mit Augustin, der sie, wie er selbst sagt (lib. retract. lib. I. c. 21. ed. Migne. Opp. I. 618.) und wie Thomas anführt, multipliciter erklärt hat, werden sie auf die Person Christi (= super hunc, quem confessus est Petrus), mit Chrysostomus endlich (hom. 55. in Matth.) auf Petri Glauben und Bekenntniß (super hac fide et confessione) bezogen. In ähnlicher Weise, frei und unbefangen, finden die portae inferi ihre Erklärung: nach Hieronymus sind damit die Sünden, Laster, auch die Lehren der Häretiker gemeint, nach Rabanus aber die verschiedenen Mittel der Verfolgungen. Nach Origines (t. XII. in Matth. n. 11. ed. Migne III. p. 1003) kann adversus eam wohl von beiden, von der Petra wie von der Ecclesia verstanden werden. Doch hat der Herr, nach Hieronymus (Comment. l. c., auch bei Reischl zu Matth. 16, 18. Anm. r.), indem er den Simon „Petrus" nannte, ihn zugleich dazu gemacht.

Bei Erklärung der Schlüsselgewalt wird mit Origenes (in Matth. l. c.) auf die Erhabenheit dieser selbst für den Himmel giltig lösenden Gewalt, mit Rabanus und Beda auf den Grund hingewiesen, warum Petrus sie vor den Uebrigen erhielt: der größeren Andacht

seines Bekenntnisses wegen und wegen seiner Aufgabe als Einheits=
und Mittelpunkt der ganzen Kirche¹).

Erst gar die Zeugnisse zu Luc. 22, 32 und Joann. 21, 15: sie
beschränken sich durchweg auf Petri Vorrang hinzuweisen und heben
die dogmatische Seite fast gar nicht, dafür desto mehr die moralische
hervor.

Christus der Herr betet für Petrus, weil es ohne besondere
Gnade den Aposteln in der Versuchung auch wie andern Leuten
ergangen wäre (nach Beda); er betet für Petrus, nicht daß er ihn
nicht verläugne, sondern damit er den Glauben nicht fallen lasse (nach
Chrysost.), betet für ihn gerade, weil er wegen höherer Stellung
leichter dem Stolze zugänglich war (nach Theophyl.), betet jetzt, weil
bemüthig im Anblick des Leidens, während er früher kategorisch ge=
sprochen habe (Matth. 16. — nach Chrys.). Petrus, fallend in der
Versuchung, aber den Glauben bewahrend, soll die schwächeren Brüder
damals und in allen folgenden Zeiten mahnen zur Vorsicht vor dem
Falle, ermuntern zum Vertrauen nach demselben: hat ja selbst durch
Reue und Busse auf's Neue den Vorrang erhalten, antistes mundi zu
sein, nach Christus der Fels und die Grundfeste der Kirche²).

Zu Joh. 21, 15 wird aus Chrys. homil. (86 al. 87) der Grund
angegeben, warum der Herr nur zu Petrus so gesprochen: weil er
das Haupt, der Mund der Apostel, der vertex collegii war; durch
die dreimalige Frage wurde die Wichtigkeit der praelatio ovium be=
zeichnet.³) Die agni und oves bezeichnen nach Theophyl. (auch bei
Reischl N. T. I. S. 454. t.) die Unvollkommenen und Vollkommenen,
das pascere oves aber bedeutet nach Alcuin: die Gläubigen stär=
ken, damit sie vom Glauben nicht abfallen, wenn nöthig, ihnen auch
zeitliche Hilfe gewähren, Tugendbeispiele zugleich mit dem Worte Gottes
ihnen bieten, Widerstand leisten gegen die Feinde, irrende Brüder zu=
rechtweisen.

Bestimmter als in der Catena hebt Thomas in den beiden Com=

---

¹) Cf. Beda Venerabilis. Opp. ed. Colon. t. 7. p. 112. bei Ballerini, de vi
ac ratione primatus (Augsburg 1770) p. 211.

²) Προστάτης τῆς οἰκουμένης ἁπάσης. Theophyl. Com. i. Luc. c. 22. ed. Migne
ser. graec. t. 123. p. 1073. Bei Thomas ganz angeführt. Das ὑποστηριχθῆναι ὑπὸ
τοῦ Πέτρου ist zwar auf alle Gläubigen bis zum Ende der Welt, aber nur auf das
Fallen und Aufstehen in der Versuchung von Theophylakt bezogen.

³) Vgl. c. VIII., wo die Zeugnisse aus Chrysostom. ausführlich betrachtet werden.

mentaren zu Matth. und Joann. die Beweismomente für den Primat hervor: ein unächtes Zeugniß läßt sich dabei nicht finden¹).

Wir gehen deßhalb nicht zu weit, wenn wir sagen: Der hl. Thomas hätte bei Erklärung der für den Primat angerufenen Schriftstellen, deßgleichen bei der Auswahl der hiebei verwendeten Väterstellen ganz anders verfahren müssen, hätte es sich damals gehandelt, das Papalsystem in die Dogmatik einzuführen.

III. Das unfehlbare Lehramt des Papstes.

1. In den umfang- und zahlreichen Werken des hl. Thomas sind es nur ein paar Stellen, und an diesen Stellen meist nur ein paar Sätze, welche auf das Lehramt des Papstes Bezug nehmen. Sie bilden den eigentlichen Gegenstand unserer Untersuchung. Chronologisch d. h. nach der Abfassungszeit der sie enthaltenden Werke aneinander gereiht, werden sie uns am Besten ein klares Bild von Thomas Anschauung geben und zugleich den Weg zur Beurtheilung seiner Beweise bahnen.

An erster Stelle muß demnach der Commentar zu den Sentenzen des Lombarden berücksichtigt werden. Der hl. Thomas schrieb denselben jedenfalls infra magisterium, vor erlangter Magisterwürde, wohl schon in Köln, während seiner Lehrthätigkeit von 1248 bis 52²). Im vierten Buch der Sentenzen, welchem eine umständlichere Erklärung gewidmet ist als den anderen dreien, ist im Anschluß an die Lehre vom Bußsacrament auch die Lehre vom Ablaß behandelt. Da stellt Thomas die Frage: Utrum per indulgentiam possit aliquid remitti de poena satisfactoria? Die bejahende Antwort wird vier Einwänden gegenüber im Sed contra vorläufig durch den Hinweis auf zwei Thatsachen gestützt. Die erste: auch Paulus hat ja Ablaß ertheilt, wirksamen Ablaß an Christi Statt (in persona Christi) nach II. Cor. 2. Die zweite: die ganze Kirche glaubt es also.

---

¹) Hingegen wurde schon oben S. 35 erwähnt, daß Thomas wiederholt auf das starke Zeugniß der römischen Synode unter Gelasius (a. 494) hinweist.
²) Echard & Quetif l. c. I. p. 271. Werner a. a. O. I. S. 306.

Ueberdieß, sagt Thomas, kann die Gesammtkirche nicht irren: denn der, welcher in Allem erhört wurde seiner Ehrfurcht gemäß (Hebr. 5, 7.), hat zu Petrus gesagt, auf dessen Bekenntniß die Kirche gegründet ist: Ich habe für dich gebetet, daß dein Glaube nicht abnehme (Luc. 22, 32). Die Gesammtkirche aber billigt und verleiht die Abläße, also vermögen sie etwas [1]).

Damit ist die Unfehlbarkeit der Kirche deutlich ausgesprochen. Aber diese Unfehlbarkeit ist hier zurückgeführt auf das Gebet des Herrn für Petrus. Darum kann diese Stelle auch als Beleg für Thomas' Lehre über die päpstliche Unfehlbarkeit angeführt werden; sie muß dieses sogar, wie sich aus dem Zusammenhalt derselben mit den übrigen Stellen ergibt. Aehnlich ist Luc. 22. angewendet im Commentar zu Matth. 16, 18 (vorgetragen im Jahr 1258, als Thomas regens primarius in Paris war) als Grund dafür, daß Petri Kirche allein unbefleckt geblieben ist.

2. In die Zeit von 1261—64, also in das Pontificat Urban IV., fallen die meisten jener Werke des hl. Thomas, in welchen uns Aufschlüsse über das Magisterium des Papstes gegeben werden [2]). Hieher gehört das vielgeschmähte Werkchen contra errores Graecorum. In dem Abschnitt vom Primat lautet die 5. Thesis: Ad Romanum Pontificem pertinet quae fidei sunt determinare. Folgen dann Belege hiefür aus Cyrill von Alexandrien, und aus Maximus über die höchste Autorität der römischen Kirche und der Päpste in Glaubenssachen.

---

[1]) Sent. IV. d. 20. q. 1. a. 3. Suppl. q. 25. a. 1. Praeterea ecclesia universalis non potest errare: *quia* ille qui in omnibus exauditus est pro sua reverentia, dixit Petro, super cujus confessione Ecclesia fundata est: Ego rogavi pro te, ut non deficiat fides tua. Luc. 22. Sed ecclesia universalis indulgentias approbat et facit: ergo indulgentiae aliquid valent. Man beachte, daß dem hl. Thomas schon in seinem ersten theologischen Werk die päpstliche Unfehlbarkeit so fest stand, daß er diese ohne Weiteres als Grund der kirchlichen hinstellt! Cf. S. theol. 2. 2. q. 2. a. 6. ad 3.

[2]) Werner a. a. O. I. S. 358 ff. Es bilden diese Werke gleichsam eine Mittelstufe zwischen den bloß commentirenden Anfangsarbeiten und dem vollendeten Meisterwerk. Nach Beendigung des Commentars zu den Sentenzen nämlich, der zwar die ganze Kirchenlehre enthält, aber nach dem Plan des Petrus Lombardus, war das Bestreben des hl. Thomas bei seinen Studien ein zweifaches: einerseits suchte er seine Anschauungen über einzelne Punkte des Lehrstoffes zu vertiefen: diesem Bestreben dienten die quaestiones disputatae und die quodlibeta; andererseits aber war er bedacht, den gesammten Lehrstoff selbstständig zu gruppiren, zu eigenem System zu ordnen. Dieses Bestreben bemerken wir in dem (unvollendeten) Compendium theologiae, ganz besonders aber in der S. contra gentes.

Mit seinen eigenen Worten setzt Thomas bei: Nicht mit Unrecht haben die Päpste diese Autorität. Denn Petrus habe zuerst, wie wir lesen, den vollkommenen Glauben von Gott erleuchtet bekannt, da er sprach: Du bist Christus 2c. (Matth. 16.); und ebendeßhalb habe der Herr zu Petrus gesagt: Ich habe für dich gebetet, Petrus, u. s. w.[1]).

Wir setzen ferner hieher, was sich im Eingang zum 3. Opusculum des hl. Thomas findet. Auf Verlangen eines gewissen Cantor aus Antiochien gibt er darin eine kurze Darlegung jener Lehrpunkte, welche von Griechen, Armeniern und Saracenen geläugnet oder verspottet wurden, als Trinität, Incarnation, Eucharistie, Prädestination, Fegfeuer u. s. w. mit Gründen „weniger aus der Schrift als aus der Vernunft genommen, so daß auch die Saracenen sie nicht abweisen können." Die Lehre vom Papst ist darin nicht erwähnt. Hingegen heißt es gleich im Eingang des Werkchens: Der hl. Apostel Petrus, der vom Herrn die Verheißung erhielt, daß auf sein Bekenntniß die Kirche gegründet würde, daß die Pforten der Hölle nichts vermöchten wider sie, so daß gegenüber diesen Pforten der Unterwelt der Glaube der ihm anvertrauten Kirche unversehrt bestehen blieb, — Petrus redet die Christgläubigen in seinem ersten Briefe also an u. s. w.[2]).

3. Dazu kommt eine Stelle in den Quaestiones disputatae. Es sind dieß umständliche dialectische Erörterungen theologischer Themate, zu deren Ausarbeitung Thomas „während seines Magisteriums" seine beste und rüstigste Kraft aufgeboten, und durch deren Ausarbeitung er sich zum Virtuosen in der Theologie ausgebildet hat[3]).

Eine dieser Quästionen ist das opus de Potentia Dei. Die zehnte Frage darin handelt von den Processionen in der Trinität, der vierte Artikel von der processio Sti Spiritus a Filio.

Unter den 24 gegen diese Wahrheit gemachten Einwänden lautet der 13. also: Die allgemeinen Concilien von Ephesus, Chalcedon und Constantinopel lehren nur: procedit a Patre, und verbieten streng-

---

[1]) Nec immerito; nam Petrus legitur primo perfectam fidem esse confessus, Domino revelante, cum dixit: Matth. 16. ... Unde eidem Dominus dixit: Ego pro te rogavi etc.

[2]) Opp. S. Thom. (Antwerpen 1612) t. 17. op. 3. p. 48. Beatus Petrus apostolus, qui promissionem accepit a Domino, ut super ejus confessione fundaretur ecclesia, contra quam portae inferorum praevalere non possent, ut contra hujusmodi portas inferorum Ecclesiae sibi commissae fides inviolata persisteret, fideles Christi alloquitur (I. Petr. 3.) etc.

[3]) Werner a. a. O. S. 360.

stens jeden Zusatz zu dem festgestellten Symbolum. Also hätte der Beisatz Filioque wegbleiben sollen. Die Antwort findet sich in der Reihe der 24 Lösungen.

„Die katholischen Symbole sind einer Explication fähig und deren auch bedürftig, wenn eine Häresie auftaucht und eine im Symbolum enthaltene, aber nicht ausdrücklich ausgesprochene Wahrheit bestreitet. Eine solche Explication sei am Nicenischen Symbolum aus diesem Anlaß durch eben jene Concilien erfolgt, welche das Verbot eines Zusatzes ausgesprochen haben.

Wie aber eine spätere Synode die Macht hat, ein von einer früheren aufgestelltes Symbolum zu interpretiren und zur Erklärung desselben einige Worte einzusetzen, so kann dieß auch der Papst, kraft seiner Auctorität: denn kraft seiner Auctorität allein kann eine Synode versammelt werden, von ihm wird der Ausspruch der Synode bestätiget, an ihn wird auch von der Synode appellirt. Das Alles ist klar und bekannt aus den Verhandlungen der Synode von Chalcedon.

Es ist nicht nothwendig, daß der Papst zum Zweck einer solchen Erklärung ein allgemeines Concilium berufe: manchmal verhindern dieses kriegerische Verhältnisse und Unruhen, wie wir das aus der VII. (VI.) allgemeinen Synode wissen. Nach den Acten dieser hat Kaiser Constantin erklärt, wegen vielfacher Kriegsgefahr habe er die Bischöfe nicht aus der ganzen Kirche berufen können. Und doch haben jene, welche zusammentraten, einige in Bezug auf den Glauben entstandene Fragen entschieden, folgend dem Ausspruch des Papstes Agatho: daß nämlich in Christo zwei Willen und zwei Wirkungsweisen seien. Aehnlich folgten die auf dem Chalcedonese versammelten Väter dem Ausspruch Leo's, der entschied, Christus sei in zwei Naturen bestanden nach der Incarnation.

Indeß findet sich auch schon in den Entscheidungen von vorzüglichen (allgemeinen) Concilien die Lehre vom Ausgang des hl. Geistes auch vom Sohne" u. s. w. [1]).

---

[1]) Opus de Potentia Dei q. 10. a. 4. Sicut autem posterior synodus potestatem habet interpretandi symbolum a priori synodo conditum, ac ponendi aliqua ad ejus explanationem, ut ex praedictis patet: ita etiam Romanus Pontifex hoc sua auctoritate potest, cujus auctoritate solā synodus congregari potest, et a quo sententia synodi confirmatur, etiam ad ipsum a synodo appellatur.

Quae omnia patent ex gestis Chalcedonensis Synodi. Nec est necessarium, quod ad ejus expositionem faciendam universale concilium congregaret, cum quandoque id fieri prohibeant bellorum dissidia; sicut in VII. synodo legitur,

Wir sehen hier natürlich ganz ab von der Wahrheit und dem Gewicht der von Thomas in diese Lösung aufgenommenen historischen Zeugnisse. Wir machen nur aufmerksam, wie klar hier Thomas die päpstliche Unfehlbarkeit ausspricht. Allerdings handelt es sich bloß um eine Interpretation, um eine Explication und Explanation des früheren Symbolums: allein nach Thomas ist, wie wir noch sehen werden, jeder Fortschritt der kirchlichen Lehrentwickelung gewissermassen nur eine Aussprache des im Früheren bereits Beschlossenen, auch wenn derselbe durch ein allgemeines Concilium herbeigeführt wird. Sodann ist geradezu mit Gegenüberstellung der beiden Subjecte gesagt: Wie ein späteres Concil das Symbol eines früheren interpretiren und durch Zusätze erklären kann: so kann dieses auch der Papst kraft seiner Autorität; ist also das Concilium hiebei unfehlbar, dann ist es auch der Papst. Endlich darf nicht übersehen werden, daß Thomas dem Papst an unserer Stelle nicht bloß das Recht zuschreibt, allgemeine Concilien zu berufen und zu bestätigen, sondern auch das Recht, Appellationen anzunehmen, die an ihn gegenüber einem Concil — ein allgemeines fordert der Zusammenhang und der Text schließt es nicht aus! — gemacht werden.

4. Daran reiht sich die Stelle aus dem Quodlibetum nonum. Die Quodlibeta tragen ihren Namen mit Recht, mit Rücksicht auf die Gegenstände, welche behandelt, und auf die Ordnung, wie sie behandelt werden[1]. Wie man immer über den Werth derselben urtheilen mag,

---

quod Constantinus Augustus dixit, quod propter imminentia bella universaliter episcopos congregare non potuit. Sed tamen illi qui convenerunt, quaedam dubia in fide exorta sequentes sententiam Agathonis papae determinaverunt, scilicet, quod in Christo sint duae voluntates et duae actiones. Et similiter patres in Chalcedonensi synodo congregati secuti sunt sententiam Leonis papae, qui determinavit, Christum esse in duabus naturis post incarnationem.

Attendi tamen debet, quod ex determinatione principalium synodorum habetur, quod Spiritus Sanctus procedit a filio etc.

[1] Werner a. a. O. I. S. 875 nennt sie eine „zwanglose Zusammenfassung von kleineren Gelegenheits-Aufsätzen"; mit Rücksicht auf die moralischen Anwendungen, auf welche fast immer schließlich übergegangen wird, ist er geneigt, sie für Uebungen des Meisters mit jüngeren Ordensgenossen anzusehen, welchen im Ganzen und Großen beßhalb kein besonderes Gewicht beizulegen, weil sie in der Hauptsache nichts über den Inhalt der größeren Werke Hinausgehendes enthalten. Nach Echard & Quetif l. c. I. p. 271. sind sie das Resultat öffentlicher, feierlicher Disputationen und fallen die ersten sechs vor 1257, die übrigen hingegen jedenfalls in die Zeit seiner Lehrthätigkeit in Italien (unter Urban IV. oder seinem Nachfolger).

für unsere Aufgabe ist eine Stelle aus dem neunten Quodlibetum von hervorragender Wichtigkeit.

Mit dem eilften Capitel beginnt darin Thomas die Besprechung anthropologischer Fragen mit Bezug auf die Gnadenlehre; die Natur des Menschen und die Gnade, die Schuld, die Glorie werden nach= einander behandelt. Das 16. Capitel löst eine Frage hinsichtlich der Glorie; die Frage nämlich, ob wirklich alle canonisirten Heiligen der Kirche im Himmel sind.

Es scheint, beginnt die Abhandlung, als könnten Einige davon auch in der Hölle sein. Nach I. Cor. 2, 11 kann jeder Einzelne seinen eigenen Seelenzustand am besten kennen. Nach Eccl. 9, 1 hingegen weiß kein Mensch bestimmt, ob er des Hasses oder der Liebe würdig ist; also weiß es noch weniger der Papst, also kann er irren beim Heiligsprechen (Ergo multo minus *papa* scit; ergo potest in canonizando errare).

Ferner kann Jeder irren, welcher sich auf ein fallibles Mittel stützt. Die Kirche stützt sich bei der Heiligsprechung auf das Zeugniß von Menschen, der Zeugen nämlich, welche sie vernimmt über Leben und Wunder des Heiligen. Dieses Zeugniß ist fehlbar (fallibile), also, scheint es, kann die Kirche irren bei der Heiligsprechung.

Doch dagegen spricht: In der Kirche kann kein verdammungs= werther Irrthum sein (*in ecclesia* non potest esse error damnabilis): ein solcher Irrthum aber bestände, wenn in der Kirche Einer als heilig verehrt würde, der es nicht war. Manche, die um seine Sünden wüßten, wären überzeugt, daß der Betreffende kein Heiliger sei, und könnten auf solche Weise zum Abfall gebracht werden. Also kann die Kirche in solchen Dingen nicht irren (ergo *ecclesia* in talibus errare non potest)[1]).

Ferner würde nach Augustin (an Hieronymus) eine einzige Lüge in der hl. Schrift den ganzen Glauben zum Wanken bringen. Aber wie wir glauben müssen, was in der hl. Schrift (ausdrücklich) steht, so auch das, was durch die Kirche „communiter" entschieden ist; denn der gilt als Häretiker, welcher sich, wenn auch nur innerlich (sentire), auflehnt gegen die Entscheidungen der Concilien, also kann

---

[1]) Man weiß, daß gerade zur Zeit des hl. Thomas viele Heiligsprechungen oft nur kurze Zeit nach dem Tode der Betreffenden stattgefunden (Peter von Castelnau — die hl. Clara — Franz von Assisi).

das gemeinsame Urtheil der Kirche nicht irrthümlich sein, also kann die Kirche in solchen Dingen nicht irren.

Hierauf folgt die eigentliche Auseinandersetzung des Fragepunktes.

Es kann etwas, sagt Thomas, was man an und für sich (secundum se) für möglich hält, concret, mit Rücksicht auf einen äußeren Umstand¹) (relate ad aliquid extrinsecum) unmöglich sein. Ich sage daher: das Urtheil derer, welche der Kirche vorstehen, kann falsch sein in allen beliebigen Dingen, wenn ich nur sehe auf ihre Person als solche. Ganz anders, wenn man Rücksicht nimmt auf die göttliche Vorsehung, welche ihre Kirche durch den hl. Geist leitet, daß sie nicht irrt, nach der Verheißung des Herrn, gemäß welcher der kommende hl. Geist alle Wahrheit lehren sollte über das, was zum Heile nothwendig ist.

Es ist gewiß, daß das Urtheil der Gesammtkirche unmöglich falsch sein kann in Dingen, welche zum Glauben gehören. Denn zum Ausspruch des Papstes, welchem die Entscheidung in Glaubenssachen zusteht, muß man, wenn er ihn in Form eines entscheidenden Urtheils thut, fester stehen, als zur Ansicht von noch so grossen Gelehrten, die sie etwa in ihren Werken vortragen²). Wir lesen ja, daß Caiphas, obwohl böse, dennoch ohne sein Wissen richtig prophezeit habe, weil er Hoherpriester war.

Bei andern Aussprüchen aber, die sich auf particulare Thatsachen erstrecken, kann das Urtheil der Kirche irrthümlich sein wegen falscher Zeugen. So wenn es sich um Besitz, um Criminalsachen handelt u. dgl.

Die Canonisation von Heiligen nun steht in der Mitte zwischen beiden Classen von Gegenständen. Weil aber die Ehre, welche wir den Heiligen erweisen, eine Art von Glaubensbekenntniß ist, des Glaubens nämlich an die Glorie der Heiligen, muß der fromme Glaube annehmen, daß auch hierin das Urtheil der Kirche nicht irren kann³).

---

¹) In der Gnadenlehre nennt Thomas principium exterius humanarum actionum die uns zum Guten werdende göttliche Hilfe. S. theol. 1. 2. q. 109. Entsprechend wird hier die an der Kirche thätige göttliche Vorsehung bezeichnet.

²) Thomas meint hier offenbar nicht eine von Gelehrten im Widerspruch mit dem kirchlichen Lehramt festgehaltene Gelehrtenansicht, sondern wägt die Autorität, welche Aussprüche des Papstes im Vergleich mit den Resultaten der Wissenschaft haben.

³) Quodlib. 9. c. 16: Sicut tenemur credere illud, quod est in sacra scriptura, ita illud quod est *communiter per ecclesiam* determinatum. Nam haereticus judicatur, qui sentit contra *determinationem conciliorum*: ergo commune *judicium ecclesiae* erroneum esse non potest. . . .

Aliquid potest judicari possibile secundum se consideratum, quod relatum ad aliquid extrinsecum impossibile invenitur. Dico ergo, quod *judicium eorum*

Durch das Gesagte lösen sich die Einwände:
1) Der Papst, dem die Heiligsprechung zusteht (cujus est canonizare sanctos) kann über den Seelenzustand eines Menschen Gewißheit erlangen durch Untersuchung seines Lebens und durch Zeugnisse über seine Wunder, ganz besonders aber durch den Beistand des hl. Geistes (praecipue per instinctum Spiritus Sti), der Alles ergründet, auch die Tiefen der Gottheit (I. Cor. 2, 10).
2) Die göttliche Vorsehung bewahrt (*praeservat*) die Kirche, ne in talibus per fallibile testimonium hominum fallatur).

Ist in diesem Capitel die Lehre von der päpstlichen Unfehlbarkeit vorgetragen oder nicht?

Natalis Alexander hatte in seiner Kirchengeschichte einmal gesagt: Der Papst selbst fürchte etwas bei der Heiligsprechung und traue sich dabei kein unfehlbares Urtheil zu [1]). Von den Censoren deßhalb gerügt, vertheidigte er sich (in einem Scholion) durch Hinweis auf den hl. Thomas (im 9. Quodlib.); er hebt besonders hervor, daß selbst Thomas nur sage: Pie creditur.

Dagegen ist vor Allem zu bemerken, daß Thomas nicht pie creditur, sondern pie eredendum sagt, schon durch den Ausdruck die in dieser Frage liegende Schwierigkeit vollständig fassend; sodann werden die beiden Einwände so bestimmt gelöst, daß man sieht, Thomas selbst habe auch nicht im Mindesten an der päpstlichen Unfehlbarkeit *quoad canonizationem* gezweifelt. Soll er diese in reinen Glaubenssachen nicht angenommen haben? Mag man immerhin betonen, daß gerade

---

qui praesunt ecclesiae, possit errare in *quibuslibet*, si *personae eorum tantum* respiciantur. Si vero consideretur *divina providentia*, quae ecclesiam suam Spiritu Sancto *dirigit*, *ut non erret*, sicut ipse promisit Joann. 14, 26: quod spiritus adveniens doceret omnem *veritatem de necessariis ad salutem:* certum est, quod *judicium ecclesiae universalis* errare in *eis quae ad fidem pertinent*, impossibile est: nam (al. *unde*) magis standum est *sententiae papae ad quem pertinet determinare de fide, — quam in judicio profert, —* quam quorumlibet sapientum hominum in scripturis opinioni, cum Caiphas quantumvis *nequam, tamen quia pontifex* legitur etiam *inscius* prophetasse Joan. 11, 49. In aliis vero sententiis, quae ad *particularia facta* pertinent, ut cum agitur de possessionibus, vel de criminibus, vel de hujusmodi — possibile est, *judicium ecclesiae* errare *propter falsos testes.*

Canonizatio vero sanctorum medium est inter haec duo. Quia tamen honor, quem sanctis exhibemus, quaedam professio fidei est, quâ sanctorum gloriam credimus, *pie credendum est*, quod nec etiam in his judicium ecclesiae errare possit.

[1]) II. E. t. 7. diss. 17. de fide Eusebii Caesar.

in diesem Capitel das *communiter* determinare, das *commune judicium* ecclesiae, die *determinatio* conciliorum besonders hervorgehoben werden: — warum das geschieht, warum so oft Wechsel der Subjecte, haben wir später zu zeigen Gelegenheit. Hier nur die Frage: Wie könnte Thomas die Unmöglichkeit eines Irrthums in der Gesammtkirche durch die Autorität einer entscheidenden päpstlichen Sentenz begründen, wie er es wirklich thut¹), — wenn diese Sentenz des Papstes selbst als fehlbar, als möglicherweise irrig vorausgesetzt würde?

Unser Capitel enthält nebstdem zur Bestimmung des Status quaestionis die besten Anhaltspunkte!

5. Betrachten wir jetzt die zwei kurzen hieher gehörigen Stellen aus der Summa contra gentes.

Wie schon oben gesagt, ist dieselbe, auf Anregung des hl. Raymund von Pennafort unter Urban IV. verfaßt, das erste Werk, welches Thomas' selbstständige Gruppirung zeigt. Gerichtet gegen alle möglichen Feinde der Kirche, ist es recht eigentlich eine „Apologie des Christenthums" im Styl und mit den Mitteln der Scholastik. Die möglichst gehäuften, aber kurz gefaßten Gründe wollen den einzelnen Wahrheiten gleichsam die Anerkennung erzwingen²). Von den zwei auf unsern Gegenstand bezüglichen Stellen findet sich die erste in der Vertheidigung des filioque. Aehnlich wie im op. de Potentia (l. c.) erwiedert auch hier Thomas den Gegnern: Gerade die Concilien, welche Zusätze zum Symbolum verboten, haben selbst durch Erklärungen die Beschlüsse der früheren Concilien interpretirt, das was schon im Sinn dieser Beschlüsse liege (intellectum eorum) ausgesprochen. Aehnlich sei es auch gegangen mit dem filioque. Das Wesen der Sache liege schon in dem procedit, weil Vater und Sohn außer ihrer persönlichen Eigenthümlichkeit Alles gemeinsam haben. Um also das Wort filioque einzusetzen, genüge auch die Autorität des Papstes, durch welchen die alten Concilien bestätigt worden³).

Es könnte den Anschein haben, als sei hier die Lehrauctorität des Papstes eher herabgedrückt als mit Unfehlbarkeit umgeben. Der Schein schwindet, wenn man berücksichtigt, daß Thomas jede Lehrentwicklung,

---

¹) Siehe den Wortlaut: Certum est quod *judicium ecclesiae universalis* errare in eis quae ad fidem pertinent, *impossibile* est: *nam* magis standum est *sententiae papae, quam in judicio profert* etc.
²) Werner a. a. O. I. S. 402 ff.
³) S. contra gentes. IV. c. 25. Et ad hoc addendum sufficit *auctoritas Romani Pontificis, per quam* etiam antiqua concilia sunt confirmata.

auch die durch's Concil, gleichsetzt einer Explication des bereits implicite Gegebenen; der Hinweis auf die alten Concilien besagt zudem, daß schließlich jede Glaubenserklärung erst durch des Papstes Sentenz unanfechtbar werde.

Die andere Stelle, welche in der S. contra gentes unsere Frage berührt, wurde bereits in der Lehre vom Primat aufgeführt.

Wie in der Diöcese Ein Bischof als Haupt aller Diöcesanen nothwendig ist, so ist auch für das christgläubige Volk erforderlich, daß Einer das Haupt der ganzen Kirche sei. Sonst — keine wahre Einheit. Zur Einheit der Kirche gehört nun vor Allem, daß alle Gläubigen im Glauben übereinstimmen. In Bezug auf Glaubenssachen aber tauchen leicht Streitfragen auf. Die Kirche würde durch die Verschiedenheit der Meinungen zerrissen, wenn sie nicht in der Einheit erhalten würde durch den Ausspruch des Einen. Darum ist es nothwendig zur Erhaltung der kirchlichen Einheit, daß Einer der ganzen Kirche vorstehe[1]).

Lehrt hier Thomas die päpstliche Unfehlbarkeit? Es scheint, er wollte bloß, wie die Schlußfolgerung und die Thesis des Capitels besagen, die Nothwendigkeit Eines Vorstandes für die ganze Kirche nachweisen[2])!

Allerdings; aber für Thomas gehört die unfehlbare Lehrgewalt des Papstes zur Idee, zum Inhalt des Primates. Der hl. Thomas kann keinen Primas brauchen, der nicht in unfehlbarer Weise auch die Glaubensstreitigkeiten entscheiden und beendigen kann. Die Sentenz des Einen hat die Kirche bei der so leicht möglichen Theilung der Ansichten in der Einheit zu erhalten. Thomas zählt nicht die Parteien, zählt nicht die Bischöfe auf Seite jeder Partei; er sagt nur: damit die Kirche nicht getheilt werde, muß die Entscheidung des Einen den Streit beenden, den Widerspruch beugen. Das kann sie nicht, wenn sie selbst möglicherweise im Irrthum ist. So beweist Thomas die Nothwendigkeit des Primates aus der Nothwendigkeit eines Kirchenoberhauptes, das im Stande ist, den Streit durch seine nicht auch anfechtbare Stimme zu beenden[3]).

---

[1]) S. contra gentes IV. c. 76. Item ad unitatem requiritur, quod omnes fideles in fide conveniant. Circa vero ea, quae fidei sunt, contingit quaestiones moveri; per diversitatem autem sententiarum divideretur Ecclesia nisi in unitate *per unius sententiam* conservaretur. Exigitur ergo ad unitatem ecclesiae conservandam, quod sit unus qui toti ecclesiae praesit.

[2]) Cf. Nat. Alex. H. E. t. 16. diss. 12. n. 10.

[3]) Ueber das Gewicht dieses Beweises siehe später.

6. Endlich erübrigt uns noch, die theologische Summe des hl. Thomas über die Lehrgewalt des Papstes zu befragen. Die Summa theologica ist so recht das Werk seines Lebens, „die Frucht der vollkommenen Ineinsbildung beider Arten von Thätigkeit, die Thomas mit unermüdlichem Fleiße zur materiellen Bereicherung und formellen Gestaltung seines theologischen Wissens entfaltet hat." Die letzten neun Jahre seines Lebens hat er daran gearbeitet mit Aufwendung des größten Theiles seiner wissenschaftlichen Muße[1]). Aus diesem grossen Werk mit seinen vielen hundert Quästionen ist es nur ein einziger Artikel, und nebstdem die Antwort auf einen anderswo gemachten Einwand, was wir als hieher gehörig anführen können. Beide Stellen finden sich in der 2. Hälfte des 2. Theiles, in der Lehre vom Glauben. S. theol. 2. 2. q. 1. a. 10. ist die Hauptstelle. In der ersten Quästion, welche vom Object des Glaubens handelt, lautet der 10. Artikel: Ob es dem Papste zustehe, das Glaubenssymbolum zu ordnen[2])?

Hierauf werden drei Objectionen gemacht: im N. Bunde gebe es keine Mehrung der Glaubensartikel mehr, wie im A. B.; kein einzelner Mensch kann thun, was die Gesammtkirche unter Androhung des Anathems untersagt hat („Zusätze" zum Symbolum); auch Athanasius, der nicht Papst war, habe ein Symbolum herausgegeben: also kann es der Papst nicht, oder kann es nicht allein.

Dem steht entgegen, beginnt Thomas, daß Symbole auf allgemeinen Synoden aufgestellt wurden. So eine (allgemeine) Synode kann aber nur zu Stande kommen kraft der Autorität des Papstes, wie es bei Gratian dist. 17. heißt: also steht dem Papste die Aufstellung eines Symbolums zu. Die neue Aufstellung eines Symbolums, führt hierauf Thomas aus, ist nothwendig zur Abwehr auftauchender

---

[1]) Im Jahre 1265, nach Erwählung Clemens IV. (5. Febr. 1265), faßte er den Plan zur Herausgabe; 1267 veröffentlichte er den ersten Theil; zwei Jahre darauf die erste Hälfte des zweiten Theiles; a. 1271 erschien auch die zweite Hälfte des 2. Theiles: Thomas hatte sie während der letzten Lehrjahre in Paris vollendet. Dieser Abschnitt der Summe, enthaltend die christliche Sittenlehre, hat besonders Furore gemacht: an Umfang und systematischer Durchbildung waren dadurch alle Vorarbeiten über diesen Gegenstand überholt. Den 3. Theil begann er in Rom, und brachte ihn in Neapel bis zur q. 90. — Das Supplement ist bekanntlich der Hauptsache nach ein Auszug aus dem lib. IV. Sentent. Cf. Echard & Quetif l. c. I. p. 271. 272; 290 sq. Werner a. a. O. I. S. 511 ff. S. 880. 881.

[2]) S. theol. 2. 2. q. 1. a. 10.: Utrum ad summum Pontificem pertineat, fidei symbolum ordinare. Ordinare symbolum ist der Sache nach gleichbedeutend mit dem explicare symbolum, ponere aliquid ad explanationem im Op. de Potentia etc. Siehe oben.

Irrthümer. Die Aufstellung des Glaubensbekenntnisses steht daher der Autorität desjenigen zu, dessen Autorität es auch zusteht, Glaubenssachen endgiltig zu entscheiden, daß sie von Allen mit unerschütterlichem Glauben festgehalten werden.

Das aber steht der Autorität des Papstes zu, an welchen die grösseren und schwierigeren Fragen in der Kirche zu bringen sind, wie es in den Decretalen heißt (de baptismo c. Majores). Dieß der Grund, warum der Herr (Luc. 22.) zu Petrus, welchen er als Summus Pontifex einsetzte, also sprach: Ich habe für dich gebetet, auf daß dein Glaube nicht abnehme; du aber, wenn du bekehrt sein wirst, stärke deine Brüder. Der Grund hievon liegt aber darin: Ein Glaube muß sein in der ganzen Kirche, nach jenem Worte: dieselbe Sprache führet Alle, und Spaltungen seien nicht unter Euch (I. Cor 1.). Das aber ist nicht möglich, wenn nicht eine in Glaubenssachen entständene Streitfrage durch denjenigen entschieden wird, welcher der ganzen Kirche vorsteht: auf daß so sein Ausspruch von der ganzen Kirche festgehalten wird. Der Autorität des Papstes allein also steht die Neu-Aufstellung eines Symbolums zu, wie überhaupt Alles, was auf die ganze Kirche Bezug hat, z. B. Berufung eines allgemeinen Conciliums u. A. bergl.[1]).

---

[1]) S. theol. 2. 2. q. 1. a. 10. ... Sed contra est, quod editio symboli facta est in synodo generali. Sed hujusmodi synodus auctoritate *solius* Summi Pontificis potest congregari, ut habetur in decreto d. 17., ergo editio symboli ad auctoritatem Summi Pontificis pertinet.

Respondeo dicendum, quod sicut supra dictum est (in argumento 1. hujus articuli) nova editio symboli necessaria est ad vitandum insurgentes errores.

Ad illius ergo auctoritatem pertinet editio symboli, ad cujus auctoritatem pertinet finaliter determinare ea quae sunt fidei, ut ab omnibus inconcussa fide teneantur.

Hoc autem pertinet ad auctoritatem Summi Pontificis, ad quem majores et difficiliores Ecclesiae quaestiones referuntur, ut dicitur in decret. extra de baptismo c. Majores.

Unde et Dominus Luc. 22. Petro dixit, quem Summum Pontificem constituit: Ego pro te rogavi, Petre, ut non deficiat fides tua. Et tu etc.

Et hujus ratio est, quia una fides debet esse totius Ecclesiae: secundum illud I. Cor. 1: Id ipsum dicatis omnes, et non sint in vobis schismata.

Quod servari non potest nisi quaestio fidei [de fide exorta] determinetur per eum, qui toti Ecclesiae praeest: ut sic ejus sententia a tota ecclesia firmiter teneatur.

Et ideo ad solam auctoritatem Summi Pontificis pertinet nova editio symboli, sicut et omnia alia, quae pertinent ad totam ecclesiam, ut congregare synodum generalem, et alia hujusmodi.

Folgt die Lösung der Einwände:

1. Eine formelle Entwicklung des kirchlichen Lehrbegriffs ist auch noch im N. B. zulässig, ja wegen der auftauchenden Irrthümer nothwendig.

2. Jenes Verbot der Synoden berühre den Papst nicht; erstrecke sich nur auf Privatpersonen, welchen keine Entscheidung in Glaubenssachen zusteht (se extendit ad *privatas* personas, quarum non est determinare de fide). Denn durch das Verbot der früheren Synode ist nicht einer späteren Synode das Recht entzogen worden, neuerdings ein Glaubensbekenntniß aufzustellen, das zwar keinen andern Glauben enthält, aber denselben Glauben mehr entfaltet. So haben es ja die Synoden immer gehalten: die spätere hat immer etwas näher erklärt über die von der früheren festgesetzten Glaubenspunkte, aus Anlaß einer neuen Häresie. Daher steht jene Aufstellung dem Papste zu, der kraft seiner Auctorität die Synoden beruft und ihre Aussprüche bestätigt[1]).

3. Athanasius' Zusammenstellung und Darlegung von Glaubenssachen hatte an sich nicht auctoritativen, sondern nur doctrinellen Character: Bündigkeit und Vollständigkeit empfahlen sie; ein Symbolum wurde sie erst durch die kirchliche Reception, kraft der Autorität des Papstes[2]).

Unzweifelhaft ist in diesem Artikel die Unfehlbarkeit des päpstlichen Lehramtes ausgesprochen. Denn hätte Thomas die Thesis dieses Artikels vom Papst nur insofern verstanden wissen wollen, als er auf dem Concilium das Symbolum aufstellt, oder soweit der Consens der Kirche ihm zur Seite steht: dann hätte er offenbar ein blosses Spiel mit Worten getrieben. Denn sagt nicht der Wortlaut der Thesis allein schon das Gegentheil? Wird der Sinn derselben nicht vollständig durch den 2. Einwand abgegrenzt, in welchem die Einzelnperson des Papstes (homo aliquis) der Gesammtkirche (ecclesia universalis) gegenübergestellt wird? Würde sonst der 3. Einwand, hergenommen von der Aufstellung eines Symbolums durch Athanasius, auch nur einigermassen hieher passen? Dazu kommt: die ganze Begründung

---

[1]) ad 2. ... cujus auctoritate synodus congregatur, et ejus sententia confirmatur.

[2]) Athanasius non composuit manifestationem fidei per modum symboli, sed magis per modum cujusdam doctrinae: ut ex ipso modo loquendi apparet. Sed quia integram fidei veritatem ejus doctrina breviter continebat, auctoritate S. Pontificis est recepta, ut quasi regula fidei habeatur.

der Thesis, zusammengesetzt aus Argumenten, welche die Stellung und Aufgabe des Papstes als solchen gegenüber der Kirche mit stets wachsender Kraft und Schärfe aussprechen: sie allein schon machen Bossuet's Erklärungsversuche unhaltbar. Derselbe hat zudem das Wörtlein „solus" in der Conclusio, und auch schon im Sed contra übersehen, oder falsch verstanden, wie sich bei der Frage nach dem Subject der kirchlichen Unfehlbarkeit zeigen wird[1]). Auch die Versuche von Natalis Alexander sind verfehlt. Die *„Editio"* symboli soll nur „die Herausgabe" oder Publication des auf dem allerdings vom Papst berufenen Concil verfaßten Glaubensbekenntnisses (symbolum *condere*) sein? Und die geforderte Bestätigung des Concils soll identisch sein mit einer Erklärung, daß die Synode wahrhaft allgemein, weil rechtmäßig gefeiert worden sei? Insoferne nur determinire der Papst, nach Thomas, endgiltig in Glaubenssachen, so daß alle Gläubigen sie festhalten?

Nur mit Gewalt ließe sich dieser (gallicanische) Sinn aus unserm Artikel herausbringen. Was berechtigt, bei Thomas der Editio symboli die Conditio gegenüber zu stellen? Gebraucht er nicht vielmehr edere symbolum synonym mit ordinare? Sagt er nicht bei Lösung des 2. Einwandes: Einer allgemeinen Synode komme auch die nova editio zu? Wenn daher die Synode dem Papste gegenüber im Sinn des Natalis aufgefaßt würde: was bliebe dem Papst noch „kraft des göttlichen Rechtes des Primates"? Nicht einmal die Promulgirung des neu aufgestellten Symbolums, weil ja auch diese das Concil selbst vornehmen kann[2]).

Die zweite Stelle aus der theologischen Summe findet sich 2. 2. q. 11. a. 2. Der hl. Lehrer handelt da von der Häresie. Der 2. Artikel beweist den Satz, daß das Spezifische der Häresie der Gegensatz zu Glaubenswahrheiten sei.

Aber, betont der 3. Einwand, auch große Doctoren der Kirche seien in Sachen, welche auf den Glauben Bezug haben, abweichender Ansicht gewesen (dissentire): so Hieronymus und Augustinus in Bezug auf das Aufhören der Legalien. Und doch sei das keine Häresie

---

[1]) Dasselbe gilt von den Wiener „Observationes quaedam", nach welchen die dem Wortlaut nach infallibilistische Thesis eigentlich (secundum mentem Thomae) vom Papst, unterstützt von der Gesammtkirche, zu verstehen ist!

[2]) So interpretirten die Gallicaner! Thomas wollten sie nicht zum Gegner haben. Nur Umdeutungen konnten da helfen. Vor Allem aber half eine falsche Voraussetzung: Sie dachten sich das „allgemeine Concil" als eine vollkommene Sache auch ohne den Papst! Ganz anders Thomas, wie wir sehen werden!

gewesen. Also seien Glaubenssachen nicht das spezifische Object der Häresie. Diesen Einwand löst Thomas ausführlich. Mit Augustin unterscheidet er formelle und materielle Häretiker und vertheidigt die angeblich dissentirenden Väter: entweder waren die betreffenden Punkte, bei einigem Bezug auf den Glauben, im Ganzen doch gleichgiltige Dinge, oder noch offene Fragen über wirkliche Glaubenssachen (quae nondum erant per ecclesiam determinata). Anders wenn die Gesammt=Kirche in solchen Dingen entschieden hat: dann gälte der als Häretiker, welcher dieser Entscheidung sich widersetzte.

Diese Auctorität der Gesammtkirche findet sich aber principaliter im Papst. Denn C. 24. q. 1. heißt es: So oft eine Glaubensfrage ventilirt wird, ist es nach meinem Urtheil Pflicht aller unserer Brüder und Mitbischöfe, ausschließlich an Petrus, d. h. an die seinen Namen tragende Auctorität sich zu wenden.

Gegen seine Auctorität hat weder Hieronymus noch Augustinus noch sonst ein hl. Lehrer seine Ansicht vertheidigt. Darum sagt Hieronymus (bei Erklärung des Symbolums) zu Papst Damasus: Das ist der Glaube, heiligster Vater, welchen wir in der katholischen Kirche gelernt haben. Wenn darin sich etwas findet, was nicht ganz recht und gut gesagt ist, so wollen wir verbessert werden von dir, der du Petri Stuhl und Glauben inne hast. Wird aber dieses unser Bekenntniß durch dein apostolisches Urtheil bestätigt, so beweist Jeder, der uns anschuldigen möchte, daß er unwissend, boshaft, daß nicht wir häretisch, sondern er nicht katholisch sei[1]). — Die Lehrentscheidungen des Papstes werden also hier als die Entscheidungen der Gesammtkirche hingestellt: Widerspruch gegen die Entscheidung des Papstes macht

---

[1]) S. theol. 2. 2. q. 11. a. 2. ad 3.: ... Postquam autem essent auctoritate universalis Ecclesiae determinata, si quis tali ordinationi repugnaret, haereticus censeretur. *Quae quidem auctoritas principaliter residet in Summo Pontifice.* Dicitur enim C. 24. q. 1. (c. Quoties): Quoties fidei ratio ventiletur, arbitror omnes fratres nostros et coepiscopos non nisi ad Petrum i. e. ad sui nominis auctoritatem referre debere.

Contra cujus auctoritatem nec Hieronymus nec Augustinus nec aliquis sacrorum doctorum suam sententiam defendit. Unde dicit S. Hieronymus (in expositione Symboli) ad Damasum Papam: Haec est fides, Papa beatissime, quam in catholica didicimus ecclesia. In qua si minus perite ait parum caute forte aliquid positum est, emendari cupimus a te, qui Petri fidem et sedem tenes. Si autem haec nostra confessio Apostolatus tui judicio comprobatur, quicunque me culpare voluerit, se imperitum aut malevolum vel etiam non catholicum, non me haereticum comprobabit.

schon zum Häretiker. Und der letzte Grund hiefür? Die Stellung
des Papstes zur Kirche: im Papst ruht die kirchliche Auctorität principaliter. Natalis Alexander [1]) bemühte sich umsonst, auch diese Stelle
abzuschwächen. Die Macht, Glaubensfragen zu entscheiden, meint er,
eigne der Gesammtkirche und dem sie repräsentirenden Concil — totaliter,
dem Papst principaliter. Aber Thomas setzt das principaliter des
Papstes nirgends dem totaliter der Kirche, sondern immer dem particulariter der Bischöfe entgegen. Das principaliter könnte nach Natalis nichts Anderes bedeuten: als mitstimmen und das Beschlossene
publiciren. Wäre das der rechte Sinn des Wortes, dann müßte, wie
ein einfaches Durchlesen der Stelle zeigt, Alles, was darin vom Papst
gesagt wird und der Wirkung seiner Entscheidungen, als überflüssig
gestrichen werden; überflüssig wäre das beigesetzte Zeugniß über die
Pflicht der Anfrage in Rom bei Glaubensstreitigkeiten; die Gesammtkirche allein hätte dann unfehlbare Lehrentscheidungen, der Gegensatz zu ihren Entscheidungen allein begründete dann Häresie; der
Entscheidung des Papstes gegenüber gäbe es noch Reclamationen u. s. w.

So zeigt uns jede einzelne das päpstliche Lehramt berührende Stelle,
und alle zusammen zeigen es sonnenklar, daß die päpstliche Unfehlbarkeit für Thomas eine ausgemachte Wahrheit war. Deßhalb hat er
sie auch in der „Erklärung des Symbolums" [2]) ausgesprochen. Darin
sagt er von der Kirche: Die Kirche ist ein unbesiegbarer Thurm, weil
der Herr sie nach Matth. 16. auf den Felsen Petrus gebaut und verheißen hat: die Pforten der Hölle werden sie nicht überwältigen. Als
wollte er damit sagen: Kämpfen zwar werden sie gegen die Kirche,
aber nicht Herr werden über sie. So ist es gekommen, daß allein
die Kirche Petri, wozu auch Italien gehört, im Glauben immer fest
geblieben ist; während in andern Theilen der Kirche der Glaube ganz
erloschen, oder mit vielen Irrthümern vermischt ist: blüht die Kirche
Petri im Glauben und ist rein von Irrthümern. Ganz natürlich;
der Herr hat ja zu Petrus gesagt: Ich habe für dich gebetet u. s. w. [3]).

---

[1]) Vgl. I. n. 4. H. E. t. 16. p. 440.

[2]) Die Frage, ob diese Expositio ein ächtes Werk des hl. Thomas sei, lassen wir auf sich beruhen!

[3]) Expositio Symboli unter den opusc. (tom. 17.) über die Worte: „sanctam ecclesiam catholicam"... Quasi dicat: Bellabunt adversus eam, sed non prae-valebunt. Et inde est, quod sola Ecclesia Petri, in cujus partem venit tota Italia, in fide firma semper fuit, et quum in aliis partibus vel nulla fides sit, vel sit commixta cum multis erroribus, Ecclesia tamen Petri et fide viget, et ab

Wir fügen noch die Worte bei, welche der englische Lehrer in der epistola dedicatoria zur Catene in Matthaei Evangelium an Papst Urban IV. schreibt: Petrus = primus Apostolorum princeps; Petrus habe zuerst den vollen Glauben bekannt: fidem constanter absque errore et plenarie confessus est. Dann zu Papst Urban: Hujus igitur fidei ac confessionis haeres legitimus (es)!

Dieß bei Thomas die Stellen über und für das unfehlbare Lehramt des Papstes.

IV. Der Status quaestionis bei Thomas.

Bei einiger Betrachtung der angeführten Stellen aus Thomas ergibt sich, daß derselbe sich vollständig klar war über den Begriff der päpstlichen Unfehlbarkeit, über die Kriterien und Bedingungen eines cathedratischen Ausspruches u. s. w. Und dieß, — obwohl oder vielleicht weil er lange vor den Reformconcilien lebte, und die gallicanischen Artikel erst 400 Jahre nach seinem Tode verfaßt worden sind. Die bereits angeführten und noch einige andere auf Offenbarung und Kirchenlehre überhaupt bezügliche Citate werden uns zum Nachweis dessen genügendes Material bieten.

1. Die Wahrheit des Glaubens ist enthalten und hinterlegt in der hl. Schrift; in der hl. Schrift hat sich die Eine, erste und höchste Wahrheit, die göttliche Wahrhaftigkeit geoffenbart; die Glaubenswahrheit ist in der Lehre Christi und der Apostel und zwar genügend entfaltet[1]).

---

erroribus munda est; nec mirum, quia Dominus dixit Petro: Ego rogavi pro te etc. Ucelli, dei testi esaminati etc. (Napoli 1870) erinnert, daß die Erklärungen zu den einzelnen Artikeln des Symbolums meist nur Auszüge aus längeren darüber gehaltenen Predigten des hl. Lehrers seien. (Erscheint aber der hl. Petrus in unserer Stelle (ähnlich im Commentar zu Matth. 16, 18. über die Dankespflicht des Abendlandes gegen Petrus!) nicht auf das „römische Patriarchat" beschränkt? Keineswegs. Thomas redet aber von diesem im Gegensatz zu den eingegangenen oder schismatisch gewordenen Patriarchalkirchen des Orients.

[1]) S. theol. 2. 2. q. 1. a. 8. ad 1.: Veritas fidei — (auch veritas divina genannt ib. q. 2. a. 6. ad 3) — in sacra scriptura continetur. — ib. q. d. a. 3.

Aber die Glaubenswahrheit ist in der hl. Schrift nur zerstreut enthalten, in verschiedenen Formen, in manchen Punkten dunkel: dieß ein Grund, warum die hl. Schrift nicht, wie man nach Deut. 4, 2. meinen möchte, die einzige Glaubensregel ist [1]).

Glaubensregel ist vielmehr auch die Lehre der Kirche, weil auch in ihr die erste Wahrheit, das formelle Object unsers Glaubens sich ausspricht, weil auch die Kirchenlehre hervorgeht aus der ersten Wahrheit. Ja, die Kirchenlehre ist die nächste Glaubensregel für uns, un= fehlbar, weil von Gott gesetzt. Wer immer an der Kirchenlehre nicht als solcher festhält, hat den Glauben nicht, so wenig Einer sichere Kenntniß und klares Verständniß von einem Satz der Wissenschaft hat, dessen Beweismittel ihm nicht gegenwärtig sind. Diese Zustimmung muß der Gläubige der Kirchenlehre in allen zum Glauben vorgestell= ten Punkten schenken. Wer da erst selber den Lehrpunkt untersuchen und auswählen wollte, würde nicht der Kirche, sondern seinem eigenen Willen glauben [2]). Vielmehr: wie wir gehalten sind, das zu glauben, was in der hl. Schrift steht, so auch das was durch die Kirche com= muniter entschieden ist: denn das gemeinsame Urtheil der Kirche irret nicht, kann nicht irren [3]).

Unfehlbar aber ist die Kirche durch den Beistand des hl. Geistes, welcher der Geist der Wahrheit ist und sie leitet nach der Verheißung des Herrn und vor Irrthum bewahrt [4]).

---

i. corp. Veritas prima in scripturis sacris manifestata. — ib. q. 1. a. 10. ad 1. In doctrina Christi et Apostolorum veritas fidei est sufficienter explicata. Cf. Opusc. 21. (t. XVII. fol. 195. J.)

[1]) S. theol. 2, 2. q. 1. a. 8. ad 1. diffuse continetur, et variis modis et in quibusdam obscure. Cf. ib. q. 1. a. 9. object. 1. et ibid. q. 2. a. 5.

[2]) S. theol. 2. 2. q. 5. a. 3. i. corp. Formale objectum fidei est veritas prima secundum quod manifestatur in scripturis sacris *et doctrina* Ecclesiae, quae procedit ex veritate prima. ... Quicunque non inhaeret sicut *infallibili et divinae regulae* — doctrinae ecclesiae, quae procedit ex veritate prima in scripturis sacris manifestata, ille non habet fidem: sed ea quae sunt fidei alio modo tenet quam per fidem ... Manifestum est autem, quod ille, qui *inhaeret doctrinae Ecclesiae tanquam infallibili regulae*, omnibus assentit, quae Ecclesia docet; alioquin si de his quae Ecclesia docet, quae vult tenet, et quae non vult, non tenet: non jam inhaeret Ecclesiae doctrinae, sed propriae voluntati. Vgl. Döllinger, Rede auf der Gelehrtenversammlung: Stelle über den Hort des katho= lischen Theologen: die kirchliche Auctorität! Dazu 2. 2. q. 11. a. 2. ad 3. Inter haereticos deputandi, qui habent *electionem* contradicentem Ecclesiae doctrinae.

[3]) Quodlib. 9. c. 16. (Siehe oben.) Dazu alle Stellen über Unfehlbarkeit der Kirche, wie S. theol. 2. 2. q. 1. a. 9. (Sed contra) etc.

[4]) S. theol. 2. 2. q. 1. a. 9: Sed contra: Ecclesia universalis non potest errare: quia *Spiritu Sancto gubernatur*, qui est spiritus veritatis. Hoc enim

2. Nicht inspirirt aber wird die Kirche durch diesen Gnadenbeistand, nicht eine dogmatische Schöpferkraft empfängt sie, sondern bewahrt wird sie vor dem Irrthum *(praeservatur, ne fallatur)* beim Vortrag, bei der Erklärung der geoffenbarten Wahrheit; bei der Aufstellung eines Symbolums zum Zweck des Bekenntnisses, bei Erklärung und Entfaltung des Symbolums gegenüber neuen Irrlehren.

Zunächst nämlich aus blossen Zweckmässigkeitsgründen stellt die Kirche aus dem Offenbarungsinhalt gewisse Wahrheiten, welche Alle glauben müssen, zusammen, weil die Schrift sie nur zerstreut und vielfach dunkel enthält, weil nicht Alle Zeit und Kenntniß haben, um die Glaubenswahrheiten aus der Schrift selbst zu sammeln. So entsteht ein Symbolum. So ein Symbolum ist keine neue Offenbarung, nichts über die hl. Schrift, sondern etwas aus der hl. Schrift; nicht *novi articuli* sind es, sondern *nova articulorum* editio¹).

Aber warum gibt es **verschiedene** Symbola, da doch der Glaube nur **Einer** ist?

Die Glaubenswahrheit ist in den verschiedenen Symbolen nicht eine andere, vielmehr dieselbe. In omnibus symbolis eadem fidei docetur veritas. Sobald nämlich Irrthümer auftauchen, muß man das Volk in den Glaubenswahrheiten eingehender unterrichten, damit nicht Einfältige durch die Häretiker verdorben werden. Dieß ist der Grund, warum wir mehrere Symbola haben. Diese aber unterscheiden sich in sonst keinem Punkte, als daß in dem Einen vollständiger (plenius) entwickelt wird, was in dem Andern unentwickelt (implicite) enthalten ist²).

Gibt es also einen Fortschritt in der katholischen Lehrentwicklung? Ja, einen formellen, aber keinen substantiellen. Denn jede einzelne

---

Dominus promisit discipulis Joann. 16, 13.: *Cum venerit ille Paraclitus etc.* — Quodlib. 9. c. 16. Est divina providentia, quae ecclesiam Spiritu sancto *dirigit, ut non erret*, nach Joann. 14, 26. . . ib. ad 2. divina providentia *praeservat* ecclesiam ne in talibus . . . fallatur.

¹) S. theol. 2. 2. q. 1. a. 9. i. corp. u. ad 1. . . . quod quidem non est additum sacrae scripturae, sed potius ex sacra scriptura sumptum — Sent. IV. d. 17. q. 41: Ecclesia fundatur in fide et sacris. Ideo ad ministros ecclesiae nec *novae* articulos fidei edere, aut editos removere, aut *nova* sacra instituere . . . pertinet. — Darum steht auch in der Hauptstelle 2. 2. q. 1. a. 10. constant *nova* symboli editio, nicht *novi*.

²) S. theol. 2. 2. q. 1. a. 9. ad 2. Plura symbola in nullo alio differunt, nisi quod in uno *plenius explicantur*, quae in alio *contineantur implicite*, secundum quod exigebat haereticorum instantia.

Glaubenswahrheit ist in der sich offenbarenden ersten Wahrheit enthalten, alle Glaubensartikel in einigen ersten Wahrheiten, wie in natürlichen Wahrheiten die Principien sich finden. So ist im Glauben an Gottes Dasein Alles eingeschlossen, was ewig in Gott existirt, was unsere Seligkeit ausmacht, ebenso ist im Glauben an die göttliche Providenz Alles eingeschlossen, was Gott in der Zeit thut zum Heil der Menschen, wodurch er uns führt zur Seligkeit¹).

Die Norm dieses Fortschrittes der Lehrentwickelung lag im alten Bunde in der täglich näher kommenden Erscheinung des Messias, im neuen in der Abwehr der stets auftauchenden Häresien. Eine substantielle Mehrung des Offenbarungsinhaltes gab es auch im A. B. nicht: derselbe wurde mit der Zeit mehr und mehr entfaltet²). Aehnlich im N. B. Auch da ist jeder Fortschritt des kirchlichen Lehrbegriffes nur eine Explication des Glaubens. Gedrängt durch die Häresien macht die einzelne Synode erklärende Zusätze zum Symbolum, hebt nicht das Symbolum der früheren auf; das also erklärte Symbolum ist kein anderes (aliud) als das frühere: es spricht nur den Sinn des letzteren aus (intellectum declarat); es enthält nicht einen andern Glauben, sondern den nämlichen Glauben, nur mehr auseinander gesetzt³). Die Geschichte des filioque illustrire das Gesagte. Aehnlich müßte z. B. ausdrücklich erklärt werden, daß der hl. Geist Schöpfer Himmels und der Erde ist, wenn Jemand, gestützt auf den Wortlaut des Symbolums, dieses läugnen würde⁴).

3. Es frägt sich jetzt: wer übt das in der Kirche nothwendige, durch den Beistand des hl. Geistes unfehlbare Lehramt?

---

¹) S. theol. 2. 2. q. 1. a. 7. i. corp. Sic ergo dicendum est, quod quantum ad *substantiam* articulorum fidei non est factum eorum augmentum per temporum successionem, quia quaecunque posteriores crediderunt, contimebantur in fide praecedentium patrum, licet implicite. Sed quantum ad explicationem crevit numerus articulorum: quia quaedam explicite cognita sunt a posterioribus, quae a prioribus non cognoscebantur explicite.

²) S. theol. 2. 2. q. 1. a. 7; q. 1. a. 10. obj. 1.: In veteri testamento articuli fidei magis ac magis explicabantur secundum temporum successionem propter hoc, quod veritas fidei magis manifestabatur secundum majorem propinquitatem ad Christum.

³) S. theol. 2. 2. q. 1. a. 10. ad 1. „explicatio fidei"; a. 9. ad 4. Non enim symbolum sequens abolet praecedens, sed potius illud exponit. — S. theol. 1. q. 36. a. 2., 2. 2. q. 1. a. 10. ad 2.: novam symboli editionem, non quidem *aliam* fidem continentem sed *eandem* magis expositam.

⁴) Opus de Potentia Dei q. 10. a. 4. ad 13.

Sicher das allgemeine Concil: also der Gesammtkörper des Epi=
scopats (episcopi universaliter congregati Op. de potent.), ein Concil,
auf welchem die Väter versammelt sind in und mit dem hl. Geiste,
wie z. B. auf dem Nicänum¹).

Als Häretiker gilt darum, wer sich der Entscheidung allgemeiner
Concilien widersetzt; die allgemeinen Concilien haben dieß ihr Recht
immer geübt, indem sie die früheren Entscheidungen durch selbstständige
Erklärungen den Bedürfnissen entsprechend erweiterten; auf allge=
meinen Concilien wurden, was offenbar die Autorität der Gesammt=
kirche voraussetzt, die Symbola entworfen; wurden einmal auf einer
Synode Zusätze und Erweiterungen des von ihr aufgestellten Sym=
bolums verboten, so bezog sich das nicht auf spätere Synoden, nahm
nicht diesen das Recht zur Neuaufstellung eines Glaubensbekenntnisses.
Weil auf dem allgemeinen Concil die Väter, d. h. die Bischöfe als
Nachfolger der Apostel ihr vorzüglichstes Amt, das Lehramt, üben,
heißt man das auf dem Concil aafgestellte Symbolum — symbolum
Patrum im Gegensatz zum Symbolum Apostolorum²).

Aber ein allgemeines Concil, dessen Beschlüsse für die ganze
Kirche verpflichtend wären, gibt es nicht ohne den Papst. Der Papst
allein kann kraft seiner Autorität ein allgemeines Concilium berufen, er
muß dessen Beschlüsse bestätigen, er kann vom allgemeinen Concil (vor
der Bestätigung) noch Appellationen annehmen; auch ist es äußerer
Verhältnisse halber nicht immer möglich, ein allgemeines Concil zu
halten³). Wie daher ein späteres Concil die Macht hat, das von
früheren Synoden aufgestellte Symbolum zu interpretiren, durch eigene
Zusätze zu erklären, so kann dieß auch der Papst, in ihm ruht auch
die Lehr=Auctorität der Kirche principaliter; er könnte der Privat=
arbeit eines Bischofes oder Gelehrten den Charakter eines Symbolums

---

¹) Patres qui in Nicaenâ congregati sunt cum Spiritu Sancto. S. theol.
2. 2. q. 1. a. 10.

²) Quodlib. 9. c. 16: haereticus judicatur, qui sentit contra determinationem conciliorum. S. theol. 2. 2. q. 1. a. 10. ad 2.: Sic enim quaelibet synodus
observavit, ut sequens aliquid *exponeret* supra id, quod praecedens synodus
exposuerat, propter necessitatem haeresis insurgentis. — ib. q. 1. a. 10. Sed
contra mit q. 1. a. 9.: symbolum est auctoritate universalis Ecclesiae editum;
ib. q. 1. a. 10. ad 2. (Verbot der Zusätze). — S. theol. 3. q. 67. a. 2. ad 1., 2. 2.
q. 1. a. 9. ad 6. (Symbolum patrum).

³) Opus de potentia. q. 10. a. 4. ad 13. S. theol. 2. 2. q. 1. a. 10,
(wiederholt).

zusprechen; ihm steht es allein zu, Glaubensfragen endgiltig und für die ganze Kirche zu entscheiden¹).

Wie daher die Gesammtkirche unmöglich in Glaubenssachen irren kann, so auch nicht der Papst, dessen richterliche Lehrentscheidung in Glaubenssachen festzuhalten ist, mehr als die Ansicht von was immer für grossen Gelehrten, — welche dem Streit der Meinungen ein Ende macht, und die Einheit der Kirche, besonders im Glauben, erhält²).

4. Was ist aber zu einem solchen Glaubensdecret des Papstes erforderlich? welches sind die nothwendigen Bedingungen, welches die Merkmale oder Kriterien einer solchen unfehlbaren Entscheidung des Papstes?

A. Der Papst muß vor Allem **determiniren**. Determinare de fide, ea quae fidei sunt ist nämlich der bei Thomas ständig gebrauchte Ausdruck, wenn er von unfehlbaren Entscheidungen redet, sie mögen als von der Gesammtkirche gegeben, oder vom Concil getroffen, oder endlich vom Papst erlassen erscheinen³). Synonym damit werden Ausdrücke gebraucht, wie das Symbolum ordnen, erklären, ein Symbolum aufstellen, zu glauben vorstellen (proponere ad credendum S. theol. 2. 2. q. 1. a. 9. ad 1.). Dadurch schon ist die Bedeutung des Wortes im Einklang mit seinem Etymon bestimmt. Zu weiterer Bestimmung dient der damalige Schulgebrauch. Die Schule gebraucht das Wort auch vom einzelnen Gelehrten, wenn er bei einer Disputation einen bestimmten Satz, eine gewisse Thesis durch Beibringung kräftiger Gründe und Abwehr der gemachten Einwände als Schlußresultat, als feststehendes Endergebniß siegreich behauptete. Von den auf solche Weise entstandenen Quodlibetis und Quästionen sagte man: Thomas habe sie öffentlich „determinirt"⁴). Auf das kirchliche Lehramt übertragen und auf Glaubensfragen angewendet konnte darum

---

¹) Op. de potent. l. c.; S. theol. 2. 2. q. 11. a. 2. ad 3., q. 1. a. 10. i. corp. u. ad 3. Quodlib. 9. c. 16.

²) Quodlib. 9. c. 16. Der Satz: Papa *non* potest errare, sonst nirgends direct ausgesprochen, ergibt sich einfach durch die von Thomas thatsächlich gegebene Widerlegung des ersten Einwandes, welcher schließt: ergo papa errare potest etc. — Op. de potentia l. c. — S. c. gentes IV. c. 76.

³) S. theol. 2. 2. q. 11. a. 2. ad 3. quae nondum erant per ecclesiam determinata. — q. 1. a. 10. ad 1, Op. de potent. l. c. Patres qui convenerant quaedam de fide dubia determinaverunt. ... ib. Leo Papa determinavit etc.

⁴) Echard & Quetif I. p. 271.

dieser Ausdruck nichts Anderes bedeuten als = Feststellung, Fixirung eines Satzes, einer Wahrheit, die geoffenbart und darum zu glauben sei, in bestimmten Ausdrücken (Terminen). Im Worte determinare liegt mehr, als in judicare. Nam judicium aeque de prima cognitione dicitur, ac de definitiva sententia; determinatio pro *finitivo judicio* proprie usurpatur[1]). Wenn also Thomas zu einem Glaubens= decret des Papstes fordert, daß er „determinire", so ist damit verlangt: es solle eine Wahrheit in bestimmter, fester Form aufgestellt, ausge= sprochen werden. Die determinirte Wahrheit, nichts Anderes, gilt als unfehlbar[2]).

B. Der Papst darf ferner nicht als Privatperson, sondern muß als Papst d. h. kraft seiner Auctorität determiniren. Nur wenn er spricht und lehrt als Haupt der Kirche, steht ihm der hl. Geist leitend und vor Irrthum bewahrend bei.

Den Privatpersonen ist es durch die Concilien verboten, zu den festgestellten Symbolen irgend welchen Zusatz zu machen. Natürlich; was durch ein allgemeines Concil verordnet ist, unterliegt nicht der Gewalt irgend eines Menschen als solchen. Privatpersonen steht über= haupt kein Recht zu, in Glaubenssachen zu entscheiden. Könnten ja auch die Vorsteher der Kirche, soweit man bloß ihre Person in Be= tracht zieht, in allen möglichen Dingen irren[3]).

Hingegen steht die Sentenz des Papstes weit über der An= sicht noch so vieler und grosser Gelehrter, wenn er spricht als Ponti- fex, in welcher Eigenschaft selbst Caiphas einst prophezeite (Joann. 11.), wenn er spricht als Haupt der ganzen Kirche, als Nachfolger Petri, dem der Herr als obersten Bischof Verheißung nie abnehmenden Glau=

---

[1]) Natal. Alex. H. E. t. 16. diss. XII. n. 18. p. 454. diss. VI. Scholion 4. mit Note: determinare = finire controversias fidei. Cf. Gregorii M. lib. V. ep. 54. ad Galliae episc. ed. Gallicioli t. III.: quatenus a nobis valeat congrua sine dubio sententia terminari. — Am meisten entspricht es dem alten meist mit definire übersetzten ὁρίζειν. Cf. S. theol. 2. 2. q. 1. a. 10. obj. 2. diffinire.

[2]) Darum von Thomas immer determinare oder äquivalente Ausdrücke in Ver= bindung mit Glaubensentscheidungen gebraucht. Cf. Ballerini, Append. de infallib. etc. Rom. Pontif. l. c. p. 284: stellt der eigentlich definirten Wahrheit alles Uebrige, was dabei angeführt ist, als dictum *extra terminos* entgegen.

[3]) S. theol. 2. 2. q. 1. a. 10. object. 2. u. ad 2. non subest potestati *hominis alicujus*. .. Prohibitio et sententia synodi se extendit ad privatas personas, quarum non est determinare de fide. — Quodlib. 9. c. 16: Judicium eorum qui praesunt ecclesiae, possit errare in quibuslibet, si personae eorum tantum respiciantur. Si vero consideretur divina providentia etc.

bens und Auftrag, die Brüder zu stärken, gegeben hat¹), wenn er mit Einem Wort spricht: kraft seiner Auctorität.

Letzteren Ausdruck betont Thomas besonders stark. Am deutlichsten an jener Stelle, wo es heißt: Wie die allgemeine Synode Vollmacht zur Interpretation und erklärenden Erweiterung des Glaubensbekenntnisses habe, so kann dieses auch der Papst kraft seiner Auctorität (ita etiam Romanus Pontifex hoc suâ auctoritate potest Op. de potent. l. c.). Wiederholt aber wird dieses Moment dadurch hervorgehoben, daß Thomas die Prärogative unfehlbarer Glaubensentscheidungen fast überall nicht dem Papst schlechtweg, sondern der „Auctorität des Papstes" zuschreibt. Selbst wenn einmal der Papst schlechtweg als Inhaber dieses Vorrechtes erwähnt scheint, folgt im nachfolgenden Relativsatz u. dgl. eine Bestimmung, die nachträglich das Auctoritative der Entscheidung hervorhebt²).

Außerdem wird noch kurz, aber bedeutsam genug durch den Hinweis auf Caiphas' Prophezeiung trotz seiner sittlichen Beschaffenheit aufmerksam gemacht, daß die amtliche Unfehlbarkeit des Papstes, übernatürlich gegründet auf den vor Irrthum bewahrenden Beistand des hl. Geistes, keineswegs durch grössere oder geringere Gelehrsamkeit, die sittliche Gebrechlichkeit oder Verkommenheit des einzelnen Papstes gemessen, aufgehoben oder unmöglich werde³).

¹) Quodlib. 9. l. c. nam magis standum est sententiae Papae .. cum Caiphas legitur quia Pontifex prophetasse. S. theol. 2. 2. q. 1. a. 10. i. corp. determinatur *per eum, qui* toti ecclesiae praeest. ... Unde et Dominus dicit Petro, *quem Summum Pontificem constituit:* Ego rogavi etc.

²) Vgl. die Hauptstelle S. theol. 2. 2. q. 1. a. 10... (Im Sed contra, i. corp., ad 3.: ad *auctoritatem* Summi Pontificis pertinet editio Symboli; ad illius *auctoritatem* pertinet editio symboli, ad cujus *auctoritatem* pertinet determinare etc., ad *solam auctoritatem* S. Pontificis pertinet etc. — Ib. ad 2.: Pertinet ad S. Pontificem, cujus *auctoritate* synodus congregatur etc. Wie sorgfältig betont Thomas das Amtliche der Entscheidung, obwohl man zu seiner Zeit noch nicht unterschied zwischen sedes et sedens und noch nicht zur „series Pontificum infallibilis" seine Zuflucht genommen hatte.

³) Quodlib. 9. c. 16.: Cum Caiphas quantumvis nequam tamen quia Pontifex legitur etiam inscius prophetasse Joann. 11. Ob damit ein Beweis für die päpstliche Unfehlbarkeit ausgesprochen, müssen wir uns später fragen. Hier sei nur bemerkt:

1) Sicher ist durch den Beisatz; *Quantumvis nequam* die Behauptung Maret's (Du Concile général et de la paix réligieuse t. II. p. 254) ausgeschlossen: Die Unfehlbarkeit (amtliche) setze nothwendig Heiligkeit der Person voraus.

2) Wahrscheinlich bedeuten die Worte: *etiam inscius*, obwohl zunächst das Unwillkürliche jener Prophetie ausdrückend, gleichwohl auch, daß vorher gemachte Studien, wenn auch gewiß Voraussetzung, doch keineswegs Kriterium einer unfehlbaren lehramtlichen Entscheidung des Papstes seien.

Als selbstverständliche Voraussetzung betont Thomas die vorausgehende Information durch Studium, Verhöre u. s. w., wenn er im 9. Quodlibetum als Mittel zu sicherer Erkenntniß außer dem Beistand des hl. Geistes Nachforschung und Zeugenverhör de vita et miraculis cononizandi bezeichnet. A fortiori macht gewiß Thomas diese Voraussetzung zum Zweck eigentlicher Glaubensentscheidungen[1]).

C. Das dritte Erforderniß ist: der Papst muß **Alle zur gläubigen Annahme seiner Entscheidung verpflichten wollen.**

Diese Bedingung ist zum Theil schon in der ersten enthalten. Wenn der Papst determinirt, determinirt er finaliter, d. h. determinando controversias fidei vult finire[2]).

Wenn die Kirche ein Symbolum aufstellt, hat sie die Absicht, durch dasselbe allen ihren Angehörigen etwas zu glauben vorzustellen; wenn sie überhaupt lehrt, will sie Zustimmung und betrachtet den, der diese verweigert, als Häretiker. Ebenso nun liegt es in der Absicht des Papstes, wenn er determinirt, für Alle zu entscheiden, Alle zum unerschütterlichen gläubigen Festhalten daran zu verpflichten.

Dieser gläubige Gehorsam seitens der ganzen Kirche ist auch immer die Folge einer solchen Entscheidung des Papstes; gegenüber seiner auctoritativen Entscheidung schweigt die Opposition, vertheidigt kein hl. Lehrer seine gegentheilige Ansicht; selbst die Väter eines Concils halten sich an des Papstes Entscheidung, wenn eine solche im Voraus erfolgt ist[3]).

---

[1]) Quodlib. 9. c. 16. ad 1. Wenn aber Voraussetzung, — deßhalb kein Kriterium. Die Garantie dafür, daß diese Voraussetzung auch jedesmal vorhanden sei, so oft eine lehramtliche Entscheidung gegeben wird; daß niemals böser Wille, niemals Unkenntniß oder Versäumung der erforderlichen Mittel auf die lehramtliche Entscheidung corrumpirenden Einfluß gewinne, diese Garantie liegt hinsichtlich der päpstlichen wie conciliarischen Entscheidungen in dem verheißenen göttlichen Schutz und Beistand. Das spricht Thomas aus, wenn er ganz allgemein, von allen Vorständen der Kirche sagt: judicium eorum, qui praesunt ecclesiae, errare potest in quibuslibet, si personae eorum tantum respiciantur. Quodlib. 9. c. 16. Gilt also auch vom Concil. Wer mit Janus glaubt (S. 435), die ganze Kirche habe keine Versuchung, subjective Ansichten geltend zu machen, sich selbst überlassen hält sie sich schon **naturgemäß** in den Schranken des Ueberlieferten, steht offenbar auf naturalistischem Boden. Wozu dann der Beistand des hl. Geistes?

[2]) S. theol. 2. 2. q. 1. a. 10. i. corp. finaliter determinare. Dazu Natalis Alexander H. E. l. c. diss. VI. 4. Scholion mit Note: determinare = finire controversias fidei.

[3]) S. theol. 2. 2. q. 1. a. 9. ad 1.: Ex sententiis sacrae scripturae colligebatur aliquid manifestum summarie, *quod proponeretur omnibus ad credendum.* —

D. Endlich kann der Papst — das ist die 4. der einzuhaltenden Bedingungen — nicht in allen Punkten in besagter Weise determiniren und die Gläubigen zur Zustimmung verpflichten, sondern nur in Glaubenssachen, bei Entscheidungen von Glaubensstreitigkeiten, gegenüber den Irrthümern der Häretiker, bei Erklärung oder Erweiterung des Symbolums, bei Neuaufstellung eines Glaubensbekenntnisses, in Bezug auf Wahrheiten, die nothwendig zum Heile sind. Das allein sind Objecte der päpstlichen, wie kirchlichen Unfehlbarkeit.

Deßhalb steht, wenn von der einen oder andern die Rede ist, neben determinare immer eine nähere Bestimmung wie de fide, ea quae fidei sunt, quaestio de fide exorta, quaestiones circa ea quae sunt de fide — oder es wird gleich der bestimmte Lehrpunct beigesetzt [1]).

Die objective Schranke jeder, auch der päpstlichen Gewalt in der Kirche haben wir bereits in der Lehre vom Primat kennen gelernt: dieselbe bilden das Naturrecht und die res de necessitate sacramentorum et fidei [2]). Mit directer Bezugnahme auf die Lehrgewalt wird dieselbe im 9. Quodlibet angegeben, wenn es heißt: der Beistand des hl. Geistes, welcher in der Kirche den an sich und natürlicher Weise möglichen Irrthum unmöglich macht, erstrecke sich nach des Herrn Verheißung bei Joh. 14. auf alle Wahrheit *de necessariis sc. ad salutem.*

Daß damit nicht allein Glaubenssachen im strengen Sinn gemeint sind, sagt schon der allgemeine Ausdruck und noch mehr die Beziehung auf Joh. 14, 26. Auch die res morum sind sicher nicht ausgeschlossen [3]).

Ib. q. 5. a. 3. i. corp.: qui non assentit omnibus, *quae ecclesia docet.* — Ib. q. 1. a. 10. i. corp.: Ad auctoritatem S. Pontificis pertinet finaliter determinare ea quae sunt fidei, *ut ab omnibus inconcussa fide teneatur.* Ib.: *ut sic ejus sententia a tota ecclesia firmiter teneatur.* [Natal. Alex. H. E. t. 16. diss. 12. n. 18. will in diesen Worten das Recht aller Kirchen erst nochmal zu prüfen, und dann erst zu umfassen finden. Ja, wenn statt teneatur — inquiratur stünde!] — Ib. q. 11. a. 2. ad 3.: contra cujus auctoritatem nec ... aliquis sacrorum doctorum suam sententiam defendit. — Op. de potentia l. c.: Patres in Chalcedon. synodo congregati *secuti sunt* sententiam Leonis *papae,* qui determinavit etc.

[1]) Cf. S. theol. 2. 2. q. 1. a. 10. — contra Gent. IV. c. 76. — Op. de potent. l. c. Im Verlauf wird auch immer auf das Glaubensobject zurückgewiesen, wie errare non potest in his, in talibus etc.

[2]) Sent. IV. d. 27. q. 3. a. 3. ad 2. Anderswo auch fides et sacra.

[3]) Joann. 14, 26. Der Tröster, den der Vater senden wird in meinem Namen, wird Euch Alles (omnia) lehren und Euch an Alles (omnia) erinnern, was immer

Nicht Object der Unfehlbarkeit sind im Allgemeinen alle Dinge, in Bezug auf welche es für den Glauben gleichgiltig ist, ob man diese oder jene Ansicht über sie habe; im Besondern alle f. g. facta particularia: so z. B. Fragen über Besitz (ob Jemand Besitzrecht auf etwas habe), Criminalsachen (ob Jemand ein Verbrechen begangen habe) und Anderes der Art; im Urtheil über diese Dinge kann die Kirche, und darum auch der Papst möglicher Weise irren wegen falscher Zeugen u. f. w.[1]).

Die Canonisation von Heiligen jedoch steht in der Mitte zwischen diesen beiden Classen von Objecten, welche zum unfehlbaren Lehramt gehören und nicht gehören. Thomas will die schwierige Frage nicht entscheiden. Für seine Person ist er der Ansicht, daß die Kirche auch hierin nicht irren kann. Das kann man nicht bloß glauben, sondern soll es auch glauben (pie credendum, nicht creditur). Die Gründe hiefür: Die Heiligenverehrung (allgemein und öffentlich) ist eine Art Glaubensbekenntniß; im Gegentheil bestünde Gefahr des Abfalls Mancher, welche die Canonisirten näher kannten; dem Papst hilft auch hiebei neben den menschlichen Hilfsmitteln — der Beistand des hl. Geistes[2]).

5. Ein Urtheil nun, durch welches der Papst in dem kirchlichen unfehlbaren Lehramt unterstehenden Objecten kraft seiner höchsten Auctorität endgiltig und alle Gläubigen verpflichtend entscheidet, nennt

---

ich Euch gesagt habe (quaecunque dixero vobis). Vgl. im Schlußauftrage des Herrn: Lehret sie Alles halten, was immer ich Euch geboten habe (servare omnia, quaecunque mandavi vobis).

[1]) S. theol. 2. 2. q. 11. a. 2. ad 3.: ea quorum nihil interest ad fidem, utrum sic vel aliter teneantur. — Quodlib. 9. c. 16: In aliis vero sententiis, quae ad *particularia facta* pertinent, ut cum agitur *de possessionibus* vel *de criminibus* vel *de hujusmodi* — possibile est judicium ecclesiae errare propter falsos testes. — Mansi (Animadversiones zu Nat. Alex. H. E. t. 9. diss. 14. Anhang 2. p. 572) nennt diese facta — im Gegensatz zu den f. doctrinalia oder dogmatica — f. personalia sive pure particularia, quae respiciunt singularis personae statum, conditionem, crimen seu innocentiam.

[2]) Quodlib. 9. l. c. Canonizatio vero sanctorum medium est inter haec duo. Quia tamen honor, quem sanctis exhibemus, quaedam professio fidei est, qua sanctorum gloriam credimus, pie credendum est, quod nec etiam in his judicium ecclesiae errare possit. Cf. resp. ad 1. et 2. Vgl. Bischof Martin: Der wahre Sinn der vaticanischen Lehrentscheidung u. f. w. S. 48 ff. Derselbe schließt sich in dieser schwierigen Frage (Canonisation) ganz an Thomas an und erklärt, dieser habe die Frage richtig und in's Herz getroffen.

der hl. Thomas eine *sententia quam Papa in judicio profert*[1]). Es ist kein Zweifel, daß der hl. Lehrer hiemit kurz und scharf das bezeichnen will, was wir einen Ausspruch ex cathedra nennen.

Auf keinen Fall ist in judicio gleich = in concilio. Allerdings ist an unserer Stelle viel vom commune judicium ecclesiae, auch von den unfehlbaren Entscheidungen allgemeiner Concilien die Rede: aber hätte Thomas, immer genau im Ausdruck[2]), dann nicht gleich in concilio gesetzt? Und wenn wir auf den Zusammenhang sehen: wird nicht, wie früher gezeigt, darin als Grund der Unfehlbarkeit des kirchlichen Lehramtes — die Unfehlbarkeit des entscheidenden päpstlichen Ausspruches angeführt? Wird nicht dieser Ausspruch des Papstes der Ansicht beliebig vieler und grosser Gelehrten vergleichungsweise gegenübergestellt? Hat diese Gegenüberstellung einen Sinn, ist sie nicht ganz überflüssig, ja lächerlich, wenn der Papst nur die gefaßten Beschlüsse des allgemeinen Concils „verkündet"[3])? Ist nicht ausdrücklich gesagt: der Papst fälle das Urtheil? handelt nicht das ganze Capitel von der Canonisation, also von einer Frage, bei welcher die ganze Kirche zwar betheiliget, der Papst allein aber entscheidend und handelnd ist,* der Papst, cujus est canonizare sanctos? (ad 1.) — Ganz gut aber kann unter dem obigen Ausdruck ein Urtheil verstanden werden, welches „alle zur Giltigkeit eines Rechtsspruches nothwendigen Eigenschaften" hat. Denn Alles weist darauf hin, daß der Papst an unserer Stelle vom hl. Thomas gedacht wird als oberster Richter, der mit voller Competenz, „nach Untersuchung des Falles und Anwendung von Zeugen und Beweismitteln"[4]), nach den bestehenden göttlichen Gesetzen, und soweit auch des göttlichen

---

[1]) Quodlib. 9. c. 16.

[2]) Cf. Nat. Alex. H. E. t. 16. diss. 6. a. 5. Daselbst sagt Natalis: Die zwei im Verzeichniß des Nicol. Trivettus zuletzt aufgeführten Werke („über die Glaubensartikel", und „über die Sacramente der Kirche") seien deßhalb nicht von Thomas, weil darin eine directe Gewalt des Papstes in temporalia gelehrt, und der Papst *Successor Christi* genannt werde. So konnte Thomas nicht schreiben, der überall bestimmt wie nicht leicht Einer sich ausspricht. Der Papst sei wohl der Vicarius, aber nicht der Successor Christi, da ja Christus ein ewiges Priesterthum und darum keinen „Nachfolger" habe.

[3]) Uebrigens will schon das Wort *proferre* bei Thomas mehr sagen, als = promulgiren. S. theol. 2. 2. q. 1. a. 10. obj. ist es synonym gebraucht mit componere novam symboli editionem.

[4]) In dem oben angegebenen Sinn, n. 4. B.

Beistandes versichert, der endlich in der entsprechenden richterlichen Form seine Entscheidung gibt¹).

6. Wer erscheint nach dem Gesagten bei Thomas als das Subject der kirchlichen Unfehlbarkeit? Wir antworten mit folgenden Sätzen, die sich nothwendig aus der Darstellung des hl. Thomas ergeben:

1. Ganz gewiß sind die Bischöfe in ihrer Gesammtheit ohne den Papst nicht die Träger der kirchlichen Unfehlbarkeit; ganz gewiß aber sind sie es mit dem Papst: sie bilden dann das commune judicium ecclesiae, den kirchlichen Lehrkörper. (S. theol. 2. 2. q. 1. a. 10. Sed contra. Op. de Potentiâ.)

2. Nicht minder gewiß ist es der Papst auch allein, auch ohne Concil, wenn er als Haupt der Kirche entscheidet. (Op. de Potent., Quodlib. 9.)

3. Wenn es also heißt: die Kirche ist unfehlbar, so ist das soviel als: der kirchliche Lehrkörper oder das kirchliche Oberhaupt ist unfehlbar; beide aber sind es in der Kirche und für die Kirche. (ib. — Quodl. 9. c. 16. obj.: *In ecclesia non potest esse error damnabilis*): beide sind nicht Organe der durch sie lehrenden Kirche²) sondern bethätigen ihr von Gott gegebenes Lehramt für die Kirche unter dem Beistand des hl. Geistes. (Quodlib. l. c. eorum qui praesunt ecclesiae judicium etc.)

4. Die zweifachen Verheißungen, welche den Aposteln insgesammt, einschließlich des hl. Petrus (communiter; Joann. 14. u. 16.), und dem Petrus eigens (singulariter; Matth. 16, 18. Luc. 22, 32) geworden, hat der Eine Herr und Heiland Christus in Bezug auf den Beistand desselben hl. Geistes für dieselbe Eine Kirche gegeben: (Sent. IV. d. 24. q. 3. a. 6. ad. 1; quodlib. 9, 16; S. theol. 2. 2. q. 1.): also kann die Unfehlbarkeit nur Eine sein, daher können ecclesia docens,

---

¹) Vgl. Bischof Ketteler: „Das unfehlbare Lehramt des Papstes". 2. Auflage. S. 51—55. Cf. Theodoret von Cyrus ep. 116. ad Renatum presbyt.: Quae a vobis (Papst und Kirche in Rom) fuerint *judicata*, in his, qualiacunque ea erunt, *judicii* vestri aequitati confidentes acquiescamus, et rogamus, ut *judicium* ex scriptis constituatur; ed. Migne t. 4. p. 1323. — Cardinal Torquemada gibt der Thesis über die päpstliche Unfehlbarkeit folgende Fassung: Sententia, quam in judicio Romanus Pontifex profert, in his quae fidei sunt, errare non potest. Summ. lib. 2. c. 112. p. 258. bei Pichler a. a. O. I. S. 253. Die Bezugnahme auf Thomas ist unverkennbar.

²) Der Papst ist ja das caput *regitivum* totius ecclesiae: nur Christus gegenüber ist er minister. Minister ecclesiae, von ihm gesagt, bedeutet Diener Christi für oder in der Kirche.

determinationes conciliorum, sententia papae promiscue gebraucht
werden. (Op. de Potentia.)

5. Das Wort „solus", dem unfehlbar lehrenden Papste beigesetzt,
ist zugleich exclusiv und abstractiv, entsprechend seiner natürlichen Be=
deutung[1]): exclusiv weil Niemand unfehlbar o h n e d e n P a p s t, ab=
stractiv, weil der Papst unfehlbar a u ch o h n e d i e Uebrigen (scil.
Bischöfe) d. h. vor deren Consens=Erklärung (2. 2. q. 1. a. 10.). Also
wird den Bischöfen ihr Recht, über Glaubenssachen zu richten, nicht
abgesprochen, sondern ausdrücklich zugesprochen[2]): dasselbe ruht aber,
wenn der Papst a l l e i n entscheidet, — und entscheidet, auch wenn es
geübt wird, n i ch t o h n e den Papst. Im ersten Fall entscheidet der
oberste Richter und die niedern Richter „f o l g e n" der Sentenz als
dem Ausdruck der Wahrheit (Conc. IV. u. VI.), im zweiten findet ein
simultanes Urtheil des gesammten Lehrkörpers statt. (Op. de Potent. —
Quodlib. 9.)

6. Die Frage, ob Ein oder zwei Subjecte der kirchlichen Unfehl=
barkeit seien, läßt sich streng genommen nicht lösen, weil bei beiden
Arten ihrer Bethätigung das Oberhaupt der Kirche wirksam ist. Welche
Art der Bethätigung aber jeweilig stattfinde, hängt von äußern Ver=
hältnissen (z. B. kriegerische Zeiten Op. de Potent.), von der Natur
der schwebenden Frage (c. Gentes IV. 25.), von der göttlichen Vor=
sehung ab, welche die Kirche leitet (Quodlib. 9.). Der Papst wird
nie eine Glaubensfrage entscheiden, ohne Zuhilfenahme auch der nöthigen
menschlichen Mittel, da er nicht Einmal einen Heiligen canonisirt ohne
diese. (Quodlib. 9. c. 16. ad 1.)

V. Die Beweis-Mittel des hl. Thomas.

Es wird, wie wir hörten, dem hl. Thomas der Vorwurf gemacht,
daß er zur Begründung des unfehlbaren Lehramtes der Päpste ge=
fälschter Texte und Zeugnisse sich bedient, ja nur auf Fictionen

---

[1]) Vgl. „Ich gehe allein (und brauche Niemand, der hilft); — ich allein
gehe (und Niemand sonst). — Natalis Alexander l. c.: Wenn auch solus gewöhnlicher
gebraucht wird, um auszuschließen a consortio praedicati (Ich allein gehe), so
steht es doch auch nicht ungewöhnlich, um auszuschließen a forma subjecti: Ich gehe
allein; der „Vater" (in der Trinität) allein ist Gott (d. h. der Vater, mit dem
sonst Keiner in der Trinität Vater ist)!

[2]) *judices* singulis civitatibus praepositi.

sich gestützt habe. Eine nähere Betrachtung seiner Beweismittel bildet darum den wichtigsten Theil unserer Aufgabe. Beginnen wir mit den verwendeten Bibelstellen und den etwa erklärend beigesetzten Zeugnissen.

1. Als biblische Grundlage der päpstlichen Unfehlbarkeit gilt dem hl. Thomas vor Allem die Auszeichnung, der Vorrang Petri, der ihm nach Matth. 16. zu Theil geworden. Mag man die petra, auf welche die Kirche gebaut ist, mit den Vätern noch so vielfach deuten: das steht Thomas fest, daß sie (nach Hieronymus) auch auf Petrus bezogen werden muß, und daß unter den portae inferi (nach demselben)[1] neben andern der Kirche feindlichen Mächten, wie Tyrannen, Teufel, Sünde, auch die Lehren der Häretiker zu verstehen seien, durch welche, wie durch ein Thor in das Haus, die Menschen in die Hölle steigen[2]. Wir brauchen diese Erklärung nicht zu vertheidigen. Soll nämlich diese Verheißung an Petrus, selbst nach den Gallicanern (Bossuet's Rede auf der Versammlung von 1682) auch von den römischen Bischöfen gelten und soll sie den sichern Bestand der Kirche gegenüber den drohenden Gefahren versprechen: so gehört, wie die Lehrgewalt zum Primat, auch die Gefahr der Häresie unter den Begriff der portae inferi[3]. Darum führt Thomas die Reinheit der römischen Kirche von Häresien auf diese Stelle zurück. „Während andere Kirchen getadelt werden können wegen Häretikern, die sie erzeugten, wurde die römische Kirche nicht von Häretikern befleckt, denn sie ist auf die „Petra" gegründet. In Constantinopel herrschten Häretiker, und die Arbeit der Apostel wurde dort vereitelt: die Kirche Petri allein blieb unversehrt"[4]. Thomas

---

[1] Cf. ed. Migne t. 26. p. 117: Aedificabo Ecclesiam meam *super te;* p. 118: Et portae inferi etc.: Ego reor portas inferi — vitia atque peccata, vel certe haereticorum doctrinas, per quas illecti homines ducuntur ad tartarum, hingegen nicht: den Tod der Apostel u. s. w. Hieronymus hat diese Deutung aus Origenes, und bringt sie auch Comment. i. Isai. lib. VIII.

[2] Siehe II. Exegese darüber in der Catena und in dem Commentar. Cf. Epiphanius Ancor. c. 11.: Quarum portarum nomine haereses et haereseos conditores intelliguntur. Omnibus quippe modis in eo stabilita fides est, qui coeli claves accepit etc.

[3] Siehe Reischl ad Matth. 16, 18. Anm. t.

[4] Comment. ad Matth. 16. Quamvis aliae ecclesiae vituperari possint per haereticos, Ecclesia tamen Romana non fuit haereticis depravata, quia super Petram erat fundata. Unde in Constantinopoli fuerunt haeretici; et labor Apostolorum amissus est: sola Petri ecclesia inviolata permansit.... Unde Luc.

bezieht sich hier offenbar, ohne einen Autor zu nennen, auf das Zeugniß Theodoret's im Briefe an den Presbyter Renatus (ep. 116. Siehe oben S. 69. 1.), welches Zeugniß in mehreren ächten kirchlichen Actenstücken erweitert steht (Formel des Hormisdas; Brief Agatho's an Kaiser Constantin: Conc. VI. act. 4.) und welches, gleichfalls in erweiterter Form, auch in der Catena als Zeugniß aus Cyrill angeführt wird[1]).

Aus den bereits früher erwähnten Zeugnissen, welche in der Catena zur Erklärung unserer Stelle verwendet sind, könnten hier nur angeführt werden angeblich dem Rabanus, in der That aber schon dem früheren Beda (Venerabilis) gehörige Worte: deßhalb habe Petrus allein und vor Allen die Schlüsselgewalt empfangen, damit alle Gläubigen wüßten: quia quicunque *ab unitate fidei* vel societatis illius quolibet semetipsos modo segregant, tales nec vinculis peccatorum solvi nec januam possint agni coelestis ingredi[2]).

2. Die zweite Schriftstelle, auf welche Thomas das unfehlbare päpstliche Lehramt gründet, sind die Worte des Herrn an Petrus bei Luc. 22, 32. Diese Stelle citirt Thomas immer, wenn es gilt, kurz auf den Petro und seinen Nachfolgern gewordenen Vorrang auch im Lehramt hinzuweisen; ja sie ist ihm auch ein Beleg, daß die Gesammtkirche im Glauben nicht irren kann[3]).

Es ist bekannt, wie wenig Manchen das Gebet des Herrn bei Luc. 22. — in Bezug auf das unfehlbare Lehramt der Päpste gilt. Die unmittelbare Beziehung auf den Fall Petri, das Schweigen der Kirchenväter vor dem Ende des 7. Jahrhunderts, die Unverträglichkeit einer infallibilistischen Auslegung mit der persönlichen Unfehlbarkeit der Apostel[4]), der Ausdruck ἐκλείπῃ werden als Schwierigkeiten hervorgehoben.

22, 32 etc. Deßhalb sei die römische, überhaupt die ganze abendländische Kirche dem hl. Petrus zu besonderem Dank und besonderer Verehrung verpflichtet. Aehnlich in expositione symboli vgl. III. n. 6.

[1]) Siehe später. Cf. Benettis, Privilegiorum S. Petri vindic. etc. (Rom 1756) p. I. t. II. p. 302.

[2]) Beda Venerabilis Opp. ed. Colon. t. 7. p. 112. bei Ballerini, de vi ac ratione primatus (Augsburg 1770) p. 211. — Rabanus Maurus (in Matth. c. 17.) bei Benettis, Privilegiorum S. Petri vindic. (Rom 1756) P. I. t. II. p. 332.

[3]) Cf. Comment. ad Matth. 16, 18; S. theol. 2. 2. q. 1. a. 10; q. 2. a. 6. Suppl. q. 25. a. 1. argum. 2. prolus. etc.

[4]) Vgl. Pichler a. a. O. Bd. II. S. 595. Bei Erklärung der für den Primat sprechenden Schriftstellen sei eine Hauptschwierigkeit die Stellung der Apostel als solcher (Wirkungskreis: die ganze Erde) und die ächtbrüderliche Liebe Aller zu einander,

Wir lassen, alles Andere übergehend, hier die Aeußerungen einiger Gallicaner folgen, welche Luc. 22. auf das **päpstliche Lehramt** bezogen haben.

Peter d'Ailly (in seiner erwähnten Rede gegen Montson) sagt: Das oberste richterliche Urtheil in Glaubenssachen steht ganz gewiß dem zu, dessen Glaube niemals abnimmt; aber der Glaube des apostolischen Stuhles nimmt niemals ab; de qua Sede in persona Petri in ea sedentis dictum est: Petre, rogavi pro te etc.¹).

Aehnlich hat sich Gerson geäußert in der Rede, welche er am Himmelfahrtsfest vor Alexander V. hielt, und worin er die Ursachen darlegte, derentwegen die griechische Kirche in Irrthümer gefallen sei, die lateinische aber nicht: quia Latinitas ipsa purior et immaculata sedem habet Petri, pro cujus fide, ne deficeret, specialiter oravit ille, qui in omnibus exauditus est pro sua reverentia²).

Bekannt sind Bossuet's Worte auf der Versammlung von 1682 im Streit mit dem Bischof von Tournay: Neque tu negare potes fidem Petri in sua sede nunquam esse defecturam; id ex promissis aperte constat; id ex traditione universa lucidissime patet³).

Ganz damit stimmt Döllingers Erklärung. Er stellt das Gebet des Herrn für den Glauben Petri unter die Beweise für Petri Primat und bemerkt dann: Der Stuhl Petri sollte eine Stätte der Wahrheit, eine Allen zur Stärkung gereichende Burg des festen Glaubens bleiben. Denn die Worte wie die Gebete des Herrn waren nicht bloß auf die einzelne Person, auf den nächsten Moment gerichtet, sondern sie waren grundlegend und bauend. Sie galten vor Allem der Kirche und deren zukünftigen, von ihm im Geiste geschauten Bedürfnissen⁴).

---

besonders des Petrus. Ib. S. 596: „Der Apostolat war nicht übertragbar, wohl aber der Primat; darum Nachfolger im Letzteren nicht bloß möglich, sondern nothwendig, weil der Primat im Wesen der Kirche begründet ist." Läßt sich daraus nicht folgern, und zwar a minori ad majus: Die Kräftigung der Brüder durch den Glauben des Oberhauptes mußte später um so nothwendiger in der Kirche vorhanden sein, „quo minus horum sc. Episcoporum fides erat confirmata, quam fides Apostolorum?" Bossuet, medit. in evang. diei 72. bei Ballerini, de vi etc. p. 240.

¹) Nat. Alex. H. E. t. 16. diss. 12. n. 12.
²) bei Ballerini, Appendix de Infallib. l. c. p. 284.
³) Fenelon, de Summi Pontificis auctoritate c. VII. p. 270 nach Dom. Guéranger a. a. O. S. 154.
⁴) „Christenthum und Kirche", Regensburg 1860. 1. Aufl. n. 56. S. 32.

Das genüge. Wer wollte dem hl. Thomas verübeln, daß er auch Luc. 22. auf das Lehramt der Päpste bezog, ohne jedoch die unhaltbare Unterscheidung zu machen zwischen Sedens und Sedes? Die Stelle Joann. 21, 15 ff. hat Thomas weder ausdrücklich auf die päpstliche Unfehlbarkeit bezogen, noch enthalten die bei Erklärung derselben verwendeten Zeugnisse ein hierauf bezügliches Moment. Wie Thomas die Verheißungen des Herrn bei Joh. 24. und in den folgenden Capiteln (Spiritus Paraclitus) auch mit der beim Canonisiren geübten päpstlichen Unfehlbarkeit in Verbindung bringen konnte (Quodlib. 9.), erklärt sich aus der Einheit der kirchlichen Unfehlbarkeit, in welcher Form sie immer bethätigt wird. Die Beziehung auf Joann. 11, 49. (Caiphas' Prophetie, ibidem) soll nicht beweisen, denn das ganze Capitel beschäftigt sich damit, zu zeigen, daß der Papst, trotz sonst möglichen Irrthums, doch unfehlbar sein kann, auch bei der Canonisation; nicht aber, daß er es wirklich ist und warum. Gelegentlich werden die Objecte der Unfehlbarkeit angegeben, um daraus eine Conclusion quoad canonizationem zu gewinnen. Nicht beweisen also soll Joann. 11, 49., sondern betonen, wie schon gezeigt (IV. n. 4.): das Amtliche einer unfehlbaren Entscheidung des Papstes, und das hiebei mitwirkende übernatürliche Moment. Beides anzudeuten ist aber die Stelle geeignet[1]).

Soviel über die von Thomas in unserer Sache benützten Bibeltexte[2]). Wir kommen zu den eigentlich traditionellen Zeugnissen.

3. In der Hauptstelle der theologischen Summe (i. corp. articuli) citirt Thomas für das Recht des Papstes, Glaubenssachen endgiltig zu entscheiden, das cap. Majores der Decretalen, de baptismo. An der citirten Stelle c. 3. [III. 42] wird ein Brief des Papstes Innocenz III. an den Erzbischof von Arles mitgetheilt; darin heißt

---

[1]) Reischl, N. T. zu Joann. 11, 49. 51. Anm. ss: Gott selbst hatte es so geordnet, daß nicht ein Anderer, sondern gerade Caiphas, der im Amte stehende Hohepriester, sich dieser ihm unbewußt so bedeutungsreich doppelsinnigen Worte bediente. Denn dem hohenpriesterlichen Amte eignete von Anfang an Gabe und Beruf der Weissagung (II. Moses 28, 30); an des Hohenpriesters Ausspruch war Israel gewiesen, so es Gottes Rathschluß zu hören begehrte (IV. Mos. 27, 19—21). — „Nicht also, als ob Caiphas persönlich es würdig gewesen, hier als Organ des hl. Geistes für Israel zu sprechen, weissagte er; sondern weil er Hohepriester jenes Jahres war u. s. w." (Euthymius).

[2]) Thomas betrachtet das unfehlbare Lehramt des Papstes als den wichtigsten Theil der Primatialgewalt. Die biblische Begründung der letzteren ist ihm zugleich Beweis für das erstere. Vgl. die „Argumente" des Thomas im nächsten Capitel.

es: Majores ecclesiae causas, praesertim articulos fidei contingentes, ad Petri sedem referendas intelliget, qui eum respondisse quaerenti Domino notabit: Tu es Christus etc., . . et pro eo Dominum exorasse, ne deficiat fides ejus.

Gleiches läßt Pseudo=Jsidor den Papst Pelagius II. in einem Briefe sagen¹): Majores vero et difficiles quaestiones, ut s. synodus statuit, et beata consuetudo exigit, ad sedem Apostolicam semper referantur. Doch die Quelle dieses wie jenes Citates ist ein ächter Brief des Papstes Innocenz I. In seiner ep. 2. n. 6. heißt es: Si majores causae in medium fuerint devolutae, ad sedem Apostolicam, sicut synodus statuit, et beata consuetudo exigit, post judicium episcopale referantur²).

Unter der citirten Synode ist nach Constant³) die von Sardica zu verstehen, und zwar in ep. ad Jul. n. 1., wo gesagt ist: Hoc enim optimum et valde congruentissimum esse videbitur, si ad caput, i. e. ad Petri Apostoli sedem, de singulis quibusque provinciis Domini referant sacerdotes. Statt *beata* consuetudo gebraucht derselbe Papst anderwärts antiqua traditio (ep. 29. n. 1.), und antiqua regula (ep. 30. n. 2). Auffallen könnte, daß in der von Thomas zunächst angerufenen Decretalenstelle nichts steht von einem vorausgehenden Urtheil der Bischöfe, hingegen die Glaubensfragen ausdrücklich erwähnt werden. Indeß, wenn irgend welche Fragen wichtig und eines Berichts nach Rom bedürftig sind, sind es die Glaubensfragen. Papst Innocenz I. spricht dieses in einer andern Epistel ausdrücklich aus, welche wir auch bei Thomas citirt finden werden (ep. 30. n. 2.). Das vorausgehende Urtheil der Bischöfe aber ist in unserem Fall selbstverständlich, da sie es ja sind, welche die Sache für wichtig genug erachten, um nach Rom gebracht zu werden. Zudem folgert der hl. Thomas aus der Stelle nichts, als daß der Papst das Recht der endgiltigen Entscheidung in Glaubenssachen habe, keineswegs will er sagen, daß die Bischöfe kein Urtheil über diese Dinge haben.

Genug: Thomas citirt an unserer Stelle die Decretalen, welche den ächten Brief eines am Anfang des 5. Jahrhunderts lebenden

---

¹) ed. Hinschius. Leipzig 1863. p. 724.
²) ap. Coust. p. 749. 50.
³) ap. Coust. p. 395.

Papstes (402—417) dem Sinn nach vollständig, dem Ausdruck nach fast wörtlich wiedergeben¹).

Die in der Lösung des 3. Einwandes (a. 10.) unserer Stelle angeführte Thatsache wird man auch nicht als Falsum bezeichnen können. Der Einwand betonte, daß die Neuaufstellung eines Symbolums nicht dem Papste allein, sondern auch andern Bischöfen zustehe, wie dieß das Symbolum Quicunque beweise. Also genügte es, zu sagen, was Thomas hervorhob: daß nämlich die Autorschaft des Athanasius nichts gegen die oberste päpstliche Autorität beweise. Ob Athanasius wirklich oder ein gegen Ausgang des 5. Jahrhunderts lebender unbekannter lateinischer Schriftsteller das Symbolum verfaßt habe, war ganz gleichgiltig. Dasselbe gewann jedenfalls „mit päpstlicher Zustimmung" Aufnahme, weil nicht gegen die Autorität des Papstes, also wenigstens mit dessen stillschweigender Billigung.

4. An der zweiten Stelle der Summe handelte es sich, einen Einwand zurückzuweisen, der sich auf die grossen Lehrer Augustin und Hieronymus berief. Thomas stellt den Satz auf: den wirklichen Entscheidungen der Kirche hätten alle hl. Lehrer sich gefügt. Die Auctorität der Kirche aber ruhe principaliter im Papste.

Diesen Satz beweist Thomas ganz aus der Tradition. Zuerst citirt er wieder die Decretalen, nämlich das cap. Quoties (12.) C. 24. q. 1.

Quoties, — so lautet die citirte Stelle — fidei ratio ventilatur, arbitror omnes fratres nostros et coepiscopos nonnisi ad Petrum i. e. ad sui nominis auctoritatem [sui nominis et honoris auctorem: also „Christi Stellvertreter"?] referre debere.

Die Stelle ist ächt. Sie ist entnommen einem andern Brief desselben Papstes Innocenz I. Nach Coustant ist es die ep. 30.

Der Brief fällt in die Zeit der Pelagianischen Streitigkeiten. In drei gesonderten Berichten hatten die africanischen Bischöfe dem Papst ihre verdammenden Urtheile eingesendet. „Ihren bescheidenen Beschlüssen, so baten sie, solle der apostolische Stuhl mit seinem auf die hl. Schrift gegründeten Ansehen zum Heil so Vieler beitreten, seine Bestätigung solle ihr Urtheil als richtig feststellen" (ep. 26. 27. & 28. Innoc. ap. Coust). Darauf antwortete der Papst entsprechend;

---

¹) Cf. ep. 29. Innocentii I. an die Carthaginensischen Väter (ap. Coust. p. 888): Non censetis esse calcanda, quae illi (patres) non humana, sed divina decrevere sententia, ut *quidquid* quamvis de *disjunctis remotisque* provinciis ageretur, *non prius ducerent finiendum, nisi ad hujus sedis notitiam perveniret* etc.

speciell im Rescript an die numidischen Bischöfe (Concil von Mileve) hebt er hervor: Er halte es für eine Pflicht (debere) aller Mitbrüder und Mitbischöfe, sich in zweifelhaften Dingen überhaupt vom apostolischen Stuhl, der seine Sorge allen Kirchen schulde, Bescheid zu erholen (quae sit tenenda sententia); so fordere es die alte, von dem ganzen Erdkreis beobachtete Regel; dem entspreche auch die gegenwärtige Praxis; ihr gemäß hätten sie gehandelt. Diese Pflicht bestehe aber besonders (praesertim), wenn Glaubensfragen auftauchen. *Quoties fidei ratio ventilatur, arbitror omnes fratres et coepiscopos nostros nonnisi ad Petrum i. e. sui nominis et honoris auctorem referre debere,* velut nunc retulit vestra dilectio, quod per totum mundum possit ecclesiis omnibus in commune prodesse[1]).

Also stimmt das Citat wortwörtlich mit der Quelle; ächte Worte des Papstes Innocenz I. hat Thomas angeführt. Wer kann, ohne zu lügen, sagen, daß Thomas nur auf Fälschungen sich gestützt habe? Und das Citat beweist auch, was es soll: im Papst findet sich die Lehrauctorität der Kirche principaliter. Sonst wäre des Papstes Sprache Anmaßung, sonst wäre die Berichterstattung aus allen Theilen der Welt, auch ansehnlicher Concilien, blosse, aber auch so unerklärliche Formalität.

Als 2. Beleg für seinen Satz führt Thomas an: das wirkliche Verhalten Augustins, Hieronymus', überhaupt der hl. Lehrer gegenüber endgiltigen päpstlichen Entscheidungen. — Dieß Wort ist keine Phrase. Die Kirchengeschichte enthält den Beweis.

Augustin hatte vor Eintreffen der päpstlichen Rescripte von der pelagianischen Häresie gesagt: Nondum evidenter ab ecclesia separata est; als die Antwort von Papst Innocenz eingetroffen, sprach er in öffentlicher Rede an das Volk: Inde (sc. Româ) rescripta venerunt: causa finita est; utinam aliquando finiatur error[2])!

Und in einem bei Mai mitgetheilten Sermo apostrophirt der Heilige die arianische Irrlehre folgendermaßen: Man weiß, wer du

---

[1]) ap. Coust. p. 896.
[2]) August. ep. 178. n. 1. — Serm. 131. a. 132. de verb. Apost. n. 10. Allerdings steht voraus: Zwei Concilien sind darüber gehalten und nach Rom geschickt; — aber heißt es: daß sie voraus gehalten werden mußten, und daß die Zustimmung der übrigen Bischöfe der Welt abzuwarten sei? — Im Opus imperf. (c. Julian. L. II. resp. ad q. 103.) frägt er: quid adhuc quaeris examen, quod jam factum est apud Apostolicam sedem? — Lib. II. ad Bonif. (contra duas epist. Pelagianorum) c. 3: Literae b. mem. papae Innocentii, quibus de hac re dubitatio tota sublata est etc.

bift, alle wiffen es jetzt. Non crederis veram fidem tenere catholicam, quae fidem non doces esse servandam Romanam¹).

Was Hieronymus betrifft, so sucht Thomas selbst ausdrücklich den Beweis zu liefern. Er citirt Worte von ihm, die er in der Erklärung des Symbolums an Papst Damasus gerichtet habe. Wir haben oben (III. 6.) dieselben kennen gelernt. Aber die betreffenden Worte gehören nicht dem hl. Hieronymus. Dafür gehören sie einem Zeitgenossen desselben. Nicht Hieronymus nämlich hat sie an Papst Damasus, sondern der Häretiker Pelagius hat sie an Papst Innocenz zu seiner Rechtfertigung geschrieben²). Der hl. Thomas ist dieser Verwechselung halber leicht zu entschuldigen. Noch Peter d'Ailly gebraucht die nämlichen Worte als ein Zeugniß des Hieronymus, und zwar im unmittelbaren Anschlusse an die bekannte ächte Stelle Ego nullum primum etc.³).

Aber auch ein ächtes Zeugniß eines Irrlehrers, zumal aus gleicher Zeit mit Hieronymus, beweist etwas. Pelagius schreibt: „die Billigung seines Glaubens durch den Papst, der Petri Glauben und Sitz innehabe, werde ihn gegen alle seine Feinde schützen; der, welcher nachher ihn noch beschuldige, liefere den Beweis, daß er selber häretisch sei, Pelagius aber katholisch." Damit spricht Pelagius aus, was zu seiner Zeit bei den Katholiken des Papstes Stimme gegolten hat. Wie hätte er sich sonst solchen Schutz von der päpstlichen Anerkennung erwarten können?

Dazu kommt: sein Freund und Zeitgenosse Cälestius schrieb in seinem libellus fidei in gleichem Ton an Papst Zosimus⁴) und Augustin versichert, daß beide Häretiker so schrieben, weil sie nicht wagten, den Briefen des Papstes Innocenz sich offen zu widersetzen (l. II. de peccato originali c. 7.).

Endlich hat der ächte Hieronymus keine andere Sprache geführt. Antiochia hatte in Folge des meletianischen Schisma drei Bischöfe; jeder behauptete, er habe den Papst auf seiner Seite; man stritt sich,

---

¹) Mai, Nova PP. Biblioth. t. I. p. 273.
²) Opp. August. t. 10. in app. ed. Migne col. 1716.
³) Ep. 10. inter Damas. ap. Coust. Nat. Alex. H. E. t. 16. diss. 12. n. 12. Es scheint, beide Stellen sind wegen ihres verwandten, zudem aus gleicher Zeit stammen. den Inhalts Anfangs vielleicht noch mit richtiger Bezeichnung des Autors zusammengeschrieben und später als Ein Zeugniß des Hieronymus gebraucht worden.
⁴) Ap. August. de peccato origin. n. 26.: er (Cälestius) wolle kein Dogma eigenmächtig aufstellen, sondern was er durch Ueberlieferung von den Propheten und Aposteln empfangen, das unterbreite er dem Urtheil des Papstes, ut si forte, ut hominibus, quispiam ignorantiae error obrepserit, vestra sententia corrigatur.

ob drei *ὑποστάσεις* in der Gottheit anzunehmen seien; im Streit suchte jede Partei den grossen Hieronymus für sich zu gewinnen, der damals im Orient war. Er aber schrieb, deßhalb in Verlegenheit, an Papst Damasus: Kein Führer geht mir über Christus; aber ich bleibe mit Eurer Heiligkeit d. h. mit Petri Stuhl verbunden. Auf diesen Fels, weiß ich, ist die Kirche gegründet. Non novi Vitalem, Meletium respuo, ignoro Paulinum. Quicunque *tecum* non colligit, spargit, *hoc est:* qui *Christi* non est, Antichristi est. Und da nicht gleich Antwort kam, schrieb er nochmal: In 3 Theile sei die Kirche im Orient gespalten, man suche ihn zu gewinnen. Ego interim clamito: Si quis cathedrae Petri jungitur, meus est[1]).

Der römische Glaube also — der wahre Glaube, die Bestätigung einer Lehre von Rom — ein Beweis der Orthodoxie: das sagen uns alle von Thomas an unserer Stelle beigebrachten Zeugnisse. **Die Anschauung der Katholiken zu Anfang des 5. Jahrhunderts war keine andere.** Und darauf stützt Thomas den Satz: die Lehrgewalt der Kirche findet sich principaliter im Papste. Vielleicht mit Unrecht[2])?

5. Alle übrigen von Thomas beigebrachten Zeugnisse oder Thatsachen im Beweise für das höchste Lehramt des Papstes beziehen sich auf das Verhältniß, in welchem der Papst zum Concilium steht und immer stand. Wir haben hier nach ihrer Richtigkeit und Wahrheit zu fragen.

Thomas stellt vor Allem den Satz auf: der Papst habe das Recht, allgemeine Concilien zu berufen und zu bestätigen. Diesen wiederholt angeführten Satz stützt er in der Hauptstelle der theologischen Summe („Sed contra") durch Hinweis auf die 17. Distinction bei Gratian. „Diese Distinction besteht aus lauter pseudo-isidorianischen Stücken", hat man gerufen. Wir bemerken voraus, daß in manchen Ausgaben der Summe einfach citirt ist: in decret. dist. 17., am Rand steht dann wohl als nähere Angabe cap. Nec licuit und cap. Multis; in

---

[1]) Ep. 10. & 11. ap. Coust. p. 546. 551. Cf. adv. Rufin. I. n. 4.

[2]) In Betreff der hl. Lehrer, auf welche Thomas ganz allgemein hinweist, sei bemerkt: Ein glänzendes Beispiel ist Dionysius von Alexandrien. Nach dem Zeugniß des hl. Athanasius (de synodo c. 43.) hat derselbe, beim gleichnamigen römischen Bischof verklagt, bei ihm sich auch gerechtfertigt und nach der römischen Lehrform seine Ansicht corrigirt. — Cyprians Opposition beweist nichts dagegen: durch die Vertheidigung seiner, noch dazu falschen, der Kirche höchst gefährlichen Ansicht hätte Cyprian nicht verdient, unter die heiligen Lehrer gezählt zu werden. Die meint aber Thomas. Nichtheilige Opponenten gegen die Auctorität der Päpste gab es zu aller Zeit!

andern Ausgaben (z. B. von Migne) ist diese nähere Angabe (cap. 4 & 5.) in den Text mitaufgenommen.

Das cap. 4. gehört aber schon nach seiner Ueberschrift nicht hieher; es verbietet, zur Untersuchung („contra") einer vorausgegangenen allgemeinen Synode eine Particularsynode zu versammeln. Das Zeugniß stammt wahrscheinlichst von Papst Pelagius I., der als Nachfolger des Vigilius Anlaß genug hatte, solche Verordnungen zu erlassen zu Gunsten des nur allmälig anerkannten 5. Conciliums[1]).

Anders steht es mit dem cap. 5. Ein Concil, sagt dasselbe, ohne päpstliche Auctorität ist ein Conventikel; denn nach vielen apostolischen, canonischen und kirchlichen Satzungen ist es nicht erlaubt: absque sententia Romani Pontificis concilia celebrari. Als Quelle gibt Gratian einen Brief des Papstes Pelagius II. an die Bischöfe auf der ungesetzlichen Versammlung zu Constantinopel an. Der Brief ist aus Pseudo-Isidor, bemerkt Richter. Aber die ächte Quelle ist offenbar die bekannte Stelle c. 9. C. 3. q. 6. Was immer über die angebliche Erweiterung, ja Verdrehung der Worte des Papstes Julius durch Socrates und Epiphanius gesagt werden mag: das vom Papste urgirte canonische Verbot des $\varkappa\alpha\nu o\nu i\zeta\varepsilon\iota\nu\ \pi\alpha\varrho\grave{\alpha}\ \gamma\nu\omega\mu\eta\nu\ \tau o\tilde{\upsilon}\ \dot{\varepsilon}\pi\iota\sigma\varkappa\acute{o}\pi o\upsilon\ \tau\tilde{\eta}\varsigma\ \dot{P}\omega\mu\eta\varsigma$ trifft jedenfalls „das Aufstellen allgemeiner Verordnungen durch und auf Synoden" (Hefele Concil.-Gesch. I. S. 7.); allgemeine Concilien ohne Berufung oder Bestätigung durch den Papst sind also ganz gewiß durch den von Julius geltend gemachten Canon verboten. Mehr braucht Thomas nicht, um seinen Satz zu beweisen[2]).

Das Gesagte gilt auch von c. 1 & 2. unserer Distinction, da beide die Stelle des Papstes Julius enthalten.

Bezüglich des c. 6. sei bemerkt, daß die darin verwendete Stelle ächt, aber nicht von Papst Symmachus, sondern von dem gleichzeitigen Ennodius, Bischof von Pabua († 521), und zwar aus seinem libell. apologet. pro syn. Rom. IV. habit. a. 501 genommen, ist. In der zu Ostern 501 auf Veranlassung des Königs Theodorich gehaltenen (zweiten) Synode unter Symmachus erklärten die Bischöfe: dem

---

[1]) Richter (Ausgabe des corp. j. c.) bezeichnet mit den Correctores Rom. des Papstes Brief an Narses als Quelle, mit Hinweis auf eine ähnliche Stelle im Brief an Valerianus Patricius, Mansi XI. p. 732.

[2]) Vgl. „Anti-Janus" von Dr. Hergenröther S. 105. — Gewiß ist, daß Papst Pelagius II. a. 587 die zu Constantinopel unter dem Patriarchen Johannes Nesteutes (Oecumenicus) gehaltene Synode cassirte, wenn auch das ächte Schreiben des Pelagius, in dem er dieß gethan, zu Grunde ging. Pichler a. a. O. I. 127.

Papste und nicht dem Könige stehe es zu, eine Synode zu berufen, weil dem römischen Stuhl der Vorrang des Petrus zugefallen sei¹). Die Stellen der 17. Distinction enthalten also theils ächte, nur mit den unrechten, wiewohl gleichzeitigen Autoren versehene Zeugnisse, theils sind sie, wenigstens nach Einigen, amplificirt: für den von Thomas aufgestellten Satz sind sie, **soweit sie unbestreitbar ächt sind, vollständig beweisend.**

6. Was Thomas hier als Rechtssatz bewiesen, spricht er anderwärts als historische Thatsache aus: die alten Concilien, sagt er, wurden wirklich durch päpstliche Auctorität berufen und bestätigt²). Hefele hat diese Thatsache in seiner Conciliengeschichte erhärtet (I., S. 5 ff.). Thomas selbst liefert keinen so allgemeinen Beweis. Aber er verweist auf Ein allgemeines Concil, welches deutlich in seinem Verlaufe zeige, daß dem Papste alle diese Rechte dem Concil gegenüber zustehen. Quae omnia, sagt er, patent ex synodo Chalcedonensi (Op. de potentia l. c).

Das 4. allgemeine Concil liefert wirklich diesen Beweis. Was zuerst das Recht der Berufung betrifft, so ist uns „der Antheil des Papstes an der Berufung des Concils von Chalcedon durch erhaltene Actenstücke besonders klar verbürgt"³). Τοῦ αὐθεντοῦντος, Te auctore — schrieb Kaiser Marcian an Papst Leo den Grossen (ep. 73.) — soll die Synode berufen werden. Der Papst, der auch dießmal wie unter Kaiser Theodosius (ep. 37.) eine allgemeine Synode nicht für nothwendig erachtete, gab wieder nach, um dem Kaiser nicht entgegen zu treten und schrieb an ihn (ep. 84. al. 69), er habe bereits an seine Mitbischöfe geschrieben und ein allgemeines Concilium angesagt (concilium generale indiximus). Das Chalcedonensische Concil gab selbst nicht zu, daß Dioscur unter den Bischöfen sitze, quia synodum ausus est facere sine auctoritate Sedis Apostolicae, quod nunquam licuit, nunquam factum est⁴) (act. 2.). Ganz entsprechend schrieben nach dem Concil die Bischöfe Mösiens an Kaiser Leo: auf Leo's Befehl seien zu Chalcedon viele Bischöfe zusammengekommen, er sei das Haupt der Bischöfe⁵).

---

¹) Hefele a. a. O. II. S. 618.
²) S. theol. 1. q. 36. a. 2. ad 2.; S. c. Gentes IV. c. 25.
³) Hefele a. a. O. S. 10. 11.
⁴) Zum Wenigsten liegt darin, daß den päpstlichen Legaten auf jedem Concil der Vorsitz zu lassen sei. Cf. Ballerini, Leonis Opp. II. p. 460. not. 15. Es wäre übrigens zu beweisen, daß δίχα ἐντροπῆς διὰ τοῦ ἀποστολικοῦ θρόνου, als allgemeiner Grund angeführt, nicht mehr bedeute. Siehe Hefele a. a. O. II. 405.
⁵) Per jussionem Leonis etc. Harduin II. 710.

Auch hinsichtlich des päpstlichen Bestätigungsrechtes läßt das 4. Concil keinen Zweifel. „Es ist unleugbar, daß die allgemeine Synode zu Chalcedon ihre Acten dem Papste Leo zur Bestätigung schickte"[1]). Bekannt ist, was der Patriarch Anatolius mit der Bitte um Bestätigung an Leo schrieb: Gestorum vis omnis et confirmatio auctoritati vestrae beatitudinis .. reservata[2]). Der Papst bestätigte hierauf die Glaubensbestimmungen. Weil er nicht Alles bestätigte, hielten die Eutychianer gleich die ganze Synode für ungiltig. Da schreibt der Kaiser neuerdings an den Papst: er möge doch ein Bestätigungsschreiben senden, damit aller Welt klar und offenbar werde, daß er die Verhandlungen der Synode bestätiget habe[3]). Darauf kam der Brief Leo's an die Väter (ep. 117), der allen Zweifel Jenen nehmen sollte, welche die Synodalbeschlüsse ohne des Papstes Bestätigung für ungiltig hielten.

Man muß gestehen: die 4. Synode beweist wirklich deutlich das dem Papst zustehende Recht, allgemeine Concilien zu berufen und zu bestätigen[4]). Aber Thomas spricht an der citirten Stelle (Op de Potentia) dem Papst auch das Recht zu, Appellationen vom Concil an ihn anzunehmen. Etiam ad ipsum a synodo appellatur, sagt er, und citirt auch hiefür das Chalcedonense. Von Particularsynoden haben die Päpste seit den ältesten Zeiten Appellationen angenommen. (Canones von Sardica 3. 4. 7.); aber auch von allgemeinen? Selbstverständlich kann Thomas nur ein seiner Berufung nach allgemeines, vom Papst noch nicht bestätigtes Concil meinen. Nach der päpstlichen Bestätigung nochmal an den Papst appelliren ist einfach unmöglich. Auf dem Chalcedonense nun begegnet uns wirklich eine von einem allgemeinen Concil an den Papst eingelegte, und von diesem angenommene Appellation. Der gelehrte Theodoret von Cyrus war

---

[1]) Hefele a. a. O. II. 425.
[2]) Ballerini, Leonis Opp. I. p. 1203.
[3]) Ep. 110. Ob eam rem tua pietas literas mittere dignabitur, *per quas omnibus ecclesiis et populis manifestum fiat, in sancta synodo peracta a tua beatitudine rata haberi.* Ein stärkeres Zeugniß für das päpstliche Bestätigungsrecht gibt es kaum. Vgl. Denzinger, Kritik der Vorlesungen von Heinrich Thiersch I. 151 ff.
[4]) An einer Stelle (S. theol. 1. q. 36. a. 2. ad 2.) verweist Thomas auch auf die Einstellung des filioque in's Symbolum, welche auf einem abendländischen Concil geschehen und vom Papst bestätigt worden sei. Die Sache ist richtig, man mag an die Synode von Aachen a. 809 und ihre Bitte an Leo III. (schlug die Bitte ab wegen Inopportunitätsgründen) oder an die Gewährung der Bitte des hl. Heinrich durch Benedict VIII. denken. Siehe Denzinger, Enchiridion. Ed. altera n. 48.

auf der gewaltthätigen Synode von Ephesus (449) wegen „Dyophysitismus" excommunicirt und abgesetzt worden. Er appellirte in einem höchst merkwürdigen Schreiben an Leo (ep. 97.), an das rechte und gerechte Tribunal des Papstes mit der Bitte, er möge sich kraft des auf vielen Titeln beruhenden Principats des hl. Stuhles über alle Kirchen auf der ganzen Erde — seiner und der orientalischen Kirche annehmen. Leo — nahm den Theodoret wieder in die Kirchengemeinschaft auf und setzte ihn in sein Bisthum ein. Deßhalb unterlag seine Einführung in's Concil von Chalcedon keiner Beanstandung, einiges Geschrei seitens der Aegypter abgerechnet [1]).

Die Synode zu Ephesus a. 449 war nun aber ein vom Kaiser als allgemeines ausgeschriebenes, vom Papst mit Legaten beschicktes Concil. Thomas selbst deutet dieß an, wenn er irgendwo die Synode von 431 die „erste" Ephesinische nennt [2]).

Also konnte Thomas auch bezüglich der Appellationen vom Concilium (schlechtweg!) an den Papst auf das Chalcedonense verweisen, in welchem jene Appellation ohne Weiteres anerkannt ward.

Die Appellation ist übrigens ihrem Wesen nach eine Seite des Bestätigungsrechtes. Von Beschlüssen einer allgemeinen Synode, welchen der Papst seine Bestätigung verweigert, kann jederzeit an den Papst appellirt werden. Hiefür aber bot die Geschichte des can. 28. Chalcedon. ein eclatantes Beispiel. Auch deßhalb ist der Hinweis auf das 4. allgemeine Concil berechtigt.

7. Eine ganz spezielle Bemerkung aus der Kirchengeschichte reiht Thomas an diesen Hinweis auf's 4. Concil. Allgemeine Concilien, sagt er an derselben Stelle [3]), sind nicht immer nothwendig, weil oft z. B. wegen Krieg gar nicht möglich. Ein Beispiel in der Geschichte

---

[1]) Hefele a. a. O. II. S. 406.
[2]) Cf. S. theol. 2. 2. q. 1. a. 10. obj. 2. In der Ausgabe des Nicolajus ist, wie Migne bemerkt, das Wort primae weggelassen, weil die 2. Versammlung zu Ephesus kein concilium, sondern ein latrocinium gewesen. Wir glauben mit Unrecht. Die Art und Weise, so zu zählen, ist ganz natürlich. Vgl. Döllinger in seiner Erklärung (28. März 1871 S. 10): Mir ist in der ganzen Geschichte der Kirche „unter den als allgemein berufenen Concilien" nur Eines bekannt, auf welchem die Machthabenden gleichwie auf dem jüngsten jede gründliche Erörterung der Tradition verhindert haben, und das ist das „zweite von Ephesus" vom Jahre 449.
[3]) Op de potentia l. c.: Nec est necessarium, quod ad ejus (sc. symboli) expositionem faciendam universale papa concilium congregaret, cum quandoque id prohibebant (prohibeant) bellorum dissidia; sicut in synodo VII. (?) legitur, quod Constantinus Augustus dixit, quod propter imminentia bella *universaliter* episcopos congregare non potuit.

beweist das. Kaiser Constantin hat nach den Acten der 7. allgemeinen Synode gesagt: er habe die Bischöfe wegen Kriegsgefahr nicht zu einem allgemeinen (universaliter) Concil versammeln können.

Thomas meint hier Constantin IV. Pogonatus, nicht etwa Constantin VI. Porphyrogenitus, der zur Zeit des 7. von seiner Mutter betriebenen Concils noch minderjährig war. Das beweisen die gleichfolgenden Worte über Papst Agatho's Erklärung. Ist also die Bezeichnung des Concils als des 7. (statt 6.) ein Irrthum?

Möglich, und dann leicht erklärlich[1]); aber nicht nothwendig. Denn Thomas sagt ja, „nach den Acten des 7. Concils" habe der Kaiser (sc. auf dem 6.) jene Worte geäußert. Wie dem auch sei: die Acten beider Synoden rechtfertigen Thomas.

In dem höflichen Schreiben, welches der orthodoxe Kaiser Constantin, seit 668 auf dem Thron, in der monotheletischen Frage an Domnus oder Domus, den οἰκουμενικὸς πάπας, richtete, setzt er auseinander: Sein Wunsch, die Einigung zu Stande zu bringen durch eine katholische Zusammenkunft beider θρόνοι (von Rom und Constantinopel) sei durch die Zeitereignisse bisher vereitelt worden; — er stand mit dem Chalifen Muavia und mit dem Avarenkönig im Krieg; seit 678 war Friede mit beiden! — und doch sei die Einigung um so wünschenswerther, je unbedeutender, wie er höre, die Differenzpuncte seien; auch jetzt sei keine Zeit zur Abhaltung einer allgemeinen Synode; darum möge der Papst wenigstens gutunterrichtete und mit allen nothwendigen Vollmachten ausgestattete Deputirte schicken[2]). — Papst Agatho, Nachfolger des inzwischen gestorbenen Papstes Domus, willfahrte seiner Bitte. Die Synode begann, und nannte sich, obwohl in der letzten Sitzung nur 174, und in der ersten gar nur 43 Bischöfe, Stellvertreter und Aebte zugegen waren, bereits in der ersten Sitzung öcumenisch.

Den wahren Grund hiefür erfahren wir auf der 7. Synode[3]). Daselbst entschuldigen sich die drei morgenländischen Patriarchen, oder eigentlich, weil an diese die Einladung zum Concil gar nicht gelangen konnte, angesehene Mönche entschuldigen dieselben, daß sie nicht nach Constantinopel kommen konnten. Sie hätten schon auf der

---

[1]) Ist aber auf keinen Fall durch falsche Zählung bei Thomas in den Text gekommen; denn im selben Artikel citirt er das V. Concil richtig als das V.

[2]) Mansi t. XI. p. 195. Hefele a. a. O. III. S. 225. 26. 27.

[3]) Aus ihren Acten könnte Thomas die Notiz möglicherweise, wie schon gesagt, geschöpft haben.

6. Synode aus gleichem Grund (Occupation der Patriarchate durch die Saracenen) gefehlt: und doch habe dieß dem Ansehen derselben nichts geschadet, zumal da der Papst von Rom beistimmte und durch Apokrisiarier anwesend war[1]).

Die Conciliengeschichte stimmt also vollkommen mit Thomas im Betreff der angeführten speziellen Bemerkung. Das Gleiche gilt von den unmittelbar folgenden Worten unserer Stelle.

8. Obwohl, fährt Thomas fort, der Kaiser Constantin nicht alle — wie wir sahen nicht den 3. Theil der — Bischöfe zum Concil zusammenbringen konnte, haben doch die anwesenden Väter einige aufgeworfene Glaubensfragen entschieden, folgend der Sentenz des Papstes Agatho (nämlich: in Christus zwei Willen und zwei Wirkungsweisen); ähnlich sind die Väter des Concils von Chalcedon gefolgt der Sentenz des Papstes Leo, der entschied, Christus sei in zwei Naturen nach der Menschwerdung[2]).

Betrachten wir genau die Fassung dieser Bemerkung; sie gibt uns, so kurz sie ist, klar des hl. Thomas Anschauung und enthält zugleich gewichtige Gründe.

Die Bemerkung über das 6. Concil ist vorausgestellt, im Anschluß an die Notiz, daß auf demselben so wenig Bischöfe erscheinen konnten: und trotzdem haben sie ein Glaubensdecret aufgestellt. Papst Agatho hat vorher schon die Sentenz gefällt; ihr sind die Väter gefolgt, indem sie den Monotheletismus verurtheilten.

Noch klarer die Notiz über das 4. Concil. Die Anzahl der versammelten Bischöfe — zu Chalcedon ungewöhnlich groß, 600 — kommt hier nicht in Betracht; desto mehr wird ihr Verhalten zur päpstlichen Epistel betont. Auch Papst Leo hat vorher eine Sentenz gefällt, die Concilsväter folgten dieser Sentenz; so hat Papst Leo die Ent=

---

[1]) Mansi XII. p. 1124. Hefele a. a. O. S. 425—27. Vgl. das gleichfalls auf der 7. Synode von den Griechen abgegebene Geständniß, daß ohne die Römer kein Synodalbeschluß Rechtskraft habe. Niceph. Cstpl. pro s. imag. c. 25. ed. Migne t. 100. p. 597.

[2]) Op. de potentia l. c. Wir wiederholen hier den Text: Tamen *illi qui convenerant* quaedam dubia in fide exorta *sequentes sententiam Agathonis papae determinaverunt*, scilicet quod in Christo duae voluntates etc...; et similiter patres in Chalcedonensi synodo congregati *secuti sunt sententiam Leonis papae qui determinavit*, Christum esse in duabus naturis post incarnationem. Man erinnere sich, daß Thomas im ganzen Artikel von der Berechtigung des Papstes spricht, auch ohne allgemeines Concil das filioque in's Symbolum aufzunehmen.

scheidung getroffen (determinavit). Die Steigerung des Gedankens durch den Wechsel des Subjects zu determinare ist offenbar. Wir haben einfach zu sehen, ob die Geschichte beider Concilien diese Darstellung rechtfertigt.

Stellen wir, wie Thomas, das 6. Concil voraus. Die Geschichte sagt uns vor Allem, daß Papst Agatho wirklich die Sentenz über den streitigen Punct, vor dem Concil schon, gefällt habe. Des Papstes Schreiben, welches seine Deputirten nach Constantinopel mitbekamen, enthält den Beweis. Der Papst sagt darin: Seine Deputirten seien zwar keine grossen Gelehrten, aber sie hätten den wahren Glauben der römischen Kirche, auch die nöthigen Vollmachten. Damit aber der Kaiser im Voraus wisse, welches der Glaube der römischen Kirche sei, wolle der Papst denselben auseinander setzen. — Er thut dieß dann in Form eines Symbolums: Am Ende desselben ist die Lehre von zwei Willen und zwei Wirkungsweisen ausgesprochen. — Diesen Glauben habe die apostolische Kirche festgehalten; sie sei niemals von der Wahrheit abgeirrt; denn Christus habe gesagt: Petre, Petre, ego rogavi pro te etc. Gemäß dem Befehle des Herrn an Petrus: Stärke deine Brüder, hätten auch die früheren Päpste immer gemahnt, hätten gegenüber den häretischen Versuchen der Bischöfe von Constantinopel niemals unterlassen, zu warnen und zu beschwören, daß sie vom Irrthum abstehen, wenigstens schweigen sollten [1]).

Nicht anders das zweite Begleitschreiben, welches die Deputirten mitbekamen, und das die römische Synode unterschrieb, an der Spitze Papst Agatho [2]). Gegen Ende des Schreibens heißt es: Der Kaiser möge dahin wirken, daß der wahre Glaube, welchen die römische Kirche bewahrt habe, allherrschend werde. **Wer von den Bischöfen diesen Glauben anerkenne, soll als Bruder anerkannt werden; wer sich dagegen weigert, ist als Feind des katholischen Glaubens zu verurtheilen.**

Darnach also war die Frage keine Frage mehr. Das Urtheil war bereits gefällt; nicht durch Abstimmung auf dem Concil sollte es

---

[1]) Mansi XI. p. 242. Hefele a. a. O. III. 230 ff.

[2]) Mansi XI. p. 286 sqq. Hefele a. a. O. S. 234. Agatho hatte im ganzen Abendland Kundgebungen des Glaubens veranlaßt, nicht um den wahren Glauben zu erfahren, sondern um den Beschlüssen des bevorstehenden Concils vollständig den Weg zu bahnen. (Hefele a. a. O. S. 227 f.) — Auf der römischen Synode erschienen 125 Bischöfe. Das Synodalschreiben enthält ähnliche Gedanken, wie das des Papstes.

erst gewonnen, sondern durch Ausschluß aus der Kirche an den Gegnern geltend gemacht werden.

Demgemäß war auch das Verhalten der Väter auf dem Concil: sie betrachteten die Sache bereits als entschieden und sind wirklich der Sentenz des Papstes gefolgt. So gab im Lauf des Conciliums Theodor von Melitene mit seinen Genossen eine Glaubens-Erklärung ab, in Form einer „Zustimmung zu der von Agatho übersandten Lehrschrift" (Hefele S. 249); so hieß es in dem auf der 18. Sitzung zu Stande gekommenen Glaubensdecret: Gläubig ($\pi\iota\sigma\tau\tilde{\omega}\varsigma$) hätten die Concilsväter die Schreiben des Papstes und seines Concils aufgenommen. Dasselbe wird im $\lambda\acute{o}\gamma o\varsigma$ $\pi\varrho o\varsigma\varphi\omega\nu\eta\tau\iota\varkappa\acute{o}\varsigma$ betont und schließlich gesagt: Mit uns kämpfte der Apostelfürst, denn sein Nachfolger und Nachahmer ist unser Gönner und erklärte uns brieflich das Geheimniß der Theologie. — Noch deutlicher aber sprachen die Väter in ihrem Schreiben an den Papst mit der Bitte um Bestätigung der Beschlüsse. Ihm, erklären sie da, als dem $\pi\varrho\omega\tau\acute{o}\vartheta\varrho o\nu o\varsigma$ überlasse die Synode, was zu thun, ihm, der da stehe auf dem festen Felsen des Glaubens. Gemäß der vorher vom Papste abgegebenen Sentenz habe die Synode den Thurm der Häretiker zerstört.

Das Synodalschreiben trifft den Papst Agatho nicht mehr am Leben (gest. 10. Jänner 682). Die Bitte um Bestätigung wird an den neuen Papst gerichtet. Aber noch nach dem Tode Agatho's wird seine Entscheidung gepriesen. Die Synode, schreibt der Kaiser, sei dem Lehrschreiben, der orthodoxen Lehre des Papstes Agatho beigetreten[1]). Und Papst Leo erwiedert in seiner Bestätigung: Er habe die Beschlüsse geprüft, und sie übereinstimmend gefunden „mit den Glaubenserklärungen seines Vorgängers Agatho und der römischen Synode und darum bestätige er sie." (Hefele a. a. O. S. 263).

Ganz entsprechend diesen Zeugnissen hat demnach Thomas gesagt: die Väter des 6. Concils seien bei Verwerfung des Monotheletismus der Sentenz des Papstes Agatho gefolgt[2]).

---

[1]) Cf. Mansi XI. p. 631 seqq., p. 658 seqq., p. 683 seqq.: Orthodoxae fidei splendidam lucem vobiscum clare praedicavimus, quam ut iterum per honorabilia vestra rescripta confirmetis, vestram oramus paternitatem... Itaque tibi, ut primae sedis antistiti, universalis ecclesiae capiti, quid agendum, relinquimus, stanti supra firmam petram, acquiescentes verae confessionis literis, *per quas* a summo apostolorum vertice divinitus perscriptas exortam nuper multiplicis erroris haereticam sectam depulimus. — Mansi XI. p. 719. Dazu Hefele III. 258; 259, 60.

[2]) Hefele selbst über das 6. allgemeine Concil (III. S. 230 Anm. 2): Einen gewissen Anhaltspunkt für die Ansicht, der Papst Agatho habe mit seinem Brief dem

Jetzt zum 4. Concil. Von diesem sagt Thomas noch deutlicher: die dort versammelten Väter seien gefolgt der Sentenz des Papstes Leo; dieser aber habe entschieden, es seien in Christus zwei Naturen.

Fragen wir die Geschichte dieses Concils. Wie Eutyches auf den Rath des hl. Petrus Chrysologus, hatte auch Patriarch Flavian von Constantinopel an Papst Leo in Rom geschrieben. Ein Brief von ihm, bemerkte der Patriarch, werde ganz leicht die aufgekommene Häresie beseitigen (ep. inter Leon. 26. ed. Ballerini). Ein allgemeines Concil, wie es die monophysitische Partei fordere, sei durchaus nicht nothwendig. Darauf schrieb Papst Leo seine berühmte Epistel an Flavian (ed. Ball. ep. 28.). Wegen ihrer Klarheit und Bestimmtheit über die Lehre von der hypostatischen Union läßt sie bekanntlich selbst Janus (S. 76) als die erste dogmatische Urkunde eines Papstes gelten. Aber sie ist mehr als das. Sie war eine Norm des Glaubens, enthielt die entscheidende Sentenz nach der Absicht des Papstes und nach dem Verhalten der Bischöfe.

Als nämlich viele Bischöfe, welche zu Ephesus unterzeichnet hatten, um Wiederaufnahme in die Gemeinschaft des römischen Stuhles baten, hielt Leo auch jetzt wieder, wie schon früher, eine allgemeine Synode für unnöthig; die Unterzeichnung seines Schreibens genüge. Dasselbe wurde dann in der That schon vor der Synode von den Bischöfen des Orients und Occidents unterzeichnet, nicht zur Bestätigung desselben, sondern zur Verhinderung weiterer Ausbreitung der Häresie[1]).

Und als die Synode in Chalcedon unter Leo's Zustimmung und Mitwirkung zu Stande kam, wie verhielt sie sich zur Epistel des Papstes?

Als in der 2. Sitzung von Einigen das Verlangen nach einer Glaubensformel ausgesprochen wurde, ward sogleich von allen Seiten gerufen: es genüge die von Leo in seinem Schreiben an Flavian gegebene Glaubensformel (act. 2.). Eine dennoch vorgenommene Vergleichung der Epistel Leo's mit andern Glaubenssymbolen hatte nicht den Zweck einer Prüfung, sondern einer Belehrung der illyrischen

---

6. allgemeinen Concil vorgeschrieben, was es zu thun habe, bieten allerdings einige Ausdrücke in dem Glaubensdecret der Synode, in dem λόγος an den Kaiser, in dem Synodalschreiben an Agatho, in dem Brief des Kaisers an Leo II., und in der Antwort des Letzteren.

[1]) Hefele II. S. 374. 378 ff. 385. 388. Anti=Janus S. 83.

und paläſtinenſiſchen Biſchöfe. Nach Verleſung des Schreibens von Leo rief die Synode: Anathema ei, qui non ita credit. — Petrus per Leonem locutus est. — In der 4. Sitzung hieß es: Wer nicht dem Schreiben des Papſtes Leo beitritt, iſt ein Häretiker (act. 4.).

Will man aber darin nur eine Zuſtimmung zur wahren Lehre erblicken, welche Leo's Epiſtel thatſächlich enthielt, dann beachte man die Vorgänge in der wichtigſten 5. Sitzung. In dieſer Sitzung wurde der Glaube fixirt. Lange ward da hin= und hergeſtritten über eine Tags vorher bei Anatolius entworfene Clubformel. Da führten die kaiſerlichen Commiſſäre ein Ende des Streites herbei, indem ſie ein= fach fragten: Wem wollt ihr nun folgen? Dem heiligſten Leo oder dem Dioscur?[1])

Sind auch die Acten über dieſen Vorgang lückenhaft; ſoviel iſt klar: vor der Auctorität des Papſtes Leo beugten ſich ſchließlich die Streitenden ſelbſt hinſichtlich der Wahl des entſprechenden Ausdruckes.

Der Glaubenserklärung in der 5. Sitzung folgte wahrſcheinlichſt die Allocution der Biſchöfe an den Kaiſer[2]). Auch Hefele erblikt darin einen Panegyricus auf die Epiſtel Leo's. Die Lobſprüche auf dieſelbe ſind zudem — von der Synode an den Kaiſer gerichtet[3]). — Ferner wird auch noch nach der Fixirung des Glaubens die Glaubenserklärung des Concils kurzweg „Epiſtel Leo's" genannt, ſie, wird betont, ſei nicht gegen die Canones, welche Aenderungen am Symbolum ver= bieten. — Bekannt ſind die Worte, welche ſich in dem bereits erwähn= ten Synodalſchreiben an den Papſt neben der Bitte um Beſtätigung finden: Der Papſt habe ſie, erklären die Väter, regiert wie das Haupt die Glieder[4]). Und um auch ein Zeugniß aus den Kundgebungen nach der Verbreitung der Concilsbeſchlüſſe hervorzuheben, ſo ſagen die Biſchöfe der Mailändiſchen Provinz in ihrer Antwort an Leo: ſie hätten den Irrthum des Eutyches verdammt, nachdem ſeine Sen= tenz vorausgegangen, und folgend der Lehrform ſeiner Epiſtel[5]).

Damit ſchließen wir unſern Nachweis. Die Conciliengeſchichte rechtfertigt die Worte Thomas' über das Verhältniß, in welches ſich

---

[1]) Hefele II. S. 448.
[2]) Hefele II. S. 455. 56.
[3]) Daß die Allocution dieſer Lobſprüche halber und wegen des zierlichen Lateins von den Legaten verfaßt ſein müſſe, iſt keineswegs evident. Uebrigens bleibt ſie auch dann — eine Allocution der Synode an den Kaiſer.
[4]) Harduin II. 655: οὐ μὲν ὡς κεφαλὴ μελῶν ἡγεμόνευες.
[5]) Ep. Leon. 97.; auctoritatis vestrae praecedente sententia et literarum vestrarum formam secuti.

die Bischöfe des 4. und 6. Concils zu den vorausgegangenen Glaubenserklärungen der Päpste Leo und Agatho gesetzt haben¹). In dieser
Rechtfertigung liegt zugleich der Beweis, daß Thomas die Acten der
Concilien, speciell des 4. und 6. Concils, genau angesehen habe.
Andere Citate in seinen Werken bestätigen dieß. So wird allein in
unserm Artikel (Op. de potentia) das Ephesinum (s. VI. Verbot eines
andern Symbolums), das Chalcedonense (s. V. Begründung neuer
Glaubensformeln über den Wortlaut des Nicänums hinaus), die auf
dem 4. Concil synodaliter verlesenen Briefe des Cyrill an Nestorius
und die Orientalen, endlich eine Stelle aus der 3. Sitzung des 5. allgemeinen Concils richtig citirt und correct angeführt²).

Soviel über die einzelnen Beweismittel, welche für das päpstliche
Lehramt von Thomas beigebracht werden. Erinnern wir uns, daß
sich Thomas für diese seine Lehre nach Döllinger und Janus
„durchweg nur auf Fälschungen und nie auf echte Stellen der
Väter oder Concilien beruft".

VI. Die Beweise des heiligen Thomas.

Wir haben bisher nur die einzelnen Beweis=Mittel, gleichsam
die Bausteine im Auge gehabt, welche Thomas bei Begründung der
päpstlichen Unfehlbarkeit verwendet. Wo dieses Zeugnisse oder Thatsachen aus der Tradition waren, haben wir ihre Aechtheit untersucht
und ihre Wahrheit geprüft. Es stellte sich heraus: Selbst wenn das
von den Gegnern besonders incriminirte Büchlein gegen die Griechen
lauter Fälschungen enthielte, könnte ohne Lüge nicht behauptet werden:
daß Thomas sich nur auf solche Fälschungen berufen habe.

Jetzt ist es Zeit, die Argumente selbst zu betrachten, die Thomas
mittelst des geprüften Materials aufbaut. Es sind deren drei.

1. Das erste fußt auf der Idee des Primates. Weil im
Papste als dem Inhaber des vom Herrn in Petrus eingesetzen Pri=

---

¹) Möge darnach der Verfasser der Observationes seine Ansicht berichtigen: Thomas
sei beßhalb nicht so weit gegangen, als die fingirten Texte ihn lockten, weil kein Papst
es jemals versucht habe, ein Symbolum der Kirche vorzuschreiben allein mit päpstlicher
Auctorität. (S. 75.) Thomas hat die Glaubenserklärungen der Päpste Leo und Agatho
ganz gewiß als Normen aufgefaßt, welche mit Verpflichtung der ganzen Kirche gegeben
worden.

²) Vgl. Hefele II. S. 846. (Summarische Berufung auf die grossen Kirchenväter.)

mates die Auctorität der Kirche principaliter residirt, steht ihm auch
bei Glaubensentscheidungen ein wahres Vorrecht zu. Dieses Vorrecht
macht es ihm möglich, ein irreformables, Widerspruch von irgend einem
Mitglied der Kirche nicht erfahrendes, darum unfehlbares Urtheil in
Glaubenssachen zu fällen.

Dieses Argument instruirt der hl. Thomas, wie wir gesehen, in
der theologischen Summe (2. 2. q. 11. a. 2. ad 3.). Der ist ein
formeller Häretiker, betont dort Thomas, welcher sich einer lehramt=
lichen Entscheidung der Kirche, also auch, wer sich der amtlichen Ent=
scheidung des Papstes widersetzt: im Papst findet sich ja die Auctori=
tät der Kirche principaliter. In dem Worte principaliter liegt die
Spitze und Kraft des Beweises. Thomas faßt damit zusammen, was
nach ihm die Idee des Primates, der Inhalt der obersten Gewalt in
der Kirche ist[1]). Darnach ist der Papst das wahre und eigentliche
sichtbare Haupt, weil allein wahrer und eigentlicher Stellvertreter
des unsichtbaren Hauptes der Kirche; er ist der wirkliche Nachfolger
Petri, der von Christus dem Herrn zum Wohl der Kirche und darum
für die ganze Dauer der Kirche[2]) so grosse besondere Verheißungen
und Vollmachten empfangen, und ohne welchen die andern Apostel
keine Gewalt erhalten haben. Alle Gewalt, welche Christus seiner
Kirche hinterlassen, ist so im Papste, im Haupte der Kirche, daß kein
anderes Mitglied der Kirche etwas kann, was nicht das Haupt der
Kirche auch könnte, daß also auch alle Mitglieder zusammen, auch
der nach göttlichem Rechte bestehende Episcopat, weil immer, auch bei
einer Versammlung, dem Papste unterworfen, nichts können, was der
Papst als das membrum principale nicht kann. Insofern ruht die
Gewalt der Kirche — aber deßhalb keine Allgewalt oder Allmacht
oder Schöpferkraft — principaliter im Papste (Vollgewalt). Die
Gewalt der Kirche ist aber auch Lehrgewalt. Ohne Befugniß, an der
Offenbarung Gottes in Christo etwas zu ändern, etwas Substantielles
beizufügen, „neue Glaubensartikel zu machen", hat die Kirche doch
Gewalt und Auftrag, durch den vor Irrthum bewahrenden Beistand
des hl. Geistes unfehlbar, die *veritas fidei* zu verkünden, zu inter=
pretiren, und durch neue Worte die alte Wahrheit zu formuliren

---

[1]) Siehe Nro. II. unserer Abhandlung.
[2]) Döllinger, Christenthum und Kirche. S. 31. n. 55: Da das Gebäude der
Kirche ein für alle Zeiten bleibendes sein soll, so ging dieser Vorzug des Petrus, kraft
dessen mit ihm als dem Fundamente Alles in der Kirche zusammenhängen muß, noth=
wendig auf Andere nach ihm durch Vererbung über.

gegenüber den Neuerungen der Häretiker. Also — schließt Thomas stillschweigend — ruht auch die unfehlbare kirchliche Lehrgewalt im Papste principaliter. Das jurisdictionelle Vorrecht, welches der Papst überhaupt hat, hat er auch, muß er ganz besonders haben bei Entscheidung von Glaubensfragen.

Was Thomas in solcher Weise aus der Idee des Primates folgert, bestätigt ihm auch die Tradition. Eine ächte Stelle des Papstes Innocenz I., das Beispiel und Verhalten der hl. Lehrer wie Augustin, eine angeblich dem Hieronymus, in der That seinem Zeitgenossen Pelagius gehörige Erklärung, lauter Zeugnisse aus den wichtigen ersten Decennien des 5. Jahrhunderts, sprechen laut dafür, daß damals des Papstes Entscheid den Streit beendigte, daß damals Approbation oder Verwerfung einer Lehre durch den Papst ein Allen giltiges Kriterium war für deren Katholicität oder für's Gegentheil.

Was ist zu halten von diesem Argument des Thomas? Uns scheint: Wer die Idee des Primates, den der Herr selbst in seiner Kirche einzusetzen und durch besondere Verheißungen und Auszeichnungen zu begründen für wichtig genug hielt, wer die Idee dieses Primates festhält: der wird dem Argument des heiligen Lehrers die Berechtigung auch heute nicht absprechen können. Mußten ja selbst die Gallicaner und Febronianer, genöthigt durch die Thatsachen der Tradition, eingestehen, daß der Papst auch im kirchlichen Lehramt irgend welches Vorrecht habe. Was soll aber das für ein Vorrecht sein? Wenn es nicht das Recht bedeutet zu irreformablen lehramtlichen Entscheidungen, dann sinkt es entweder herab zu einer blossen Präsidentschaft, welche das Geschäftliche besorgt und leitet, die auf dem Concil gefaßten Beschlüsse publicirt —, oder man verfällt auf die dem Begriff des Glaubens widersprechenden, alle kirchliche Ordnung auflösenden provisorischen Glaubensentscheidungen, gegen welche Alle reclamiren sollten, und Keiner reclamiren darf[1]).

---

[1]) Lehrreich ist das Schwanken und Suchen, welches wir in Folge dessen schon bei Gerson beobachten. Er spricht dem Papste die Unfehlbarkeit der Entscheidung ab; eine auctoritative Entscheidung von ihm (determinatio judicialis) verbinde nicht zum Glauben; wohl aber zum Schweigen sub censura, wenn nicht die Entscheidung offenbar gegen Schrift und Tradition ist, — bis ein Concil eine beruhigende Entscheidung über einen solchen in Frage stehenden Satz gebe. — Bis aber eine solche Entscheidung erfolgt — bemerkt Schwab — könnten unter dem Zusammenwirken äußerer Verhältnisse die größten Erschütterungen des kirchlichen Lebens vor sich gegangen sein. Bietet also der Primat für solche Fälle keine sichere Bürgschaft der Wahrheit seiner Entscheidungen und damit der Erhaltung der Einheit, und ruht seine Bedeutung für die Kirche doch

Wie entspricht aber das der Absicht des Heilandes, der die Entstehung des Primates nicht dem Zufall oder einem allmälig sich geltend machenden Bedürfniß überließ, sondern den Primat in den Plan seiner Kirche von Anfang an mitaufnahm? Und wie entspricht das der Idee des Primates, wie sie selbst ein durchaus unverdächtiger „Theolog der Neuzeit" unwillkürlich umschreiben mußte?

Der Primat, sagt derselbe, der Primat, dessen Seele der hl. Geist, ist die auf unmittelbar göttlicher Begabung und Wahl beruhende Befähigung eines einzelnen Bestandtheiles der ganzen Kirche zur Bewahrung der ihr wesentlichen Einheit. Er nimmt zwar, weil selbst ein Glied der Kirche, die Stelle des Vorstandes einer bestimmten Kirche ein. Aber dadurch unterscheidet er sich von allen übrigen particularen Hirten, daß er als einheitlicher Vermittler des Lebens, das alle Glieder beseelt, zugleich auf alle diese einen Einfluß und eine Macht ausübt, welche denselben weder einzeln noch zusammen zukommt, indem die Trennung von jenem Einheits= und Mittel= Punct des Lebens zugleich die Trennung von dem Leben selber ist[1]).

2. Das zweite Argument bei Thomas basirt auf der **Aufgabe des Primates**, die Einheit in der Kirche zu erhalten, ganz vorzüglich die Einheit im Glauben. — Er trägt dasselbe, wie wir wissen, in der S. contra gentes (IV. c. 76) vor. Dort hörten wir ihn sagen: In der Kirche, welche Christus gestiftet hat, muß Einheit sein, ganz vorzüglich Einheit im Glauben. Die Einheit im Glauben ist ja der wichtigste Theil der Einheit der Kirche überhaupt. In Bezug auf Glaubenssachen tauchen aber leicht Zweifel und Fragen auf. Lauten die Sentenzen darüber, setzt Thomas stillschweigend voraus, einstimmig, dann sind die Fragen leicht gelöst, die Sache ist bald entschieden. Wie aber, wenn die Stimmen sich theilen? Wenn die Bischöfe in zwei oder mehrere verschiedene, entgegengesetzte Parteien auseinandergehen? Je größer die Zahl der Opponenten, desto größer wird die Gefahr des Irrthums, die Gefahr, daß das unfehlbare Lehramt der Kirche zerstört, nicht zu finden, zweifelhaft erscheine. So „würde durch

---

wesentlich in der Erhaltung der Einheit, so wird seine ganze Stellung illusorisch. . . . Eine solche durch Zwang erwirkte Anerkennung einer provisorischen b. h. möglicherweise irrigen Entscheidung der kirchlichen Obern ist nun einmal nicht der rechte Weg zur Aufrechthaltung der kirchlichen Einheit. Vgl. Dr. Johannes Gerson von Schwab. Würzburg 1858. S. 669. 670.

[1]) Pichler a. a. O. Bd. II. S. 589.

Theilung der Stimmen die Kirche gespalten, würde sie nicht durch die Sentenz des Einen in der Einheit erhalten", hätte in solcher Lage nicht der Papst das Recht, die Befugniß und Befähigung, mit seiner Stimme, seiner Entscheidung den Ausschlag zu geben, den Streit zu beenden, die Sache abzuschließen (definire, finaliter determinare)[1]. Thomas führt sein Argument weiter, wenn er sagt: Christus hätte dann für seine Kirche, die er mit seinem Blute erkauft hat, nicht genügend, ja gerade in nothwendigen Dingen nicht gesorgt, während es doch von der Synagoge hieß: Was hätte ich meinem Weinberg noch thun können und habe es nicht gethan?

Die Kraft dieses Argumentes bei Thomas ist evident. Die gewiegtesten und ruhigsten Vertheidiger der päpstlichen Unfehlbarkeit haben darauf immer am meisten insistirt. So stellt Ballerini in seinem Tractat als Ausgangspunct für seine Deductionen den Satz Bossuet's hin: „Der Primat ist von Christus eingesetzt und mit der umfassendsten Gewalt und Auctorität vor allen Andern ausgestattet — zur Erhaltung der Einheit in der Kirche, ganz besonders der Einheit im Glauben"[2]. Also, folgert Ballerini weiter, muß auch die im Primat liegende Gewalt zu diesem Zweck hinreichend sein; sie reicht aber dazu nur hin, wenn sie zur Glaubenseinheit verpflichten, in Glaubenssachen innern Gehorsam für ihre Sentenz fordern kann; das kann sie nur, wenn jede Gefahr des Irrthums beseitigt, wenn ihre feierliche Entscheidung irreformabel, unfehlbar ist, ohne es erst durch Annahme, Zustimmung seitens der versammelten oder zerstreuten Bischöfe, oder gar auch der Bischöfe der Gegenpartei zu werden[3].

Vor der Wucht dieses Argumentes mußten sich auch nichts weniger als infallibilistisch gesinnte Theologen beugen. Im Falle, sagt ein solcher Theolog, daß die getheilten Ansichten die kirchliche Lehre oder Ordnung beeinträchtigen, weil sie das Zustandekommen eines Urtheils verhindern, ist ein wirkliches Bedürfniß da, daß die

---

[1] Vgl. Entwurf einer Antwort u. s. w. über das vaticanische Concil von einem Mitglied der Würzburger theologischen Facultät. Katholik. 1871. Februarheft S. 150.

[2] Bossuet, Defens. declarat. cleri gallic. lib. 10. al. 15. bei Ballerini, de vi ac ratione primatus. (Augsburg 1770) p. 236: Tu es Petrus etc. Quibus verbis Christus, qui suam maxime Unam volebat Ecclesiam, creavit magistratum amplissima prae caeteris potestate et majestate praeditum, qui omnes moveret ad Unitatem, maxime in Fide. Cf. Gerson, de potest. eccl. consid. 9. ib. p. 225.

[3] Ballerini, de potestate eccl. (Augsburg 1770). Appendix de Infallibilitate p. 249 seqq.

Mitglieder die göttliche Bürgschaft für sich haben, daß bei jenem Theile, dem der Papst sich anschließt, die Wahrheit und das Recht sei. Diese Bürgschaft ruht auf dem Gebete des Herrn für den Glauben des Petrus, welches der Glaube der Kirche ist[1]). — Freilich meint dieser Theolog: der Grund des Anschlusses an den Primat liege nicht in dem Glauben an die persönliche Unfehlbarkeit des einzelnen Inhabers desselben, sondern in dem Bewußtsein, daß die Kirche als der Leib Christi und die Braut des hl. Geistes stets eine lebendige Gemeinschaft bleiben muß, was sie nur durch den Zusammenhang mit dem göttlich gesetzten Einheitspuncte sei. Allein das ist die Wahrheit nur halb; löst deshalb gerade die letzten Fragen nicht; die Fragen nämlich: wie ist es möglich, daß Gott den Zusammenhang mit dem Primat der Kirche als Lebensbedingung gesetzt hat, wenn derselbe Gott nicht gesorgt hat, daß dieser Mittelpunct des kirchlichen Lebens jederzeit im Besitze der Wahrheit ist? wie soll der Anschluß an den Primat den Gläubigen die Gewißheit der Irrthumslosigkeit geben, wenn der persönliche Inhaber desselben selber, auch qua Pontifex dem Irrthum ausgesetzt und nicht sicher ist, ob er die Wahrheit habe? Diese Fragen hat Thomas nicht umgangen, sondern gelöst. Die einzige Lösung ist: Der Heiland hat, weil er den steten Zusammenhang mit dem Primat wollte, eben diesen und zwar concret, weil sonst nutzlos, den jeweiligen Inhaber desselben in lehramtlichen Entscheidungen über Glaubenssachen vor Irrthum sicher gestellt. Ohne diese Lösung — geriethen selbst angesehene Theologen auf unhaltbare, ja lächerliche Anschauungen. So Tournely. Er gibt sich Mühe, die Thesis zu beweisen, daß die Mehrzahl der Bischöfe verbunden mit dem Papste niemals geirrt habe oder irren könne, wenn nur ganz wenige das Gegentheil vertreten (paucis admodum reluctantibus). Ueber den sehr relativen, wie es scheint, sehr eng gefaßten Begriff „pauci admodum" wird nichts Näheres angegeben. Daß diese aber im Irrthum sind gegenüber der multitudo episcoporum mit dem Papste, beweist er folgender Maßen: Die Einheit der Kirche liegt vornehmlich in der Einheit des Glaubens und in der Einheit mit dem apostolischen Stuhl; letzterer ist der Mittelpunct der katholischen Einheit; nun aber wird diese Einheit von der Minderzahl verletzt, weil sie einer gegebenen (!) dogma-

---

[1]) Pichler a. a. O. II. S. 593. Mit Recht hat schon P. Rupert Mittermüller in Metten dem seither tief gefallenen Theologen auf Grund dieses Arguments zugesetzt, und Pichler hat darauf an seine „Kritiker" durchaus nicht genügend geantwortet.

tischen Erklärung widerstreben, also[1]) — Aber, muß man fragen: welche Einheit wird denn von der Minderzahl verletzt? die im Glauben? Aber es ist eben fraglich, was Glaubenssache ist in einem bestimmten Puncte; daß die abgegebene Entscheidung der Majorität mit dem Papste bereits verbindlich sei, wäre für Tournely noch zu beweisen. Oder die Einheit mit dem apostolischen Stuhl? Aber diese aufzugeben, wären sie sogar verpflichtet, wenn der apostolische Stuhl, was nach Tournely nicht unmöglich, in der Person seines Inhabers irriger Ansicht wäre! Unklarheit im höchsten Grad stellt sich also von selbst bei den Läugnern der lehramtlichen Unfehlbarkeit des Papstes ein. Andere Fragen, noch schwieriger, stehen dabei noch ungelöst im Hintergrund. Wie, wenn die pauci admodum etwas mehr oder gar „viele" würden? wie, wenn der Papst sich zu diesen „Vielen" im Gegensatz zu den „etwas Mehreren" schlagen würde? wie, wenn die Entscheidung drängte wegen einer die Kirche damit und mit andern Lehren befehdenden Häresie? Was wir hier als Bedenken gegen einige Theologen und ihr System angeführt haben, sind ebensoviele Empfehlungen für das klare, kräftige, weil consequente Argument beim hl. Thomas.

3. Wir haben noch sein drittes Argument näher zu betrachten. Es gründet sich auf das Verhältniß, welches nach der Kirchengeschichte und dem Kirchenrechte zwischen dem Papste und dem allgemeinen Concil immer bestand und besteht. Es fand sich vorgetragen in dem Opus de Potentia (1. c.), woselbst auch die im vorigen Capitel eingehender geprüften Zeugnisse und Thatsachen untergebracht sind. Das Argument ist eine Conclusion aus den Thatsachen der Tradition und den Anschauungen des bestehenden Rechtes, hat aber Idee und Zweck des Primates zu seinem inneren Kerne. Es ist eine allgemeine Lehre der Theologen, daß dogmatische Decrete der Provincial-Synode, welchen an sich keine Unfehlbarkeit zukommt, als unfehlbare die Kirche verpflichtende Normen zu betrachten seien, wenn sie die „feierliche" Bestätigung durch den Papst erhalten haben[2]). Nicht die Zahl oder Gelehrsamkeit der auf denselben anwesenden Bischöfe, nicht die gelungene Form der Abfassung und Begründung, sondern erst die päpstliche Bestätigung gibt den Decreten diesen Character der Unfehlbarkeit in den Augen der Gläubigen. Dasselbe ist nun nach der Anschauung

---

[1]) Tournely, Casus theol. (Köln 1735) tract. de Ecclesia p. 96 seqq., p. 116 seq.

[2]) Vgl. Entwurf einer Antwort u. s. w. Katholik. 1871. Februar S. 150—51.

des hl. Thomas auch gegenüber einem allgemeinen Concilium und seinen Beschlüssen der Fall. Auch da ist es des Papstes lehramtliche Sentenz, welche den dogmatischen Beschlüssen in den Augen aller Katholiken den Character der Unfehlbarkeit verleiht, insoferne sie ihn nicht schon an sich, weil evident in Schrift und Tradition enthalten, haben.

Der hl. Thomas folgert dieses vor Allem

a) aus der auch für die Beschlüsse eines allgemeinen Conciliums absolut nothwendigen Bestätigung durch den Papst. Ist die päpstliche Bestätigung für den Conciliumsbeschluß noch ausständig, dann ist noch keine absolute Sicherheit für die Irrthumslosigkeit derselben gegeben. Wohl ist der Gesammt=Episcopat der kirchliche Lehrkörper, aber in Verbindung mit dem Papste. Hat ersterer sich einstimmig oder fast einstimmig für eine Sentenz erklärt, dann ist kein Zweifel, daß diese Sentenz der göttlichen Wahrheit entspreche, weil der hl. Geist in dem gesammten Lehrkörper, also in den Bischöfen, sich bethätigt, solange sie nicht im Widerspruch zum oder in der Trennung vom Papste feierlich beschließen. Aber unfehlbare Gewißheit haben wir darüber noch nicht. Es haben schon Concilien, auf welchen viele hundert Bischöfe beriethen nnd beschlossen, sich geirrt, wie z. B. das Concilium in Rimini. Hingegen ist die Zahl der Bischöfe, die entweder kommen konnten, oder wirklich kamen, auch nicht gar groß — Thomas weist auf einen solchen Fall hin, auf das 6. Concil! —, finden aber ihre Beschlüsse Bestätigung durch den Papst, so liegt die unfehlbare Entscheidung vor, ganz abgesehen von den Meinungen der Bischöfe, welche, vielleicht zahlreich, nicht kommen konnten oder nicht kommen wollten. Das war auch in unsern Tagen noch, vor der Entscheidung des Concils im Vatican, die Ansicht nicht bloß der Freunde eines Canus, der zu einem unfehlbaren Glaubensdecrete keine Anzahl von Bischöfen — ohne Papst — für genügend, hingegen selbst eine geringe, mit dem Papst verbunden, für ausreichend erklärte, — sondern das war auch die Ansicht minder begeisterter Verfechter der päpstlichen Vollgewalt. So sagt Hefele: So lange der Papst die Beschlüsse einer noch so zahlreichen Synode nicht genehmigt hat, ihnen nicht beigetreten ist, so lange sind dieselben noch nicht Beschlüsse eines allgemeinen Concils. Ist ja ein solches in der Trennung vom Papste nicht möglich[1]). Noch klarer der Verfasser der in Wien erschienenen

---

[1]) Concilien=Gesch. I. S. 47. Es war uns immer schwer, zu begreifen, wie der hochgeschätzte Gelehrte in seiner Concilien=Geschichte, da, wo er das Verhältniß von

Observationes quaedam: „Wie der Leib das Haupt, so braucht das allgemeine Concil den Papst. So viele Bischöfe versammelt sein mögen: über einen Glaubenssatz ein Urtheil abgeben, das jeden Zweifel ausschließt, oder Gesetze, die gesammte Kirche verpflichtend, erlassen können die Bischöfe nicht, wenn nicht die Beschlüsse entweder schon auf dem Concil oder nachher vom Nachfolger Petri gutgeheißen und bestätigt werden... Kein Decret, das der Papst zu bestätigen sich weigert, genügt, um eine Glaubensfrage definitiv zu entscheiden oder ein Gesetz der ganzen Kirche vorzuschreiben¹).

Wenn nun des Papstes feierliche lehramtliche Sentenz selbst gegenüber den Beschlüssen des versammelten Episcopats von so entscheidender Bedeutung ist: ist es möglich, daß diese feierliche Sentenz jemals auf die Seite des Irrthums falle? Wenn die päpstliche Bestätigung nach dem Gesagten viel mehr ist als eine blosse Publication des vom Concil Beschlossenen, wenn der Papst nach Befund der Sache möglicherweise sich einmal gegen den Entscheid des Concils erklären muß, also auch erklären kann und darf: ist dann nicht nothwendig, für diese seine Entscheidung als die des Hauptes der Kirche, auch gegenüber dem Concil, den Character der Irrthumssicherheit oder Unfehlbarkeit anzunehmen²)? —

Papst und Concil bespricht, sich sträuben konnte, einzugestehen, daß der Papst (als Papst) über der Kirche (allerdings nicht außer ihr!) und auch über dem allgemeinen Concil (= allen übrigen Bischöfen) stehe. Auch die Bischöfe, alle zusammen, sind in der Kirche, gehören nothwendig zur Kirche. Und doch stehen sie auch über ihr, soferne sie mit dem Papste der Kirche Decrete geben u. s. w.

¹) Observationes quaedam, p. 13: Prout capite corpus, ita Concilium universale Romano Pontifice indiget. Quantocunque numero episcopi congregati fuerint, de fidei deposito testimonium, quod omnem dubitationem excludat, edere seu leges universalem ecclesiam obligantes condere non possunt, nisi ab eis decreta vel in ipso Concilio vel postmodum a successore S. Petri adprobata vel confirmata fuerint. Das Concilium sei nämlich durchaus kein Parlament; was die Väter zu Constanz für nothwendig erachteten, um wieder geordnete Zustände in der Kirche zu schaffen, dürfe keineswegs als allgemeine Norm und Regel geltend gemacht werden... p. 15: nullum decretum,' quod Pontifex approbare recusat, ad quaestionem fidei definitive decidendam vel ad legem toti ecclesiae imponendam sufficit. '

²) Oft wurde gesagt: die Bischöfe seien, wenn der Papst selbst unfehlbar entscheide, keine wahren Richter (judices fidei) mehr, quia non jam possint dissentire. Die Möglichkeit des Dissenses gegenüber der erklärten Wahrheit ist leicht zu verschmerzen. Aber es frägt sich auch: was würde aus dem „Urtheil" des höchsten Glaubensrichters, wenn ihm, gegenüber den Concilsbeschlüssen, weiter nichts als Promulgation zustünde?

b) Zu gleichem Resultat gelangt Thomas durch Betrachtung des Verhaltens der Conciliumsväter gegenüber einer bereits vorher gegebenen feierlichen Sentenz des Papstes. Die Entscheidung des Papstes Agatho vor dem VI. und die dogmatische Epistel Leo's vor dem IV. allgemeinen Concil führt Thomas als Beispiele an. Die Conciliengeschichte rechtfertigt seine Darstellung: die Väter seien beiden päpstlichen Erklärungen „gefolgt", nicht als Richter, welche die päpstliche Sentenz erst geprüft und dann bestätigt und approbirt haben, sondern durch Anschluß und Beitritt, weil sie eine Abweichung von der Entscheidung des Papstes qua talis für unzulässig, für unvereinbar mit dem Glauben hielten.

So sind dem hl. Thomas die allgemeinen Concilien nicht ein Beweis gegen, sondern ein solcher für die höchste, darum unfehlbare Lehrgewalt des Papstes. Wird die Frage gestellt: warum die päpstliche Bestätigung der Concilsbeschlüsse, auch in Glaubenssachen, so wichtig und nothwendig ist, und warum das Verhalten der Bischöfe auf dem Concil gegenüber der bereits abgegebenen Sentenz des Papstes ein solches war, wie es war; dann muß nach Thomas, dann kann nicht anders geantwortet werden: Der den lehramtlichen Entscheidungen des Papstes gemäß seiner einzigen Stellung anhaftende Character der Irrthumssicherheit und Unfehlbarkeit ist der allein genügende Grund hiefür.

4. Die genannten drei Argumente — aus der Idee, aus der Aufgabe des Primates, und aus dem Verhältnisse des Papstes zum allgemeinen Concil verwebt der hl. Thomas an der Hauptstelle der theologischen Summe zu Einem grossen Argumente. Wir sehen hier, wie der Meister mit der größten Bündigkeit in seinem Hauptwerk niederlegt, was anderwärts zerstreut, weiter ausgeführt und mit mehr Belegen versehen, ist verwendet worden.

Das an 3. Stelle genannte Argument, aus dem Verhältniß des Papstes zum Concil, ist im Sed contra untergebracht; man sieht daraus, Thomas hat auch diesem, durch die Tradition so glänzend bezeugten Beweise mindere Kraft beigemessen, als den beiden ex visceribus causae. Letztere sind im Corpus des Artikels so verwendet, daß der Beweis aus der Idee des Primates, dem die wichtigeren und schwierigen Aufgaben in der Kirche, dem Alles, was die ganze Kirche angeht, zukommt, der zudem ein besonderes Gebet des Herrn für seinen Glauben aufweisen kann, — dieser Beweis bildet mehr den äußern Aufbau, den Grund aber bildet das Argument aus der nothwendigen Einheit im Glauben. Ihm legt Thomas das größte Gewicht bei; darum hat er es in beiden Summen an den wichtigsten Stellen angebracht; gleichsam als das letzte Glied, an welchem alles Andere im Beweise für die päpstliche Unfehlbarkeit, im Beweise für den Primat überhaupt hängt und festhält. „Wohl spricht laut für das unfehlbare Lehramt des Papstes das Verhältniß des Papstes zu den allgemeinen Concilien, wie es die Kirchengeschichte darstellt und das Kirchenrecht fordert; die allgemeine Praxis in der Kirche, alle grösseren und schwierigen Angelegenheiten dem Papst zu hinterbringen, verstärkt jenes Zeugniß; das besondere Gebet des Herrn für den Glauben des Petrus, für den Glauben dessen, den er zum obersten Hirten seiner Kirche eingesetzt hat, erklärt dieses Alles. Aber der Grund jenes Verhältnisses, und jener Praxis, ja auch dieses Gebetes des Herrn — es ist die Einheit der Kirche, besonders im Glauben. Ein Glaube muß sein in der Kirche; das ist aber unmöglich, wenn nicht Glaubensfragen, die auftauchen, entschieden werden durch den, der der ganzen Kirche vorsteht, so daß sein Ausspruch von der ganzen Kirche festgehalten werde." Dieß das alle andern zusammenfassende Argument des hl. Thomas an der Hauptstelle der theologischen Summe.

So hat also Thomas die Lehre vom unfehlbaren Magisterium der Päpste ebensofest in sein „System" eingegliedert, als die Lehre vom Primat überhaupt. Ja, fester als irgend ein Theil der päpstlichen Gewalt steht ihm die oberste päpstliche Lehrgewalt, weil die Einheit, im Glauben besonders, der höchste Zweck, der letzte Grund für die Einsetzung des Primates ist[1]). Also — das folgt nothwendig —

1. hat Thomas für die päpstliche Unfehlbarkeit einen Beweis, dem er selbst das meiste Gewicht beilegt, den er nicht mit Stellen und Zeugnissen zu erhärten braucht, der fest steht, auch wenn alle von Thomas sonst citirten Stellen aus Vätern und Concilien durchweg Fälschungen wären. Sie sind es aber nicht, wie wir gesehen haben. Ebendeßhalb

2. ist Thomas nicht „durch eine lange Reihe erdichteter Zeugnisse betrogen worden und hat nicht erst dadurch verleitet die Lehre von der Unfehlbarkeit des Papstes in die Dogmatik eingeführt"[2]). Das

---

[1]) Es sei ausdrücklich nochmal auf S. contra gentes IV. c. 76. verwiesen, wo zunächst nur die Nothwendigkeit des Primates bewiesen wird.

[2]) Döllinger, Erklärung S. 9. Janus S. 287. — Wie hätte auch Thomas in seinem ersten Werk, dem Commentar zu den Sentenzen, die Lehre von der päpstlichen Unfehlbarkeit ohne alle nähere Begründung vortragen können, wie er es gethan, wenn diese Lehre erst einzuführen gewesen wäre!

steht uns fest vor aller Untersuchung über das Büchlein gegen die griechischen Irrthümer, auf Grund dessen die maßlosen Anschuldigungen gegen den hl. Thomas geschleudert wurden. Eine genaue Untersuchung dieses Opusculums wird uns nur in dieser Ueberzeugung bestärken.

VII. Das Büchlein gegen die Griechen.

1. „Ohne das Büchlein gegen die Griechen hätten wir am Ende die päpstliche Unfehlbarkeit nicht in der Dogmatik, noch weniger in der Kirchenlehre"! Darauf gingen und gehen die Angriffe bei Janus und Döllinger gegen den hl. Thomas hinaus. Mit Unrecht hebt aber Döllinger hervor, er und Gratry hätten „bereits" erinnert, welchem Betruge Thomas in diesem Werklein unterlegen sei, und daß darüber in Rom grosses Geschrei erhoben worden[1]). Das Geschrei in Rom bezog sich auf etwas ganz Anderes[2]), die „Erinnerung" aber haben „bereits" lange vor Döllinger andere Kritiker gemacht. Launoy nämlich hat seine Kritik auch an diesem Opusculum scharf geübt; rücksichtslos bezeichnet er die Stellen über den Primat, welche er nicht finden konnte, als unächt und sucht bei andern Erweiterungen oder Sinnesentstellungen nachzuweisen[3]). — Auf Launoy's Schultern stehend hat Dubin über Thomas abgesprochen, unser Büchlein ein opus impudentissimum genannt und im Anschluß an Rivetus (Critici sacri lib. 4. c. 19) behauptet, Thomas habe zuerst die Alleinherrschaft (tyrannis) des Papstes mit Pseudo-Cyrill beweisen wollen[4]).

Gegenüber diesen Angriffen hat es nicht an Vertheidigern gefehlt. Bellarmin, Gretser, Labbe, Le Quien gehören darunter[5]); vor Allem aber müssen drei Ordensgenossen des Thomas, die Gegner Launoy's

---

[1]) Erklärung vom 28. März, S. 9. 10.
[2]) Vgl. Raich, Kritik Döllinger's im Katholik 1871, Maiheft, S. 549—50. Anm.
[3]) Opp. Launoji t. V. P. I. (Genf 1730) p. 19; p. 148—208; p. 319—411; nämlich in der ep. 1. ad Anton. Taurinum; ep. ad Fortin.; ep. ad Ludovic. Muraevium.
[4]) De script. eccl. III. p. 334. Sagt auch, gerne hätte er das opusculum dem hl. Thomas abgesprochen, aber das gehe nicht: es stehe in allen Bücherverzeichnissen.
[5]) Bellarmin. de Romano Pontifice IV. c. 3; Gretser vertheidigt Bellarmin; Labbeus, dissert. hist. über Cyrill von Alexandrien; Le Quien, Panoplia contra schisma Graecorum, praefat.

genannt werden, nämlich Vincentius Baro, Johann Nicolajus und Guyard¹).

Nach diesen tritt als Hauptvertheidiger des Thomas — der gelehrte Dominicaner de Rubeis (Rossi) uns entgegen. Sowohl in einem allgemeinen literär-historischen Werk über Thomas, als auch in besonderen Einleitungen zu einzelnen Werken des Heiligen führt er die Vertheidigung desselben fort mit Scharfblick und aufrichtiger Liebe zur Wahrheit²).

Das Resultat dieser Arbeiten hat Dr. Werner in seinem „Leben des hl. Thomas" (Bd. I S. 760) verwerthet; ausführlicher hat dieß jüngst Dr. Raich in Mainz in der Antwort auf Döllinger's Erklärung gethan³).

2. Fast alle Vertheidiger des hl. Thomas haben in ihrer Abwehr allgemeine Bemerkungen über den Character des Opusculum (1.) contra errores Graecorum zum Ausganspunct ihrer Untersuchung gemacht. Zeit der Abfassung, Umfang, besonderer Zweck einer Schrift bestimmen ja nothwendig das Urtheil über die Bedeutung derselben. Dieselben müssen umsomehr betont werden, wenn es sich, wie hier, um ein Buch handelt, das einem Dogma der Kirche den Weg in die Dogmatik gebahnt haben soll.

Thomas, sagte man vor Allem, hat dieses Werk in jüngeren Jahren geschrieben; in seinen späteren Jahren, als geübter Theolog habe er die Unächtheit der Stellen erkannt oder wenigstens in Vermuthung derselben die Stellen trotz guter Gelegenheit nicht in sein Hauptwerk aufgenommen⁴). Die Jugend des Verfassers entschuldigt allerdings; aber, können die Gegner antworten, Thomas war nicht mehr so jung, als er das opusculum schrieb. Er schrieb es, wie wir hören werden, unter Papst Urban IV., c. 1261, während er bereits 1257 regens primarius der Schule in Paris war und vier Jahre darauf sein letztes Werk, die theologische Summe begann.

---

¹) Baro, libri apologetici etc. adversus ep. Launoji, Paris 1666. Nicolajus, Neuausgabe der Catena, a. 1668, Appendix. Guyard, dissertatio (ob Thomas Griechisch verstanden habe), observationes in ep. Launoji.

²) de Rubeis: de Gestis, Scriptis et Doctrina S. Thomae Aquinatis (Venedig 1750), diss. V. c. 4. p. 65 seq., diss. XXX. c. 4 etc. Dazu Admonitio praevia in Caten. Aur.; dissert. de Summa theologica (Anhang zur Migne'schen Ausgabe p. 1509 seqq.)

³) Im Katholik, 1871, Maiheft. Erschien auch als Broschüre separat. Nach letzterer citiren wir.

⁴) Selbst Launoy gesteht so viel zu!

Ein anderer Vertheidigungsversuch stützt sich auf den geringen Umfang, die untergeordnete Bedeutung dieser Schrift im Vergleich mit den grösseren Werken des hl. Lehrers. In den 17 Bänden, welche Thomas Werke z. B. nach der Antwerpener Ausgabe füllen, nimmt das opusculum 1. kaum mehr als 20 Folio=Seiten ein. Was ist doch das im Vergleich zur Summa theologica! Neben der Summe, welche nach Thomas' Plan und Absicht selber das vollendetste seiner Werke werden sollte, nimmt sich unser Büchlein aus, wie eine in den Ruhestunden verfaßte Abhandlung gegenüber einem viele Jahre hindurch mit Vorliebe fortgesetzten Hauptwerk[1]). Die Gegner erwiedern aber: nicht der Umfang allein bestimme die Bedeutung eines Buches. Für eine einzelne Frage könne ein kleines Werk von besonderer Bedeutung sein. Hier sei Letzteres der Fall. Gerade dieses Opusculum habe Thomas verfaßt in der Controverse mit den Griechen, im Auftrag des Papstes. Da mußte ex professo vom Primat gehandelt werden. In der That sei hier auch der einzige Versuch eines Traditions= beweises für das Papalsystem gemacht. —

Wie unwahr letztere Behauptung ist, speciell in Bezug auf die päpstliche Unfehlbarkeit, wissen wir bereits. Jetzt hoffen wir zu zeigen, daß Thomas' Anschauungen über den Primat durchaus nicht aus diesem Opusculum und seinen ächten und unächten Stellen geschöpft, neu gewonnen oder auch nur bestärkt worden seien.

3. Den ersten Beweis hiefür liefern uns Veranlassung und Anlage des Büchleins.

Thomas selbst erzählt uns im Eingang: Der Papst (Urban IV., an den sich auch die Aufschrift richtet) habe ihm ein Libell eingehändiget, das viele Stellen aus griechischen Vätern enthielt. Er habe dasselbe fleißig durchgesehen und gefunden, daß es sehr nützliche Beweismittel für unsern Glauben enthalte. Doch stünden in den Väterstellen viele unrichtige, unklare Ausdrücke (dubia); gar viele (apud plurimos) könnten sich daran stossen und so gar keinen Nutzen aus den Zeugnissen gewinnen.

Er habe sich deßhalb eine zweifache Aufgabe gestellt (proposui). Damit die Frucht des Werkchens für den Glauben gesichert sei, wolle er erst die ungenauen Ausdrücke in dem Libell erklären, dann aber zeigen, wie mit diesen Zeugnissen die katholische Glaubenswahrheit vorgetragen und vertheidigt werden kann (quomodo ex illis patrum auctoritatibus *veritas catholicae fidei et doceatur et defendatur*).

---

[1]) Vgl. Anti=Janus S. 116 Anm. 100.

Wiederholt hebt das Gleiche Thomas selbst am Ende des Büch=
leins hervor. Das ist es, hl. Vater, was ich aus den Zeugnissen
der griechischen Väter **gemäß deinem Befehle ausgehoben habe,
theils um sie zu erklären, theils um sie zur Vertheidigung des
wahren Glaubens zu ordnen** ¹). — Hierauf macht er nochmal
aufmerksam auf einige im Libell vorfindliche Ungenauigkeiten der Ueber=
setzung, Uebertreibungen in Titeln u. s. w. und schließt dann: Es
sind wohl noch manche Ausdrücke in dem Libell, die zweideutig ge=
nannt und erklärt zu werden verdienten; aber was sich aus den Zeug=
nissen zur Vertheidigung des Glaubens Brauchbares hervorheben ließ,
glaube ich angeführt zu haben ²).

Schon aus diesen Eingangs= und Schlußworten des Büchleins
ergeben sich uns wichtige Bemerkungen.

1º. Vom Papst selbst war dem hl. Thomas das fragliche Libell
eingehändigt worden, und zwar mit dem Auftrag, das Brauchbare
aus demselben zu nehmen und für einen bestimmten Zweck zu ver=
werthen.

2º. Das Büchlein ist wohl dem Papst dedicirt und Eingang und
Schluß sind an ihn gerichtet. Gleichwohl ist es für die Oeffentlich=
keit, für einen grossen Leserkreis bestimmt. Bei **sehr vielen Zeit=
genossen** soll es nützen. Also ist das Büchlein kein blosses „Gutachten"
für den Papst ³).

3º. Obwohl zunächst dem Befehl des Papstes folgend, spricht Thomas
doch auch von einem selbstständigen, eigenen Entschluß (proposui). Der=
selbe bezog sich offenbar auf den ersten Theil des Büchleins, in welchem
ungenaue Ausdrücke erklärt sind. Thomas fand ja diese Ungenauig=
keiten erst, als er dem Befehl des Papstes nachzukommen sich anschickte.
Also bezog sich des Papstes Befehl auf Aushebung und Ordnung
des Brauchbaren zur Vertheidigung des katholischen Glaubens⁴), wie
derselbe damals gegenüber gewissen Irrthümern angefochten wurde.

---

¹) Haec sunt, B. P., quae ex auctoritatibus doctorum Graecorum secundum vestram jussionem *excepi* et exponenda, et *ad confirmationem verae fidei
inducenda.*

²) Sunt autem fortassis et alia in praedicto libello, quae vel (?) dubia
esse possunt, et expositione indigent. *Sed quae ad fidei assertionem utilia esse
possent,* ad ea quae praemissa sunt, ut credo, omnia possunt reduci.

³) Wie Raich, zur Vertheidigung des hl. Thomas, meint S. 63.

⁴) Ganz deutlich spricht dieß Thomas aus, wenn er nach Beendigung des ersten
und beim Uebergang zum 2. Theil seiner Arbeit sagt: Quomodo igitur ex prae-

4°. Die Ausdrücke, deren sich Thomas zur Bezeichnung der ihm gewordenen Aufgabe bedient, fallen auf. Zur Vertheidigung (ad confirmationem, assertionem, defensionem) der katholischen Glaubenswahrheit (veritas fidei) sollen Stellen, gewissen Irrthümern gegenüber, ausgehoben (excipere) und geordnet werden (inducere). Das nimmt sich nicht so aus, als ob Thomas erst aus diesen Beweisstücken seine Lehre von der Alleinherrschaft und Unfehlbarkeit des Papstes abgeleitet, gewonnen, geschöpft hätte.

Betrachten wir jetzt auch die Anlage des Büchleins.

4. Dasselbe zerfällt in zwei Hälften. Die erste Hälfte dient der Erklärung ungenauer Ausdrücke[1]). Zwei Dinge seien Schuld an solchen Ungenauigkeiten. Der erste Grund liege bei den Vätern selbst. Sie schrieben nicht immer so präcis, wie man nach dem Auftreten bezüglicher Irrlehrer wünscht, daß sie geschrieben hätten. Thomas erinnert beispielsweise an die verschiedene theologische Ausdrucksweise der Väter vor und nach Arius, an die grosse Verschiedenheit, mit welcher der hl. Augustin den Manichäern gegenüber, und nachher gegenüber den Pelagianern die Willensfreiheit bespricht. Daß die theologische Terminologie Fortschritte mache, sei ganz natürlich; doch müsse dieser Umstand berücksichtigt werden, wenn man bei den Alten auf manche minder richtige Ausdrücke stoße. Solche Ausdrücke seien deßhalb nicht ganz zu verwerfen, sondern mit Ehrfurcht zu erklären.

Der zweite Grund ungenauer Ausdrücke liege bei den Uebersetzern aus dem Griechischen in's Lateinische. Bloß wörtliche Uebersetzung genüge nicht, führe vielmehr nothwendig zu Unrichtigkeiten. Er erinnere nur an das griechische Wort ὑπόστασις. Dasselbe, lateinisch wörtlich mit substantia übersetzt, führe zum Irrthum; ähnlich sei es mit andern Wörtern. Er halte also dafür, daß bei einer Uebersetzung immer wenigstens der Sinn, der rechte Begriff (sentencia) gerettet werden müsse, wenn es nicht möglich ist, zugleich auch den Ausdruck wörtlich zu übertragen[2]).

---

missis auctoritatibus *errores hujusmodi* confutentur, breviter ostendam. Dieß war offenbar des Papstes Befehl.

[1]) dubia nennt sie Thomas mit Rücksicht auf den Ausdruck, nicht auf die Quelle. Man kann daraus wohl schließen, daß Thomas den Sammler der Stellen nicht besonders hochgeachtet, keineswegs aber, daß er die Aechtheit der Stellen für zweifelhaft gehalten. (Gegen Raich S. 65). Siehe später.

[2]) Diese Bemerkungen sind von Interesse in Bezug auf Thomas selbst und auf den Stand der damaligen griechischen Uebersetzungen.

Darnach nimmt Thomas einzelne Ausdrücke aus den Väterstellen heraus und sucht sie zu erklären; so Stellen über die Trinität (c. 1—15, Antwerp. Ausgabe), aus der Christologie (c. 16—22), aus der Gnadenlehre (c. 23. 24.), über die Engel (c. 25. 26.), aus der Anthropologie (c. 27. 28.), über Glauben und Glaubenssymbole (c. 29—32.).

Daran reiht sich der zweite Theil des Werkes mit der eigentlichen Aufgabe: Vertheidigung des Glaubens gegen gewisse Irrthümer. Die „Irrthümer" sind die damals durch Disputationen, schon vor Thomas, klar herausgestellten vier Irrthümer der Griechen über den Ausgang des hl. Geistes auch vom Sohn, über den Primat, über die Azyma, über den Reinigungsort¹).

Voraus steht die Frage über das Filioque. Einzelne Thesen (in unserer Ausgabe ohne Capitel-Abtheilung) lösen dieselbe. Die Beweisstellen aus der Schrift werden hier immer vorausgestellt. Manchmal stehen mitten in den Zeugnissen kurze demonstrative Bemerkungen des Thomas.

Der Abhandlung über das Filioque folgt die über den Primat (p. 8. sqq.). Diesen läugnen, sagt Thomas beim Uebergang, sei ein ähnlicher Irrthum, wie das Filioque bestreiten. Durch den hl. Geist nämlich heiligt und besigelt der Sohn seine Kirche als mit seinem eigenthümlichen Sigel und Kennzeichen; durch seinen treuen Diener aber, seinen sichtbaren Stellvertreter auf Erden, durch dessen Primat in der ganzen Kirche und dessen Hirtensorgfalt für dieselbe erhalte er ebendiese in seinem Gehorsam²).

Als Hauptsatz über den Primat stellt dann Thomas auf: Romanus Pontifex, Christi Vicarius, in totam Ecclesiam Christi pietatis (? potestatis!) plenitudinem obtinet.

Dieser Hauptsatz wird hierauf in sieben Thesen zerlegt, und diese der Reihe nach mit den Belegen versehen. Die Thesen lauten:

---

¹) Cf. Tractatus contra Graecos, in Canisii Lectiones antiquae, ed. Basnage t. IV. p. 50. Wir kommen später auf dieses bereits 1252 verfaßte Büchlein zurück.

²) Similis autem error dicentium, Christi Vicarium, Romanae Ecclesiae Pontificem, non habere universalis Ecclesiae primatum, errori dicentium, Spiritum Sanctum a Filio non procedere. Ipse enim Christus, Dei filius, suam ecclesiam consecrat et sibi consignat Spiritu Sancto, quasi suo charactere et sigillo ... Et similiter Christi vicarius suo primatu et providentia universam ecclesiam tanquam fidelis minister Christo subjectam conservat.

1) Der Papst ist unter allen Bischöfen der oberste und erste.
2) Der Papst hat über die ganze Kirche den [allgemeinen] Vorrang („praelationem").
3) Der Papst hat in der Kirche die Fülle der Gewalt (potestatis plenitudinem).
4) Der Papst hat dieselbe Gewalt, wie Christus sie dem Petrus übertragen.
5) Dem Papste steht es zu, Glaubensfragen zu entscheiden (determinare quae sunt fidei).
6) Der Papst steht auch über den Patriarchen (praelatus existit).
7) Dem Papste unterworfen sein ist zum Heile nothwendig (quod subesse Romano Pontifici sit de necessitate salutis).

Dieses die sieben Thesen über den Primat[1]). Jeder derselben folgen in unserm Büchlein unmittelbar ein paar der sprechendsten Stellen aus den eingehändigten Zeugnissen. Nach den Väterzeugnissen wird jedesmal, ohne alles Räsonnement, gleichsam nur anmerkungsweise, eine auf die Thesis bezügliche Schriftstelle angeführt. Nur bei der 7. Thesis fehlt die Bibelstelle.

So ist den Zeugnissen nach der ersten Thesis beigefügt: Das stimmt ganz mit der Schrift, welche in den Evangelien wie in der Apostelgeschichte unter den Aposteln dem Petrus den ersten Platz einräumt[2]). — Der 2. Thesis: Dasselbe folgt auch aus der hl. Schrift, denn dem Petrus hat Christus ohne Ausnahme (indistincte) seine Schafe übergeben, indem er sprach: Pasce oves meas, Joann. 21., und Joann. 10: Fiet unum ovile et unus pastor. — Der 3. Thesis: Dasselbe bezeugt die Schrift; denn der Herr hat bei Matth. ganz allgemein (universaliter) gesagt: *Quodcunque solveris etc.* — Die 4. Thesis schließt ohnehin mit dem Hinweis auf Pasce oves meas und einer kurzen Paraphrase aus Chrysostomus. — Die 5. Thesis endet also: Mit Recht äußere sich Maximus so über die Stellung des Papstes gegenüber Glaubenssachen. Denn wir wissen, daß Petrus zuerst den vollkommenen Glauben bekannt (cf. Chrys. i. h. loc.), da er nach göttlicher Eingebung sprach: Du bist Christus u. s. w.

---

[1]) Thesis 6. u. 7. sind — als selbstverständliche Folgerungen aus den vorausgehenden — in den Druckausgaben des Büchleins gewöhnlich nicht als eigene Abschnitte hervorgehoben. — Die 7. Thesis ist bekanntlich der Satz, welchen Papst Bonifaz VIII. in der vielbekämpften Bulle Unam Sanctam als Dogma definirt hat.

[2]) Also hat Thomas auch das bei Dupin allein geltende Argument für den Primat aus der Bibel benützt.

Und deßhalb hat der Herr dem Petrus gesagt: Ego rogavi pro te etc. — Die 6. Thesis endlich hat zum Schlusse die Worte: Das Gleiche ist klar aus den Worten des Herrn bei Luc. 22: Confirma fratres tuos.

Dieses die Einrichtung des Büchleins, speciell im Tractat über den Primat. Dieselbe bestätigt auf's Klarste, was uns schon Eingangs- und Schlußworte des Opusculums erkennen ließen: Da werden nicht neue, auf Grund erst entdeckter Väterstellen gewonnene Ansichten mitgetheilt; da wird vielmehr das Dogma vom Primat in seine nothwendigen Bestandtheile zerlegt und die aus dem Libell ausgehobenen Väterstellen werden einfach unter die Thesen rubricirt. Entsprechend dem Auftrag des Papstes sind aus längeren Zeugnissen der Tradition kurze, schlagende Stellen ausgehoben und zum Zweck der Vertheidigung gegenüber bekannten Irrthümern unter die einzelnen Lehrsätze vertheilt. Demgemäß sind die bezüglichen Schriftstellen sozusagen nur citirt; darum fehlt zu den Väter- und Schriftstellen jegliches Räsonnement; darum ist kein Zeugniß näher entwickelt, geschweige nach allen darin liegenden, oft sehr weit gehenden Momenten ausgebeutet; nackt, ohne Verband, wie Thomas sie ausgehoben, stehen sie nebeneinander. Unser Büchlein, resp. ein paar Seiten in demselben, sollen das Werk des hl. Thomas sein, in welchem er seine Lehre vom Primat dargelegt und bewiesen, in welchem er aus Väterzeugnissen seine Theorie über päpstliche Alleinherrschaft und Unfehlbarkeit gewonnen hat? Wie ganz anders wäre dann dieß Büchlein ausgefallen, ich sage nicht mit Rücksicht auf die beiden Summen, ich sage nur mit Rücksicht auf das Schriftchen gegen Wilhelm von St. Amour! Es ist vollständig unwahr, daß Thomas in unserm Büchlein aus den eingehändigten Väterstellen „seine Lehre vom Papst und seiner Unfehlbarkeit, zum Theil mit denselben Worten abgeleitet und weiter ausgesponnen habe" (Janus S. 287). Es ist ein grober Fehler angeblicher Kritik, auf Grund einiger Texte in unserm Büchlein, nicht beachtend dessen Zweck und Anlage, ein absprechendes Urtheil über die ganze Lehre des Thomas vom Primat zu fällen. Die Wahrheit zwingt vielmehr, zu gestehen: So wenig Thomas seine Anschauung über das Filioque aus den im Libell vorfindlichen Zeugnissen erst geschöpft hat, ebensowenig war dieß der Fall in Bezug auf die Thesen über den Primat. Die Thesen blieben deßhalb bestehen, auch wenn alle im Opusculum unter dieselben disponirten Zeugnisse unächt, fingirt wären.

Indeß sind bei Weitem nicht alle von Thomas ausgehobenen und unter die Thesen über den Primat gesetzten Zeugnisse unächt oder fingirt.

5. So heftig auch die Angriffe der Kritiker seit Launoy auf die einzelnen Stellen im Büchlein gegen die Griechen waren: daß Thomas in gutem Glauben gehandelt habe, wurde durchweg festgehalten; auch Janus gibt das zu, obwohl er das Wort „Thomas-Fälschungen" gebraucht. Nur Rivetus machte ihm zum Vorwurf, er sei in seinem Opusculum der Urheber von Fälschungen gewesen[1]). In unsern Tagen hat Döllinger die mindestens zweideutigen Worte gebraucht: der hl. Alphons hat es noch ärger mit gefälschten Stellen getrieben (!) als der hl. Thomas[2]). Jetzt muß jede derartige Verdächtigung verstummen.

Einem italienischen Gelehrten ist es nämlich durch einen glücklichen Zufall gelungen, das von Urban IV. dem hl. Thomas eingehändigte Libell, d. h. eine Copie desselben in einem Codex der Vaticanischen Bibliothek zu finden, der auch noch andere Opuscula des hl. Lehrers enthält (Vatic. 808. p. 47)[3]).

Dr. Uccelli hat vorläufig einen Theil des aufgefundenen Büchleins veröffentlicht. Unter dem Titel: De' testi esaminati da S. Tomaso d'Aquino (Neapel, April 1870) gab er die auf den Primat bezüglichen Zeugnisse, getreu, wie sie im Codex stehen, sammt allen Gebrechen heraus und versuchte durch kritische Bemerkungen darüber eine Vertheidigung des hl. Thomas. Wir sind ihm weniger für die Bemerkungen, als für den publicirten Text selber dankbar. Auf Grund desselben läßt sich jetzt sagen: Thomas hat die im Opusculum verwendeten Stellen dem Gedanken wie dem Ausdruck nach aus den längeren Zeugnissen des Libells genommen, mit Angabe desselben Autors, mit Beibehaltung der gegebenen lateinischen Version.

Ferner läßt sich aus Form und Inhalt des Fragments abnehmen: Das ganze Libell war in schlechtem Latein abgefaßt, in schlechter, manchmal ganz verworrener, zum Theil nur den Sinn wiedergebender Uebersetzung, auch an den offenbar ächten Stellen. Manchmal sind griechische Worte, ohne Noth, in der Uebersetzung stehen geblieben,

---

[1]) Comment. i. script. antiq. t. 1. c. 5. (über Cyrill.) *auctor falsi* fuit.
[2]) „Erklärung" S. 9.
[3]) Zwar führt es darin den Titel: Liber de fide S. Trinitatis aus verschiedenen griechischen Vätern zusammengestellt gegen die Griechen; aber diesen Titel bekam es wohl, weil der erste Tractat darin von der Trinität handelt.

manchmal die offenbar richtig dictirte Uebersetzung vom Schreiber
falsch verstanden und aufgezeichnet worden¹); hie und da sind mehrere
Sätze des Originals in ein paar Worte zusammengefaßt, anderwärts
ein kurzer Satz der Quelle in mehreren wortreichen Sätzen para-
phrasirt; dieß Alles ohne irgendwelche Andeutung der vorgenommenen
Aenderung. Noch mehr: der Verfasser des Libells hat, wie sich durch
Vergleich mit dem uns erhaltenen und manchmal (z. B. bei Chrys.
homil., Cyrilli cateches.) genau citirten Text der Quelle ergibt, sogar selbstständige, eigene Bemerkungen mitten in die Zeugnisse hinein-
gestellt, so jedoch, daß diese seine Zusätze aus dem Mund des betreffenden Vaters u. s. w. selbst zu kommen schienen. Das geschah wiederholt in ganz unpassender Weise, mehrmals mit Unterbrechung des
natürlichen Gedankengangs. Faßt man an solchen Stellen die Einschiebsel des Sammlers in Klammern, so erscheint außer den Klammern
der ganze, Vätern oder Concilien entnommene Text. So ist in der
benutzten Chrill'schen Catechese (18.) der ganze Abschnitt über das
Wort apostolica eingeschoben: nachher setzt sich der wahre Text wieder
fort. Auch finden sich in allen Zeugnissen Relativsätze, welche Elogen
oder selbstverständliche Erklärungen enthalten, gewisse Ausdrücke, besonders gern loco Dei, coram discipulis u. s. w., eingestreut ²). Endlich haben zwei der im Libell enthaltenen Zeugnisse eine summarische
Ueberschrift, die Zeugnisse selbst stellen also ein Compositum von Aussprüchen mehrerer Autoren dar.

Dieß waren die Zeugnisse, aus welchen Thomas einzelne Stellen
gegen die Irrthümer der Griechen (hinsichtlich des Primates u. s. w.)
auszuheben und zu ordnen hatte. Sehen wir jetzt, wie glücklich oder
unglücklich seine Wahl hiebei war ³).

---

¹) So im Zeugniß aus Chrys. zu Matth. 16: Unigenitus Hebracorum — statt
uni genti Hebraeorum; — ein andermal ist zoodotα mit datori *in te* statt *vitae*
gegeben. Aehnliches sehr oft.

²) Die Erklärung hiefür dürfte einfach sein. Der Sammler wollte nicht die
nackten Väterstellen geben. Darum gab er jeder Abtheilung des Libells den Titel:
Tractatus (de S. Trinitate, de Primatu), wie wir aus dem Fragmente sehen. Freilich hätten die eigenen Zusätze kenntlich gemacht werden sollen. So mußte nothwendig
eine Confusion des Aechten mit dem Beigesetzten herauskommen. Die Zusätze sind übrigens der Art, daß sich bei sehr vielen auch nicht die Spur einer tendentiösen Inter-
polation herausfinden läßt.

³) Wir nehmen die einzelnen Stellen nicht nach der Ordnung der Thesen, sondern
der Autoren her, welchen sie zugeschrieben werden.

6. Zu allererst müssen wir eine Stelle betrachten, die kurz als canon concilii, als Beleg zur 1. Thesis bezeichnet wird. „Wir bekennen mit Ehrfurcht", lautet derselbe, „daß nach der Schrift und Bestimmung der Canones der heiligste Bischof von Alt=Rom der erste und höchste unter allen Bischöfen sei" [1]). Cardinal d'Aguirre, der gelehrte Canonist, schrieb diesen Canon dem Chalcedonense zu (bei Uccelli p. 22—23). Launoy läugnet dieß und verweist auf can. 3. des II. ökumenischen Conciliums, der etwas Aehnliches wenigstens sage. Es spricht dafür, daß Thomas in seinem Commentar zu den Sentenzen (IV. d. 24. q. 3. a. 2. argum. 2. prolus.) dieselbe Stelle anführt ausdrücklich als Canon von Constantinopel. Auch enthält ein Codex Vatic.[2]) zu der Stelle das Sigel: Conc. Con. (= Concilii Constantinop.). — Dr. Raich weist auch auf den Canon der 2. Synode hin; doch sei hier mehr gesagt als dort; mehr entspreche darum die Stelle jener Erklärung, welche die kaiserlichen Synodalcommissäre auf dem Concil von Chalcedon nach Verlesung der drei ersten Canones von Constantinopel (Conc. II. oecum.) abgaben. Dieselbe lautet: Aus dem, was verhandelt und von beiden Seiten vorgebracht ist, erkennen wir, daß das erste Recht vor Allen und der vorzüglichste Ehrenvorrang dem Erzbischof des alten Roms zu wahren ist, daß aber auch der Erzbischof von Neu=Rom dasselbe Vorrecht genießen müsse. (Harduin II. p. 642.)

So sehr indeß der erste Theil dieser Erklärung mit unserm Canon stimmt, eben so sehr ist der zweite ihm entgegen. Wir sind daher der Meinung, daß die Worte über die Stellung Alt=Roms nichts Anderes sind, als die ausdrückliche Aussprache dessen, was im c. 3. des 2. allgemeinen Concils nothwendig aber stillschweigend vorausgesetzt wird [3]). Derselbe lautet bekanntlich: „Der Bischof von Constantinopel soll den Ehrenvorzug **nach dem**

---

[1]) Veneramur secundum scripturas et canonum definitionem sanctissimum antiquae Romae episcopum primum esse (ecclesiae?) et maximum omnium episcoporum. Sic canon Concilii expresse ostendit.

[2]) nach Uccelli l. c. Anm. 1. Meint übrigens, beide könnten Recht haben, da gar oft spätere Synoden Canones von früheren wiederholten; er führt auch gelegentlich dieser Stelle seine motivirte Ansicht über die Fälschung der Acten von Chalcedon an. — Die von uns benutzte Ausgabe des Commentars zu den Sentenzen zeigt am Rand die Bemerkung c. 21. Conc. 8. Const. Dieser Canon (in der griechischen Version der 13.) gibt die Reihenfolge der fünf Patriarchen an, verbietet wie jede unehrenvolle Behandlung oder Entfernung der Patriarchen, so insbesondere jede Conspiration gegen den Papst (contra sanctissimum papam antiquae Romae) und schärft ein, auf allgemeinen Concilien nicht in frechen Sentenzen über die höchsten Bischöfe von Altrom abzusprechen (non tamen audacter sententiam dicere contra *summos* senioris Romae pontifices). Cf. Enchiridion von Denzinger. Ed. alt. n. 277.

[3]) Siehe Werner a. a. O. S. 768.

römischen Bischofe haben, weil ja Constantinopel Neu=Rom ist"¹). Wenn darnach der Bischof von Neu=Rom der erste nach dem von Alt=Rom ist, so ist offenbar der letztere der erste und höchste von allen Bischöfen, weil der erste unter den Patriarchen²).

7. Betrachten wir jetzt die Stellen, welche ausdrücklich dem IV. allgemeinen Concil zugeschrieben werden. Es ist vor Allem eine Acclamation der Concils= väter an Papst Leo. Man liest, heißt es in unserm Opusculum unter der 2. Thesis, in dem Concil von Chalcedon, daß die ganze Synode Papst Leo zurief: Leo sanctissimus Apostolicus et Icumeraycos³) i. e. universalis Patriarcha per multos annos vivat! Schon Launoy erklärte die Acclamation für fingirt. Uccelli betont, die Acten des Chalcedonense seien nicht vollständig auf uns ge= kommen, und führt verschiedene Gründe dafür an⁴). Er verweist übrigens mit De Rubeis (Admonit. praevia in opusc. 1. — auch Raich so S. 67) auf etwas Aehnliches in der Synode. So sagen mehrere Alexandriner in ihren Eingaben (gegen Dioscur) an den Papst: Sanctissimo, Oecumenico, Archiepiscopo et Patriarchae Magnae Romae. Diese den Acten des Concils beigelegten Schreiben (klagt schon De Rubeis) hätte der scharf tadelnde Launoy nicht übersehen sollen. Aehnliche Titel enthalte auch die lange Liste

---

¹) Conc. II. oecum. can. 3.: Τὸν μέντοι Κωνσταντίνου πόλεως ἐπίσκοπον ἔχειν τὰ πρεσβεῖα τῆς τιμῆς μετὰ τὸν Ῥώμης ἐπίσκοπον, διὰ τὸ εἶναι αὐτὴν νέαν Ῥώμην. Harduin I. p. 810.

²) Im Libell steht unsere Stelle unter dem summarischen Titel: Hl. Concilien und Bäter — werden dann beiderlei aufgezählt —;hätten so gerufen. Demgemäß citirt Thomas allgemein: Canon Concilii. Die Stelle ist in der That ein Compositum. Gleich nach den von Thomas citirten Worten folgen im Libell Worte, die genau die Form des can. 3. von Constantinopel (et *post* ipsum Constantinopolitanum episcopum novae Romae) wiedergeben, hierauf ein Beisatz, der an can. 6. Nicaen. Conc. (über den jedem Obermetropoliten zu wahrenden Rang) erinnert: Nec non et caeteros patres unumquemque in suum locum venerari censemus. Die Stelle, wie sie in dem Commentar zu den Sentenzen citirt ist, hat den bestimmten Titel: Canon Conc. Con- stantinop. Also ward sie aus einer andern Sammlung von Canones, wahrscheinlich ohne die im Libell folgenden Zusätze, genommen.

³) So steht in den Ausgaben des Thomas — statt Occumenicus. Im Libell stand richtig das Letztere. Durch welchen Fehler das curiose Wort statt des allbekann= ten bei Thomas sich einschlich, ist schwer zu sagen. (Enthält es einen Beweis, daß Thomas nicht Griechisch verstand? Siehe Werner a. a. O. I. S. 767—68 Anm. 2.

⁴) So: die kritischen Bemerkungen des Abbé Guerin (Conciles généraux et particuliers t. 1. p. 355); des Don Pitra (Diritto de' Greci); die wichtigen Nach= träge, welche die Ballerini (Opp. Leonis t. 1. in fine) und Cardinal Mai (Spici- legium Rom. t. IV. p. XXXI. t. 7. praef. p. 28. 29. im Text p. 94.) geliefert haben. [Auch Hefele (II. S. 449) gibt einmal die Lückenhaftigkeit der Protokolle zu]; endlich: einen Brief des hl. Gregor des Gr. an Narses lib. V. ep. 14. ad Narsen Comitem.

von Acclamationen in der Epistel der Concilsväter an den Papst (Opp. Leon. ed. Ball. t. I. p. 103.). Wenn aber einzelne Väter des Concils so rufen konnten: warum nicht auch alle zusammen? [1])

Auf die Eingaben der Alexandriner verweist auch Hefele; zugleich auf die Thatsache, daß — fast 100 Jahre später — Papst Agapit (seit 535) von den Morgenländern als ökumenischer Patriarch betitelt worden sei. Doch finde sich in den Acten des Chalcedonense nichts von einem Anerbieten dieses Titels seitens des Concils oder von einer Ablehnung desselben seitens des Papstes [2]).

Wir möchten vor Allem auf das Unerhebliche dieses Ausdrucks aufmerksam machen. Den Titel Universalis, Oecumenicus Patriarcha, wie Johannes der Faster sich ihn beilegte, gebrauchte der orthodoxe Kaiser Constantin Pogonatus unbedenklich von seinem Patriarchen, während er den Papst Domnus im Eingang seines Schreibens (12. Aug. 678) οἰκουμενικὸς πάπας nennt [3]). — Die ganze Stelle im Libell, in welcher auch diese Acclamation sich findet, erscheint bei näherer Betrachtung als ein kurzer Auszug aus der 5. Sitzung des Chalcedonense. Die Beziehung auf die früheren Synoden und ihr Verbot neuer Symbole ist fast wörtlich ausgehoben [4]). Unter den Acten, auf Grund deren die Synode ihren Glauben fixirt, steht auch die Epistel Leo's an Flavian mit den herrlichsten Elogen. Die Verlesung der Glaubenserklärung schließt mit Acclamationen; darunter ist allerdings die an den Papst nicht zu finden. Aber in der gleich folgenden Allocution an den Kaiser wird wieder Leo's in den rühmlichsten Ausdrücken gedacht: ihn habe Gott der Synode als Vorkämpfer gegen alle Irrthümer gegeben, er führe gleich dem feurigen Petrus Jedermann zu Gott. Endlich unterzeichnet das Glaubensdecret jeder der päpstlichen Legaten folgender Maßen: ἐπέχων τὸν τόπον τοῦ δεσπότου τοῦ μακαριωτάτου καὶ Ἀποστολικοῦ τῆς οἰκουμενικῆς ἐκκλησίας ἐπισκόπου (papae) πόλεως Ῥώμης. Wer möchte von gefährlichen Fictionen reden, wenn Thomas mit der angegebenen Stelle die allgemeine „Prälatio" des Papstes in der Kirche belegt?

---

[1]) Uccelli l. c. p. 23. 24.

[2]) Hefele II. S. 525. 26. Papst Gregor der Große und Leo IX. sprechen bekanntlich von solchem Anerbieten und Ablehnen. — Hefele erklärt auch die Entstehung dieser Angabe: durch Uebersetzung des Wortes *papa* totius orbis mit ἐπίσκοπος τῆς οἰκουμένης in den Unterschriften der Legaten.

[3]) Siehe Hefele III. S. 226.

[4]) Siehe bei Mansi t. VII. p. 107. 111; *p. 114;* p. 118; p. 135; p. 170. — *p. 114:* epistolam magnae et senioris Romae praesulis beatissimi et sanctissimi archiepiscopi Leonis, quae scripta est ad Flavianum ad perimendam (ἐπ' ἀναιρέσει) Eutychis malam intelligentiam, utpote magni illius Petri confessioni congruentem et communem quandam columnam existentem adversus perverse sentientes.

Das zweite Citat aus der 4. Synode¹) ist ein Canon über Appellationen von Bischöfen an den Papst. Derselbe ist unter die 4. Thesis gestellt (der Papst — gleiche Gewalt wie Petrus). Er lautet: Si quis Episcopus praedicatur infamis 1. (praecipientes affirmamus nisi consentientibus ipsius dioecesis episcopis 2. secundum jura Nicaenorum patrum 3.) liberam habeat sententiam appellandi ad beatissimum Episcopum antiquae Romae quem habemus Petrum, patrem refugii 4. [Ed. Venet. 1787: quia habemus Petrum patrem refugii], et ipsi soli libera potestate loco Dei sit jus discernendi episcopi criminati infamiam secundum claves a Domino sibi datas (solvendi et ligandi potestatem 5., ut habet et diffinitionem primatus illius provinciae, vel per collateralem a suo throno missum vel per suas literas patefacere dignetur 6.; si collateralem miserit, affirmamus, ut locum ejus teneat) et omnia diffinita ab eo teneantur tanquam a vicario apostolici throni (jure perpetuo et inviolabiliter sancita) 7.

Dieß der Wortlaut des ganzen im Libell als Statut des Chalcedonense aufgeführten Canons. Die nicht in Klammern gesetzten Worte hat Thomas ausgehoben.

Unter den Canonen der Synode von Chalcedon findet sich der hier angegebene nicht. Dort war, wenigstens soweit die erhaltenen²) Canones ächt sind und reichen, blos von Klagsachen der Cleriker die Rede und wurden der Bischof, Metropolit, Patriarch — statt des zustehenden Patriarchaten auch der von Constantinopel als die drei aufeinander folgenden Instanzen bezeichnet. Vom römischen Bischof als letzter Instanz ist keine Rede. Deßhalb verwiesen Freund wie Feind des hl. Thomas auf die zum Theil noch mehr sagenden und älteren Canones der angesehenen Synode von Sardica (a. 343)³).

Daß wir es kurz sagen: unsere Stelle ist in der That eine merkwürdig mischende Compilation aus can. 3. 4. und besonders 7. der genannten grossen Synode. Wir wollen hier, Abschnitt um Abschnitt hernehmend, den Nachweis liefern.

ad 1. Wörtlich aus can. 7: Si episcopus accusatus [c. 4: depositus] fuerit.

ad 2. Wieder aus can. 7: et *omnes* judicaverint *congregati* episcopi regionis ipsius et de gradu illum deposuerint. Aehnlich can. 4.

---

¹) Wenn auch ausdrücklich der Synode von Chalcedon zugeschrieben, steht das Citat im Libell doch noch unter dem bereits oben erwähnten summarischen Titel.

²) Uccelli macht auch hier seine Bedenken in Bezug auf die Acten von Chalcedon geltend. Die Instanz des Papstes könne jedenfalls nicht ausgeschlossen worden sein, sonst wäre ja schon das vierte allgemeine Concil in Bezug auf diesen Canon schismatisch gewesen. p. 24. 25.

³) Harduin t. I. p. 639 seq.

Diese ganz klaren Worte sind im Libell in einen sinnstörenden Zusammenhang gebracht, mit der größten Abschwächung des päpstlichen Rechtes. Der Epitomator beschränkt dadurch die Appellationen an den Papst auf den Fall, daß die Bischöfe nicht einstimmig werden können.

ad 3. Diese Worte sind ganz gewiß vom Epitomator eingesetzt. Sie zeigen uns, daß er die drei Canones, welche er zu Einem verschmolz, als Canones der Synode von Nicäa ansah. Wir wissen warum. Die Nicenischen und Sardicenischen Canones sind in vielen alten Exemplaren, wie noch jetzt mehrere uralte Codd. zeigen, sogar mit fortlaufender Numer ineinandergeschrieben unter dem gemeinschaftlichen Titel: Nicenische Canones. Daraus floß schon unter Papst Zosimus das bekannte Mißverständniß [1]).

ad 4. Canon 7. hat also: si appellaverit (ἐκκαλεσάμενος· c. 4: si proclamaverit agendum sibi negotium in Urbe Roma) qui dejectus videtur, et *confugerit* ad beatissimum Romanae Ecclesiae episcopum. Die Beziehung auf Petrus findet sich im can. 3: si placet, *S. Petri Apostoli memoriam honoremus* (also durch die Appellation!) et scribatur Julio Romano Episcopo etc.

ad 5. Dieser Abschnitt ist am willkürlichsten gegeben. Das loco Dei ist vom Epitomator eingesetzt; er hätte es auch beim Urtheil der Bischöfe einsetzen können, ohne Verstoß gegen die Wahrheit. Im Canon von Sardica steht auch nicht *ipsi soli* jus discernendi sit. Doch diesen Zusatz kann der Sammler unmöglich selber urgiren. Durch die von ihm (ad 2.) ohne Grund eingesetzte Beschränkung: nur wenn die Bischöfe uneins sind, darf der Infame appelliren! — sagt er zu offenbar, daß die Bischöfe auch ein Recht zu urtheilen haben. Dem Papst also spricht er allein nur das Urtheil in letzter Instanz zu. Das thun auch die Sardicenischen Canones in verschiedenen Wendungen. So ist das jus discernendi des römischen Bischofes im can. 3. also umschrieben: Si judicaverit renovandum esse judicium, *renovetur*, et det judices; im c. 7: Si justum judicaverit, ut renovetur examen, .. *erit in potestate illius*, quid velit et quid aestimet, .. erit in ejus arbitrio, faciet quod ... judicaverit. Die Berufung auf die Schlüsselgewalt versteht sich von selbst, findet sich aber nicht ausdrücklich in den drei Canones.

ad 6. Der Anfang dieses Satzes ist corrupt. Es ist wohl darin der Gedanke aus den ächten Canonen ausgedrückt: daß die Bischöfe der Provinz im Auftrage des Papstes die Sache der Appellanten nochmals gewissenhaft untersuchen oder (vel) päpstliche Legaten u. s. w. Als primatus wären dann die Bischöfe bezeichnet, qui in finitima et propinqua altera provincia sunt,

---

[1]) Hefele a. a. O. I. S. 341.

quibus scribere dignetur Romanus Episcopus, ut ipsi diligenter omnia requirant et juxta fidem veritatis *definiant*. Sie wären dann, vom Papst beauftragt, die letzte Instanz mit dem definitiven Urtheil. Dann wäre vielleicht zu lesen: ut habeat definitionem per primates (episcopos) illius provinciae sc. papa. Nur so entspricht das darauffolgende *vel*, welches das unmittelbare Eingreifen des Papstes einleitet [1]).

Freilich sind auch die Ausdrücke darüber unrichtig angegeben. Unsere Stelle bezeichnet nämlich zwei Wege dieses Einschreitens: entweder durch Legaten — oder durch eine Epistel. Etwas anders c. 7 von Sardica: entweder die Bischöfe der Provinz in päpstlichem Auftrag oder päpstliche Legaten mit den Bischöfen (c. 7: si .. moverit episcopum Romanum, ut de latere suo presbyteros mittat, .. si decreverit mittendos esse, qui praesentes cum episcopis judicent).

Doch faßt c. 3. auch den Fall einer unmittelbaren Entscheidung des Papstes durch ein Schreiben, ohne neues Examen und ohne Legaten, in's Auge: wenn der Papst das Urtheil der Bischöfe bestätigt (si probaverit), hat die Sache ein Ende, die Appellation ist unmöglich.

ad 7. Dieser Absatz ist offenbar dem can. 7. in der bereits erkannten Weise entnommen. Si decreverit, heißt es darin, mittendos qui praesentes cum episcopis judicent, *et habeant etiam auctoritatem personae illius, a quo destinati sunt:* d. h. ihre Entscheidung gilt als des Papstes Entscheidung, weil sie dessen Stelle innehaben. Des Papstes Entscheidung aber beendigt die Sache. Denn, sagt can. 3., alter episcopus (sc. in locum depositi et appellantis) omnino non ordinetur, nisi causa fuerit in judicio episcopi Romani *determinata*.

So ist denn in der That der im Libell dem Chalcedonense zugeschriebene Canon nichts als eine eigenthümliche Verschmelzung dreier Sarbicenischer Canones zu Einem. Der Epitomator hat dieselbe vorgenommen ohne Erweiterung, ja mit theilweiser Abschwächung des päpstlichen Rechtes. Thomas aber hat aus dem also gebildeten Canon nicht mehr genommen und nicht mehr gefolgert, als was in den ächten Canones von Sardica liegt [2]). Schreiten wir jetzt zur näheren Betrachtung der aus Vätern genommenen Stellen in unserm Büchlein.

---

[1]) Möglich, daß die Stelle nur ein Hinweis auf die analoge (ut) Gewalt des Patriarchen ist!

[2]) Die letzten Worte: et omnia ab eo diffinita etc. scheint Thomas, wider den Zusammenhang des Textes, auf unmittelbare päpstliche statt auf die Entscheidungen des Legaten bezogen zu haben. Sachlich macht dieß keinen Unterschied. Auch die Allgemeinheit, welche das Citat bei Thomas fordert, ist nicht zu tadeln: Was zu Sardica von einem bestimmten Fall erklärt wurde, galt und gilt allgemein: von des Papstes Entscheidungen gibt es keine Appellation mehr.

VIII. Fortsetzung. Die Vätertexte.

1. Das Zeugniß des auch im Libell zunächst nach den Concilien aufgeführten hl. Cyrill von Jerusalem möge den Anfang machen. Dieser hl. Vater „läßt den Herrn zu Petrus sagen: Du hast ein Ende, ich aber kein Ende. Mit Allen, welche ich an Deiner Statt setzen werde, werde ich ganz und vollkommen, im Sacrament und in der Auctorität werde ich mit ihnen sein, wie ich mit Dir bin" [1]).

Diese Worte hat Thomas aus dem Zeugniß des Patriarchen von Jerusalem — es sind die Schlußworte desselben im Libell — ausgehoben und als Beleg unter die 4. Thesis gesetzt. (Gleiche Gewalt mit Petrus!) Ist die Stelle ächt? Schon die Gegner Launoy's gaben zu, daß sich die treffenden Worte in den Werken Cyrill's nicht finden [2]). Auch der jüngste Vertheidiger des Thomas bezeichnet sie einfach mit Touttée als unächt [3]). Das Libell verweist ausdrücklich auf die 18. Catechese des Heiligen als die Quelle des Zeugnisses [4]). Uccelli versichert uns, unsere Stelle sei zwar nicht wörtlich, aber dem Sinne nach darin enthalten in bedeutend verkürzter Form. Wir konnten das nicht finden. Allerdings ist die 18. Catechese im Ganzen richtig citirt. Die zwei Momente der Katholicität, Ausbreitung der Kirche über den ganzen Erdkreis und Verkündigung der Gesammtlehre Christi „infallibiliter" — ohne Defect — werden im Libell fast wörtlich angeführt. Auch die aus den Psalmen genommenen Stellen über den Gegensatz von Synagoge und Kirche, erstere von Gott gehaßt, letztere und ihre Zier von Gott geliebt, sind richtig ausgezogen. Aber der ganze folgende Passus über die Nota „apostolisch" ist, wie schon früher erwähnt, eingeschoben [5]). Richtig ist der allein auf den Primat bezügliche Satz der 18. Catechese angegeben: de qua (sc. nostra sancta ecclesia) dixit Petro: Tu es Petrus, et super hanc petram etc. Die Worte: et portae inferi hat aber der Sammler ausgelassen und zum Wort Kirche

---

[1]) Patriarcha Hierosolym. dicit ex persona Christi loquens: Tu cum fine, et ego sine fine, cum omnibus, quos loco tui ponam, plene et perfecte sacramento et auctoritate cum eis ero, sicut sum et tecum.

[2]) bei Werner S. 765.

[3]) Dr. Raich S. 71.

[4]) Uccelli p. 10. 27. 28.

[5]) Kenntlich sind noch die darin verwebten Gedanken über den Gnaden- und Tugendreichthum der neuen von Christus gegründeten Kirche; die Worte: Christus habe seine Kirche proprio suo Spiritu auf Petrus gegründet, sind ganz gewiß auf die Gegner des filioque gemünzt; das Einschiebsel coram discipulis et suis sanctis evangelistis ist, wie schon erwähnt, ein Lieblingswort des Epitomators.

folgende eigene Zusätze gemacht: et non tuam, sed meam, quia (*non* — ist offenbar ausgefallen) sicut ego semper, et tu, et (ego?) prius te, et (tu?) non post me: quia tu cum fine ... folgt die von Thomas ausgehobene Stelle. Thomas hat also hier Worte des Sammlers als Worte Cyrill's ahnungslos ausgehoben. Es waren dieß ja die einzigen im Zeugniß verwendbaren Worte zur Vertheidigung des Primates. Wurde dadurch Thomas' Anschauung gefälscht? Schon deßhalb nicht, weil unter der 4. Thesis auch noch andere Zeugnisse stehen. Aber auch nicht durch den Inhalt der fingirten Stelle. Außer der Wahrheit, daß Petrus als sichtbares Haupt der Kirche nur eine Zeit lang die Kirche verwalten werde, während Christus ihr unsichtbares Haupt bleibt, immerdar, — enthält die Stelle drei Gedanken:

1. Daß der Herr selbst die Nachfolger an Petri Statt setze. Das Gleiche ist Act. 15, 28. durch Paulus von den „Presbytern" zu Ephesus gesagt. Und Döllinger sagt vom christlichen Kirchenamt überhaupt: „Alles Kirchenamt beruhte auf göttlicher Sendung; so waren die Apostel gesendet, so waren es Alle, die neben und nach den Aposteln dem Amte sich unterzogen. Jeder konnte sagen: Christus ist es, der mich (mittelbar oder unmittelbar) gesandt hat; ich rede, weil es mir von ihm, in seinem Namen befohlen ist.... Für Christus, sagt Paulus (II. Cor. 5, 20.), verwalten wir das Gesammtamt, gleich als ermahnte Gott durch uns"[1]).

Was hier vom Kirchenamt überhaupt gesagt wird, soll es von dem Amt der Nachfolger Petri nicht gelten?

Der 2. Gedanke der Stelle ist: der Herr werde mit Petri Nachfolgern sein, wie mit Petrus. Das folgt direct aus der Stelle Matth. 28, 20: *Ego vobiscum sum omnibus diebus* usque ad consummationem saeculi. Dauert Petri Vorsteheramt in der Kirche fort, dann auch der Beistand des Herrn, seine Gnadengegenwart für alle wirklichen Inhaber desselben.

Aber der 3. Gedanke: der Herr werde ganz und vollkommen mit ihnen sein, was Sacrament und Gewalt betrifft? Janus (S. 287) verstand diese Worte nicht. „Soll wohl heißen", bemerkte er, „auf eine mysteriöse, nur durch den Glauben zu erfassende Weise. Es scheint eine auf Inspiration beruhende Unfehlbarkeit gemeint zu sein". In der That aber enthalten die Worte nichts als die zur Zeit des hl. Thomas übliche Zweitheilung der Kirchengewalt nach ihrem Ursprung: die potestas ordinis, fortgepflanzt durch das Sacrament der Weihe, — und die potestas jurisdictionis, fortgepflanzt durch kirchliche Mission (Auctorität). Von dieser zweifach getheilten Gewalt wird gesagt: Christus werde mit dem jeweiligen Oberhaupt der Kirche vollständig und vollkommen sein. Das kann demnach nichts Anderes heißen

---

[1]) Christenthum und Kirche a. a. O. S. 232 n. 115.

als: das Oberhaupt der Kirche übe das Amt Christi in der Kirche (Matth. 28, 18 ff.) vollständig, alle Andern nur in beschränktem Maße[1]). So aber ziemt es dem Nachfolger Petri, der nach demselben hl. Cyrill von Jerusalem der „Fürst der Apostel, hochausgezeichnet", — der „Apostelfürst und Träger der Schlüssel zum Himmelreich", — der „Apostelfürst und oberste Herold der Kirche" ist, — durch dessen Vorsteheramt die Kirche befestigt ist[2]).

2. Wir kommen zum wichtigen Zeugniß des hl. Cyrill von Alexandrien. Wir wissen: Janus nennt ihn den „Lieblingsauctor" des Thomas; ihn pflege er stets wieder vorzuführen (S. 288). Auf den „durch ihren Thomas ihnen verbürgten Cyrill bauten Torquemada, Canus u. f. w." (S. 311). Beginnen wir, solchen Vorwürfen gegenüber, ruhig die nähere Betrachtung des Zeugnisses. Wir geben dasselbe seinem Inhalte nach ganz, die Stellen aber, welche Thomas ausgehoben hat, wörtlich[3]).

Cyrill, Patriarch von Alexandrien, sagt im 3. Buch seiner $\vartheta\eta\sigma\alpha\nu\varrho\text{o}\iota$ beim Leiden des Herrn: Durch sein Angstgebet im Oelberg habe sich der Herr, wahrer Gott und aus sich den hl. Geist spirirend, zugleich als wahren Menschen erwiesen, mit einer gottmenschlichen Wirksamkeit zur Erlösung der Menschheit. So lehre die Kirche, auf den Felsen gebaut. A. Petrus sei, was er ist, durch Gnadenwirksamkeit der Trinität: des Vaters, der ihm das wahre Bekenntniß des Sohnes geoffenbart, des Sohnes, der ihm vollständig und vollkommen (plene et perfecte) die Schlüssel des Himmelreiches übergeben[4]). B. Denn „wie Christus selbst vom Vater bekam, als Führer und Herr der Kirche unter den Völkern, ausgehend von Israel über jede Herrschaft und Gewalt, über Alles, was ist, die vollste Gewalt, so daß Alles ihm sich beugt: so hat er sie auch dem Petrus und seinen Nachfolgern und Stellvertretern in ganzer Fülle übertragen"[5]). C. Ihn habe Christus an seiner Statt „in Gegenwart der Apostel und Evangelisten" in ihre Mitte gestellt als Haupt der Kirche.

---

[1]) Vgl. die Bemerkungen zur päpstlichen Vollgewalt im Cap. II.

[2]) Cyrilli Cateches. (Köln 1564), catech. 2. sub fin. p. 18: princeps apostolorum excellentissimus; — cat. 17. p. 167: princ. apost. et regni coelorum claviger; — cat. 11. p. 80: princ. apost. et supremus ecclesiae praeco; cat. 18. ad v. sanctam: Petrus dictus est vertex zur Bezeichnung der Firmität der Kirche u. s. w.

[3]) bei Uccelli p. 10—12. Um leichter die Bemerkungen anknüpfen zu können, setzen wir nach den einzelnen Abschnitten Buchstaben in den Text.

[4]) Vom hl. Geist wird weiter nichts erwähnt, sondern gleich der Grund für das unmittelbar Vorausgehende angefügt.

[5]) Sicut Christus accepit a patre dux et sceptrum ecclesiae gentium, ex Israel egrediens, super omnem principatum et potestatem, super omne quodcunque est, ut ei cuncta curventur, plenissimam potestatem, — sic et Petro et ejus successoribus (et vicariis) plenissime commisit. Unter der 3. Thesis.

Die Apostel, nach dem, was sie vom Herrn gehört und empfangen, wirksam in der Welt — weihten Kirchenvorstände (οὐσίας i. e. praelatos) und „bestätigten in den Evangelien und Episteln, bei all ihrer Lehrthätigkeit, daß Petrus an des Herrn Statt in seiner Kirche sei. Ihm gaben sie den Vorrang in jedem Capitel, in jeder Versammlung, bei jeglicher Wahl und Beschlußfassung" [1]) — nach dem Bericht des Lucas in seinem Evangelium und in der Apostelgeschichte, worin er treu die Thaten der Vorfahren der Kirche überliefert hat. D. „Diese apostolische Kirche ist von jeder Verführung und häretischem Trug bis heute rein geblieben, über alle Vorstände und Bischöfe gesetzt, über alle Primaten der Kirche und Völker, durch ihre Oberhirten, in der Glaubensfülle und Auctorität des hl. Petrus; und während andere Kirchen Schmach geerntet durch den Irrthum Mancher (ihrer Vorstände), steht sie allein unerschütterlich gefestigt, legt Stillschweigen auf den Häretikern und verstopft ihren Mund. Wir nun, weil es zum Heil nothwendig, nicht bethört durch Stolz, nicht vom Wein der Hoffart trunken, bewahren mit ihr die Norm der Wahrheit und der apostolischen Tradition, bekennen und verkünden sie" [2]). E. „Wohlan also, Brüder, ahmen wir so Christum nach, daß wir als seine Schafe seine Stimme hören, beharrend in der Kirche Petri; seien wir nicht aufgeblasen vom Wind des Stolzes, damit nicht die sich windende Schlange unseres Streites halber uns hinausbringe aus der Kirche Gottes, wie einst die Eva aus dem Paradies" [3]) F.; „sondern daß wir Glieder bleiben an unserm Haupte, dem apostolischen Stuhl der römischen Bischöfe, bei dem wir pflichtgemäß zu erfragen haben, was wir glauben, was wir festhalten müssen" [4]) G.; „ihn ehrend, ihn angehend vor Allen; denn ihm allein steht

---

[1]) Apostoli in evangeliis et epistolis affirmaverunt in omni doctrina, Petrum esse loco Dei in (statt et) ejus ecclesiâ, eidem dantes locum in omni capitulo et synagoga, in omni electione et affirmatione. So unter der 4. Thesis.

[2]) Secundum autem hanc promissionem (Matth. 16.) Ecclesia apostolica Petri ab omni seductione haereticâque circumventione manet immaculata, super omnes praepositos et episcopos, et super omnes primates ecclesiarum et populorum, in suis pontificibus, in fide plenissima et auctoritate Petri. Et cum aliae ecclesiae quorundam errore sunt verecundatae, stabilita inquassabiliter ipsa sola regnat, silentium imponens et omnium obturans ora haereticorum. Et nos necessario salutis, non decepti superbiâ etc. typum veritatis et sanctae Apostolicae traditionis cum ipsa praedicamus et confitemur. So in der Catena zu Matth. 16.

[3]) Itaque, fratres, sic Christum imitemur, ut ipsius oves vocem ejus audiamus, manentes in Ecclesia Petri, et non inflemur vento superbiae, ne forte tortuosus serpens propter nostram contentionem nos ejiciat, ut Evam olim de paradiso. Steht unter der 7. Thesis.

[4]) Ut membra maneamus in capite nostro, Apostolico throno Romanorum Pontificum, a quo nostrum est quaerere, quid credere et quid tenere debemus. Unter der 5. Thesis.

es zu, zurechtzuweisen, Verordnungen zu geben, zu verfügen, zu lösen und zu binden an Dessen Statt, der ihn gegründet hat. H. Keinem Andern hat er seine Gewalt ganz, sondern ihm allein sie gegeben J.; vor ihm neigen deßhalb Alle nach göttlichem Rechte das Haupt, auch die Primaten der Welt gehorchen ihm wie dem Herrn Jesus selber" [1]). K.

Die jetzt folgende Stelle ist die unklarste im ganzen Zeugniß.

Der Gehorsam nämlich werde dem Petrus und seinen Nachfolgern von Allen wie dem Herrn selber bezeigt, entsprechend der Schrift, wo es heißt: Wir gehen ein in sein Gezelt und beten an da, wo standen „seine Füße — die Menschheit Christi, Christus selbst als Mensch, dem die ganze Dreifaltigkeit (Ewigkeit?) zum Heil Adams und seiner Nachkommen die vollste Gewalt gegeben hat, — jene Menschheit, welche eine der drei göttlichen Personen angenommen und in der Einheit der Person zum Vater hinübergenommen, — eine Gewalt über jegliche Kraft und Macht, daß ihn anbeten alle Engel Gottes, — diese Gewalt hat Er ganz, „im Sacrament und in der Auctorität" dem Petrus und seiner Kirche hinterlassen" — über jegliche Herrschaft und Gewalt dieser Welt, damit, wie Er selbst im Himmel angebetet wird, so auch seine (Christi) Kirche, der Schemmel seiner Füße, geehrt werde. L. Die letzten Worte des Zeugnisses sind rein unübersetzbar [2]).

Dieß das Zeugniß des Cyrillus von Alexandrien im Libell. Auf den ersten Blick ist klar, daß hier ein Compositum verschiedener Stellen vorliege, die eine ungeschickte Hand verbunden hat. Als Quelle der Stellen wird das 3. Buch der Thesauri bezeichnet. Thomas selbst citirt zu den ausgehobenen Stellen im Büchlein gegen die Griechen niemals ein bestimmtes Buch der Thesauri, hingegen im Schriftchen gegen Wilhelm von St. Amour (c. 3.

---

[1]) Ipsum (bei Uccelli steht offenbar unrichtig Spiritum dafür; das Citat in den Sentenzen hat das Richtige!) venerantes, ipsum et rogantes prae omnibus; quoniam ipsius solius est reprehendere, corripere, statuere, disponere, solvere et ligare loco illius, qui ipsum aedificavit: (Soweit unter Thesis 6.) et nulli alii, quod suum est, plenum, sed ipsi soli dedit; (Dieß unter Thesis 3.) cui omnes jure divino caput inclinant et primates mundi tanquam ipsi Domino Jesu Christo obediunt (unter Thesis 4.). Das Ganze von F bis K steht als argum. 2. prolusorium im Commentar zu den Sentenzen (IV. d. 24. q. 3. a. 6. — Suppl. q. 40. a. 6.)

[2]) *Pedes* — Christi humanitas (est bei Thomas eingesetzt), scilicet ipse homo, cui tota aeternitas (trinitas steht im Libell) plenissimam dedit potestatem — quem (quam?) unus (?) trium assumsit, in unitate personae transvexit ad patrem — super omnem principatum et potestatem, ut adorent eum omnes angeli Dei, quem (quam?) totum (totam?) dimisit per sacramentum et potestatem Petro et ecclesiae ejus. Dieser Abschnitt findet sich unter der 3. Thesis.

Der Schluß des Zeugnisses lautet: et ita ipsum Christum *adorantes* per manus ecclesiae Christi dona et jura *mancipavit*. Das Subject im Satz vorher ist ecclesia.

gegen Ende, nach unserer Ausgabe) das 2. Buch derselben. Jetzt haben wir nur Ein Buch der Thesauri, bestehend aus 35 λόγοι (assertiones) über die Trinität gegen die Arianer und Eunomianer [1]). Wir wissen nicht, ob jemals mehrere Bücher existirt haben. Ist eine Angabe bei Canus [2]) richtig, dann kann sie leicht durch Verwechselung von λόγος mit βίβλος erklärt werden.

Es ist nun gewiß: weder in dem Einen Buch der Thesauri, noch in einem andern uns erhaltenen Werk des Cyrill finden sich die von Thomas ausgehobenen Stellen alle oder ganz ihrem Wortlaut nach [3]). Eben so gewiß ist aber auch, daß uns bei Weitem nicht Alles erhalten ist, was Cyrill wirklich geschrieben hat. Vieles, besonders Exegetisches wurde erst durch Mai bekannt. Ein einfacher Vergleich der Aubert'schen Ausgabe des Cyrillus mit der neuen von Migne (ser. gr. t. 68—77.) ergibt einen bedeutenden Zuwachs. Die neuen Bestandtheile bei Migne sind leider meist nur Fragmente, unter den größten Schwierigkeiten aus zahlreichen Catenen u. s. w. zusammen= gelesen. Gerade vom Commentar zur Apostelgeschichte, auf welche Cyrill nach dem Zeugnisse des Libells bezüglich des Primates Petri ausdrücklich verweist (Abschnitt D.), haben wir kaum nennenswerthe Ueberreste [4]).

Thomas nun kannte und gebrauchte eine Reihe von Stellen des ächten Cyrill, die uns erst durch Mai bekannt wurden [5]); ja die bei Thomas vor= findlichen Citate aus Cyrill gehen in Bezug auf Anzahl und manchmal auch in Bezug auf Umfang über die Fragmente bei Mai hinaus und zeigen im Texte kleine Variationen, die ebenso auf eine eigene, von Mai nicht aufge= deckte Version, wie auf die Vorliebe des Sammlers schließen lassen, kleine Bemerkungen und Paraphrasen in den sonst ächten Text einzustellen [6]). Also

---

[1]) Siehe Alzog, Patrol. 285—86. Schon Natalis Alexander versichert: lib. thesauri, quos habemus *absolutissimos* — in seiner Rede 7. u. 8. Mai 1683. l. c. n. 22.

[2]) De eccl. Roman. auctoritate lib. VI. c. 5: auf der 6. Synode sei das 32. Buch des Thesaurus citirt worden.

[3]) Das bei Moskovany: Romanus Pontifex etc. t. 1. p. 154 stehende Citat ist ganz gewiß nicht zu verificiren; Uccelli (p. 30) wird umsonst warten.

[4]) Auch Mai's Publicationen sind durch neue Entdeckungen bereits überholt. So sein Fragment des Commentars zu Lucas durch die Herausgabe des vollständigen Com= mentars nach syrischem Text, von Payne Smith in London. Cf. Migne, Opp. Cyrilli t. 5. (Note vor dem Commentar zu Lucas).

[5]) Man vergleiche nur die Stellen, welche Uccelli am Ende seines Werkleins aus der Catena des Thomas und den Fragmenten Mai's namhaft macht. Wäre Mai nicht gekommen, bemerkt er dazu, hätte man am Ende auch diese Citate bei Thomas für unächt gehalten (p. 28).

[6]) Cf. Cyrilli Opp. ed. Migne t. 5. p. 555. Anm. 1. zu Lucas 5, 12 und Mai, Class. Auct. t. X. p. X.

hatte man zur Zeit des hl. Thomas von Cyrill's Werken ¹) mehr, als selbst wir jetzt haben. Konnten darunter nicht auch ganze Schriften Cyrill's sein, die wir jetzt gar nicht mehr oder nur in Fragmenten haben, und darin ähnliche, wenn auch kürzere Stellen über den Primat Petri und seiner Nachfolger? Zum Wenigsten wird dadurch, sowie durch die Rücksicht auf die bis in die neueste Zeit herab fortdauernde Corruption des Cyrill'schen Textes²) die Mahnung nahe gelegt, nicht Alles sofort als unächt zu verwerfen, was sich gar nicht oder nicht wörtlich in den erhaltenen Werken Cyrill's findet, wenn sonst Nichts in einer Stelle zu einem absprechenden Urtheile zwingt.

Nach diesen Bemerkungen mag die unparteiische Prüfung der Stellen beginnen. Die von Thomas nicht ausgehobenen Stellen sollen nur kurz berührt werden. Behalten wir die aus dem Vorstehenden bereits erkannte Manier unsers Epitomators im Auge.

A. Der Eingang des Zeugnisses ist offenbar cyrillisch; der Hinweis auf die wahre göttliche und menschliche Natur des Heilandes begegnet uns bei Cyrill, in ähnlicher Weise, fast auf jedem Blatt ³). Den Einsatz: spiritum ex se spirans hat jedenfalls der Sammler gegen die Griechen gemacht ⁴). Durch die Bemerkung: die Kirche glaubt so, auf den Felsen gebaut, bahnt sich der Sammler den Weg zum Folgenden. Dieser Beisatz gibt uns aber Gelegenheit, des ächten Cyrill's wahre Anschauung über Matth. 16, 18· darzulegen. Es wurde schon behauptet (Pichler a. a. O. I. S. 124), Cyrill verstehe unter dem Felsen, auf welchem der Herr seine Kirche gegründet hat,

---

¹) Gilt auch von andern Vätern. So citirt Thomas S. theol. 2. 2. q. 11 a. 2. ad 2. einen Brief Leo's des Grossen an den Bischof Proterius von Alexandrien. Baronius (ad a. 453 n. 38) beklagt sich über den Verlurst dieses Briefes. Später fand ihn Guesnell in einem Cod. des Cardinals Dominic. Grimanus. Die citirte Stelle lautet darin nur ein wenig anders als bei Thomas. Cf. de Rubeis, de vita etc. Thomae, diss. 30. c. 4. p. 306.

²) Migne sagt im allgemeinen Monitum zu Cyrill's Werken: Außer der Vermehrung des Alten sei aus dem Text so viel Corruptes hinweggeschafft worden, daß man unwillkürlich an die Reinigung des Augias=Stalles denken mußte.

³) Cf. ad Luc. 5, 12 (Migne t. 5. p. 555); ad Luc. 21. (ib. p. 922—23); ad Matth. 26, 38 (ib. p. 454); das Fragment n. 113 (ib. p. 474); endlich die allgemeine Bemerkung Migne's im Commentar zu Lucas p. 475 Anm. 1. Die Väter trieben, das sieht man, praktische Exegese gegen die Irrthümer ihrer Zeit.

⁴) Die Processio S. Spiritus a filio ist dem hl. Cyrill ausgemacht. Siehe den bei Thomas (Op. de Potentia l. c.) richtig citirten Brief an Nestorius. (Migne, Opp. Cyrill. t. 10. ep. 17. [al. 15.] p. 117. B. C.: proinde quoque ab illo (Christo) atque a Deo Patre procedit [προχεῖται, Thomas wörtlich: profluit!])

den unerschütterlichen Glauben, welchen Petrus zu Folge göttlicher Offenbarung bekannte ¹).

Aber schon die Stellung des Genitivs im Griechischen legt nahe, daß der concrete Glaube des Jüngers (quâ credebat), nicht die im Bekenntniß liegende Wahrheit (quam credebat) als Basis der Kirche bezeichnet werden will. Deutlicher spricht der Zusammenhang. Voraus heißt es: Petrus, der ausgezeichnete unter den Aposteln ($\tau\tilde{\omega}\nu$ $\dot{\alpha}\gamma\iota\omega\nu$ $\dot{\alpha}\pi o\sigma\iota\acute{o}\lambda\omega\nu$ $\tau\grave{o}\nu$ $\ddot{\varepsilon}\varkappa\varkappa\varrho\iota\tau o\nu$ $\Pi\acute{\varepsilon}\tau\varrho o\nu$) sei dieses Bekenntnisses wegen vom Herrn seliggepriesen worden; nachher aber stellt Cyrill die Frage: „Wenn nun Petrus seines Bekenntnisses wegen so ausgezeichneter Ehre ist gewürdigt worden ($\tau\tilde{\omega}\nu$ $o\H{v}\tau\omega\varsigma$ $\dot{v}\pi\varepsilon\varphi\varepsilon\varrho\varepsilon\sigma\tau\acute{\alpha}\tau\omega\nu$ $\gamma\varepsilon\varrho\tilde{\omega}\nu$): wie sind dann jene nicht armselig und elend, welche dagegen reden und handeln!" Was sollen diese hohen Ehren Petri, damals ihm verliehen, sein, wenn nicht auf ihn, seinen Glauben die Kirche unerschütterlich gegründet wurde? Die gleiche Frage müssen wir stellen, wenn Cyrill anderswo ²) sagt: Nicht weil er die wahre Menschheit an Christo bekannte, die er sah, sondern weil er die Gottheit bekannte, die er nicht sah, deßhalb bewundern wir den Petrus, deßhalb wurde er so ausnehmender Ehren gewürdigt ($\varkappa\alpha\grave{\iota}$ $\tau\tilde{\omega}\nu$ $o\H{v}\tau\omega\varsigma$ $\dot{\varepsilon}\xi\alpha\iota\varrho\varepsilon\tau\tilde{\omega}\nu$ $\dot{\eta}\xi\iota\acute{\omega}\vartheta\eta$ $\gamma\varepsilon\varrho\tilde{\omega}\nu$). Noch mehr: Unter den erhaltenen Fragmenten des Commentars zu Matthäus findet sich auch Eines zu unserer Stelle. (Migne t. 5. p. 422.) Cyrill erklärt auch hier mit primärer Berücksichtigung der Bedürfnisse seiner Zeit. Die Gottheit Christi wird immer wieder hervorgehoben. Als „Pforten der Unterwelt" werden die Verfolgungen ($\delta\iota\omega\gamma\mu o\iota$) bezeichnet, welche die Kirche so wenig als einst den Herrn selber im Leiden überwinden werden. Als Beweis der Gottheit wird auch betont, was der Herr bezüglich seiner Macht über die Kirche kund gibt. Gott allein hat Macht über die Kirche; da Christus diese Macht übertrug, war er Gott, erklärte er sich als Herrn des Himmels und der Erde zugleich. Denn das Verheißene steht über der menschlichen Natur, ja über der Engelwürde. Die Wesenheit und Majestät Gottes allein kann solches verleihen. Indem der Herr die Kirche gründet und ihr Unerschütterlichkeit verleiht, zeigt er sich als den Herrn der Kräfte. Das aber hat er gethan, indem er über sie den Petrus als Hirten stellte ³). Wer möchte die Stelle noch von der durch Petrus bekannten

---

¹) Man citirt hiefür de Trinit. dial. IV. ed. Migne t. 8. p. 865. (? 368) C: Πέτραν οἶμαι παρωνύμως ἕτερον οὐδὲν ἢ τὴν ἀκατάσειστον καὶ ἑδραιοτάτην τοῦ μαθητοῦ πίστιν ἀποκαλῶν (ὁ κύριος), ἐφ' ᾗ καὶ ἀδιαπτώτως ἐπήρεισταί τε καὶ διαπέπηγε ἡ ἐκκλησία Χριστοῦ κ. τ. λ.

²) Comm. zu Luc. t. 5. p. 650.

³) Migne l. c. p. 423: ἣν (ἐκκλησίαν) δὴ καὶ θεμελιοῦν ἐπαγγέλλεται, τὸ ἀκατάσειστον αὐτῇ προσνέμων, ὡς αὐτὸς ὑπάρχων τῶν δυνάμεων κύριος· καὶ ταύτης ποιμένα τὸν Πέτρον ἐφίστησιν.

Wahrheit deuten? — Vollständig allen Zweifel über Cyrill's Anschauung nimmt weg die Anspielung, welche er in seinem Commentar zu Joh. (1, 42.) auf unsere Stelle macht: Gleich beim ersten Anblick durchschaut der Herr den Petrus, nennt ihn und seinen Vater in göttlicher Allwissenheit beim Namen. Doch seinen Namen will er ihm nicht länger lassen, sondern nimmt ihn schon damals durch einen neuen Namen als den Seinigen in Besitz. Ganz entsprechend nämlich gefiel es dem Herrn, den Simon vom Worte πέτρα — Πέτρος zu nennen: auf ihn wollte er ja seine Kirche gründen[1]). So dürfte Cyrill's Exegese zu Matth. 16, 18. klar sein.

B. Dieser Absatz ähnelt dem bei Chrysostomus stehenden (Comm. in Matth. 16., auch im Libell angeführt!) Vergleich zwischen dem, was der Vater, und dem, was der Sohn für Petrus gethan hat; von der vollständigen (plene et perfecte) Uebertragung der Schlüsselgewalt an Petrus — was hier offenbar, wie auch schon im Zeugniß des Cyrillus von Jerusalem vom Epitomator eingesetzt ist, haben wir gleich an einer von Thomas ausgehobenen Stelle zu handeln. — Ueber die „Uebertragung der Schlüsselgewalt an Petrus" äußert sich Cyrill ähnlich wie über die Gründung der Kirche auf Petrus (Migne t. V. p. 423). Er hebt nämlich indirect die Grösse der damit verliehenen Gewalt hervor, indem nur der Herr, wahrer Gott, so sprechen und die Schlüssel zum Himmel verleihen konnte.

C. Da haben wir eine von Thomas ausgehobene Stelle. Was über Christi Macht darin gesagt ist, sagen die hier offenbar benutzten Schriftstellen, nämlich Eph. 1, 21. 22. (Macht des Heilandes, zur Rechten des Vaters über alle Kräfte und Mächte u. s. w. vgl. Phil. 2, 10: Alles beugt sich vor seinem Namen) in Verbindung mit Genes. 49, 10. (dux et sceptrum; cf. Is. 11, 1.: egrediens etc.)[2]). Aber die Uebertragung der Gewalt des Herrn im vollsten Maß auf Petrus? Unzweifelhaft ist auch hier der Ausdruck plenissime (wie schon einmal plene et perfecte) vom Sammler eingesetzt. Die Zusammenstellung der „Vollgewalt" Christi mit den „Vollmachten" Petri und der Apostel findet sich schon Matth. 28, 18 — 20: Tradita est mihi *omnis potestas* in coelo et in terra. Euntes *ergo* docete *omnes* gentes baptizantes... docentes eos servare *omnia* etc.

---

[1]) Migne t. VI. p. 219: φερονύμως δὲ ἀπὸ τῆς πέτρας μετωνόμαζε Πέτρον· ἐπ' αὐτῷ γάρ ἔμελλε τὴν αὐτοῦ θεμελιοῦν ἐκκλησίαν.

[2]) Aehnliche Verwebung mehrerer Schriftstellen des A. und N. Test. ist Cyrill nicht fremd. Cf. ep. 6. (ed. Migne t. 10.) an Nestorius; da sagt Cyrill, mit Anspielung auf Ps. 90, 8; Hebr. 1, 6; I. Cor. 15, 26: Et eum (Christum) adorant angeli, principatus et potestates; ipse est Rex aeternus, cui omnia dedit Pater in manus.

Leider fehlt uns über diese Stelle von Cyrill's Commentar zu Matthäus jedes Fragment. Cyrill von Jerusalem gibt in der citirten 18. Catechese eine Umschreibung der von Christus seiner Kirche hinterlassenen Gewalt[1]). Die Kirche, sagt er, heißt deßhalb katholisch, quod *omne genus* hominum pie *subjugat, principes et privatos,* quia *in universum curat omne genus* peccatorum, habeturque in illa *omne genus* — quocunque nomine vocetur — virtutis, in factis et dictis et spiritualibus carismatibus *omnigenis*. Gerade wegen dieser Ausdehnung aber über alle Objecte (universaliter: *quodcunque* solveris etc.) und Subjecte (*indistincte* dictum: Pasce oves moas)[2]) heißt die kirchliche Gewalt „Vollgewalt" in der Hand Petri des Oberhauptes und der Nachfolger Petri.

Die Titel, welche das erste Oberhaupt, Petrus, von Cyrill erhält, erklären dieß. Petrus, den der Herr, indem er die Kirche auf ihn gründete, zum Hirten der Kirche ($\pi o\iota\mu\acute{\varepsilon}\nu\alpha$ $\tau\tilde{\eta}\varsigma$ $\dot{\varepsilon}\varkappa\varkappa\lambda\eta\sigma\acute{\iota}\alpha\varsigma$) gemacht hat, ist ihm, wie wir bereits hörten, der vom Herrn ausnehmender Ehren gewürdigte, auserwählte unter den Aposteln[3]). Fast immer bekommt Petrus den Titel: das „Haupt der Apostel", oder „das Haupt" schlechtweg; synonym heißt er auch der „Bevorzugte", der „Oberste", der „Inhaber des ersten Platzes" u. s. w.[4]).

D. Manche Ausdrücke verrathen sich sofort, weil auch anderwärts wiederkehrend, als Zuthat des Epitomators, so coram apostolis et suis evangelistis, in evangeliis et epistolis, wohl auch: Petrus sei *loco Dei* in der Kirche. Eine Allmacht Petri folgt daraus eben so wenig, als wenn der einfache Priester „Stellvertreter Gottes" heißt (siehe cap. II.). Als Kern des Absatzes bleibt, daß die Apostel dem hl. Petrus überall den Vorrang gaben in jedem Capitel (?), bei jeder Versammlung, Wahl und Beschlußfassung.

---

[1]) Merkwürdig ist gerade diese Stelle im Libell unter dem Namen des Cyrillus von Jerusalem nicht mitgetheilt. Hat der Sammler sie auf den von Alexandrien übertragen und in das Wort plenissime zusammengefaßt? — Dazu vergleiche man das bereits erwähnte Zeugniß des hl. Maximus († 662) Opp. ed. Combefis. (Paris 1675) II. 76; Migne t. II. p. 144. Siehe später.

[2]) Vgl. den Schluß der Thesis 3. und 2. im Opusculum und das im cap. II. Gesagte.

[3]) ed. Migne V. p. 423. — de trinit. dialog. IV. tom. 8. p. 386. B.

[4]) Cf. Liber de trinit. t. 8. c. 25. p. 1183. A: ὁ κορυφαῖος τῶν ἀποστόλων. — Comm. i. Luc. (22, 31.) t. 5. p. 9, 14: τοὺς μὲν ἑτέρους ἀφίησι μαθητάς, ἐπ' αὐτὸν δὲ τὸν κορυφαῖον ἔρχεται. — Ebenso Homil. divers. n. X. t. 10. p. 1026. B: ὁ κορυφαῖος. — i. Joann. 13, 36. t. 7. p. 168—169: ὁ προύχων, ὁ προτεταγμένος. — ib. ad 14, 1. p. 177: τὸν προύχοντα. — ib. ad 21, 7—14 p. 745: ὁ προύχων. — ib. ad 21, 15—17. p. 747: τῶν ἄλλων ὁ κορυφαῖος καὶ τῶν ἄλλων ὁ προτεταγμένος — u. s. w.

Sachlich bestätigt das die Apostelgeschichte (Act. 1, 16: Wahl des Matthias; 2, 14: Pfingstfest; 15, 7: Apostelconcil; 3, 12; 4, 8. u. f. w.). Doch Cyrill selbst spricht diesen Gedanken fast mit den gleichen Worten aus. Im Commentar zu Johannes (13, 36. Frage des Petrus: Herr, wohin gehst Du?) sagt Cyrill: Bewunderungswürdig ist hiebei die Haltung und Ordnung unter den Jüngern ($\tau\tilde{\omega}\nu$ $\mu\alpha\vartheta\eta\tau\tilde{\omega}\nu$ $\acute{\eta}$ $\tau\acute{\alpha}\xi\iota\varsigma$). Keiner wird behaupten, Petrus, der den ersten Platz unter den Aposteln einnahm ($\pi\rho o\tau\varepsilon\tau\alpha\gamma\mu\acute{\varepsilon}\nu o\varsigma$, also nicht bloß durch Einräumung der Mitapostel!), habe deßhalb gefragt, weil er, indeß die Andern begriffen, selber nicht begriffen habe, sondern als dem Bevorzugten machen sie ihm Platz, daß er frei rede und frage [1]. — Dieß Zeugniß gewinnt Kraft durch das, was Cyrill in lebhafter Exegese zu Joh. 14, 1. sagt. „Petrus hatte versichert, er wolle mit dem Herrn sogar in den Tod gehen. Der Herr sagt ihm: er werde statt dessen ihn dreimal verläugnen. Jetzt wurden die Jünger bestürzt. Wie, dachten sie, was muß da für eine Versuchung kommen, daß sie selbst „den Bevorzugten" zum Falle bringt? Wie wird ein Anderer Bestand haben, wenn Petrus wankt? Wird es uns nicht schlechter ergehen?" [2] Aehnlich zu Joh. 19, 25., wo er ängstliche Gedanken Mariens, der Mutter Gottes, erklärlich findet gegenüber dem Leiden des Herrn, da sogar der Auserwählte unter den Jüngern nichts davon hören wollte [3].

E. Durch die Bemerkung, Lucas habe die Thaten der Vorfahren treu der Kirche überliefert, bahnt sich der Epitomator den Weg zu dem längeren Zeugniß über den stets unversehrten Glauben der römischen Kirche und die Pflicht der Andern, am römischen Glauben festzuhalten [4]. Dieser Gedanke, schon bei Hieronymus (ap. Coust. ep. ad Damas. p. 545.) und Theodoret (ep. ad Renat. presbyt. ep. 116. Halle 1774. IV. 1197.) ausgesprochen, findet sich weiter ausgeführt bei Papst Hormisdas (Mansi VIII. 407.) und besonders im Brief des Papstes Agatho an den Kaiser Constantin, wie er in den Acten der 6. Synode (act. 4.) steht. Aus Hormisdas', besonders aber aus Agatho's Gedanken ist unsere Stelle zusammengesetzt,

---

[1] Migne t. 7. p. 168—69: παραχωροῦσι δὲ μᾶλλον ὡς προὔχοντι τὸ κατέργεσθαι λόγου καὶ παρρησίας τῆς ἐν τῷ πυνθάνεσθαι. Man bemerke: der Satz ist allgemein, auch wenn nicht eigens dabei steht in omni capitulo.

[2] Migne l. c. p. 177: τίς ὁ πειρασμὸς ὡς ἐλεῖν μὲν τὸν προὔχοντα; [Schon dieser Ausdruck nimmt auf die besondere Stellung Petri, nicht bloß auf seine Persönlichkeit, sein Naturell Rücksicht; siehe im folgenden Citat das πρόκριτος!] πῶς ἀνθέξει τις ἕτερος τοῦ Πέτρου κινουμένου;

[3] Ib. p. 662: εἰ γὰρ καὶ αὐτὸς ὁ ἁγίων μαθητῶν πρόκριτος Πέτρος κ. τ. λ.

[4] Wir haben schon erwähnt, daß diese Stelle im Opusculum nicht, wohl aber in der gleichzeitig verfaßten Catena zu Matth. 16. verwendet ist.

mit Einmischung zum Theil unpassender Ausdrücke aus andern Autoren. Ein einfacher Vergleich der Stelle mit den betreffenden Worten bei Agatho rechtfertigt diese Behauptung.

Agatho beschwört den Kaiser, einzustehen für die Apostolische Lehre, welche Petrus überliefert hat, damit sie auf der ganzen Welt verkündigt werde. Cujus (sc. Petri) annitente praesidio *haec apostolica ejus ecclesia nunquam a via veritatis* in qualibet erroris parte deflexa est, *cujus auctoritatem*, utpote apostolorum omnium principis, semper omnis catholica Christi Ecclesia et universales synodi fideliter amplectentes in cunctis secutae sunt, *omnes venerabiles patres apostolicam ejus doctrinam amplexi* ¹). *Haec est apostolorum Christi viva traditio, quam ubique ejus tenet ecclesia,* ... *haec est verae fidei regula* (τῆς ἀληθοῦς πίστεως ὁ κανών) *quam semper tenuit ac defendit* haec spiritualis mater ²)..., quae .. *a tramite apostolicae traditionis nunquam errasse probabitur, nec haereticis novitatibus depravata succubuit*, sed ut ab exordio fidei Christianae — *ab auctoribus suis* ³), apostolorum Christi principibus, *illibata fide tenus permanet secundum ipsius Domini salvatoris divinam pollicitationem* ⁴)... *qui fidem Petri non defecturam promisit* ⁵) ... Ex quo *novitatem haereticam in Christi immaculatam ecclesiam Constantinopolitanae ecclesiae praesules* ⁶) introducere conabantur, praedecessores nostri nunquam neglexerunt eos hortari atque commonere, *ut a pravi dogmatis haeretico errore saltem tacendo* ⁷) desisterent (Mansi t. XI. p. 239. 242. 243). Die Umschreibung der omnes venerabiles patres, welche stets die Auctorität des apostolischen Stuhles anerkannten, durch Häufung kirchlicher Amtsnamen erinnert an viele Stellen bei Cyrill ⁸). Der Schluß der Stelle hat viele Aehnlichkeit mit den Worten bei Hormisdas: Prima *salus est rectae fidei regulam custodire*

---

¹) = super omnes primates etc.
²) In Form einer Aufmunterung am Schluß der Stelle; τῆς ἀληθοῦς πίστεως ὁ κανών ist mit typus veritatis übersetzt.
³) = in suis pontificibus ..
⁴) = siehe Anfang der Stelle, wörtlich.
⁵) = *in fide plenissima Petri.*
⁶) = aliae ecclesiae quorundam errore verecundatae.
⁷) = silentium imponens, ora obturans haereticorum. Sollte bei der flüchtigen Uebersetzung aus dem Griechischen στόμα statt δόγμα gelesen worden sein?
⁸) Siehe zu Luc. 5, v. 2. u. 4. Migne t. 5. p. 551: er nennt hier die Apostel Fischer, — Jäger aber die futuros per tempora ecclesiarum praesules et magistros; ad v. 4: post hos alii doctores atque magistri et populorum praesules et dogmatum veritatis periti.

et a Patrum traditione nullatenus deviare ... quapropter sequentes in omnibus sedem Apostolicam et praedicamus omnia, quae ab ipsa decreta sunt[1]).

So wenig wir also die aus zwei wichtigen Zeugnissen des 6. und 7. Jahrhunderts zusammengezogene Stelle dem hl. Cyrill zuschreiben können[2]): ihr Inhalt ist dem Patriarchen nicht fremd. Sonst hätte er nicht an den Bischof Juvenal von Jerusalem schreiben können: er schicke ihm des Papstes Schreiben zur Aufmunterung; er solle mithelfen, das Ansehen der römischen Kirche gegenüber der Irrlehre geltend zu machen; ἐκκλησίαν οὕτω διαφανῆ στήσωμεν sagt er von der römischen Kirche. Dieß aber geschehe, wenn alle mitsammen einmüthig an Nestorius und seine Kirche schreiben secundum praefinitam formulam, κατὰ τὸν ὁρισθέντα τύπον [3]). Offenbar ein herrliches Zeugniß Cyrill's für das Ansehen der römischen Kirche.

F. Die unter die 7. Thesis von Thomas gesetzte Stelle spricht die Nothwendigkeit des Zusammenhangs mit dem Papst gegenüber den Versuchungen der alten Schlange aus. In solcher Form findet sich der Gedanke bei Cyrill nicht, wenn auch die schwulstige Ausdrucksweise an ihn erinnert. Doch das Zeugniß sagt nicht mehr, als die Wahrheit: „Die Trennung vom apostolischen Stuhl ist für den Katholiken zugleich ein Bruch mit einem katholischen Dogma!" [4]) Diese Wahrheit liegt auch in den Worten bei Cyrill: der Herr hat den Petrus zur besonderen Belohnung seines vollkommenen Bekenntnisses — also nicht bloß in einer auch bei den andern Aposteln zutreffenden Weise! — zum Hirten der Kirche bestellt (siehe unter A. ed. Migne t. 5. p. 423). Ist Petrus der Hirt der Kirche κατ' ἐξοχήν, dann ist die Kirche — Petri Kirche, und Jeder verpflichtet, darin zu beharren. Dem ist die Exegese Cyrill's zu Joh. 21, 15. keineswegs entgegen [5]). Die thatsächliche Beziehung der Stelle auf den Fall Petri, die ihm gewordene Verzeihung, sein Beispiel für alle Hirten und Lehrer der Kirche muß die Exegese immer berücksichtigen (cf. August. tract. 123. in Joann. i. medio). Aber Cyrill unterläßt auch nicht, hervor-

---

[1]) Mansi VIII. 407. Auch eine bekannte Stelle für den Primat bei Isidor von Sevilla (ep. 17. ed. Migne p. 466) hat Aehnliches. Daselbst bezeichnet er die gegen die Auctorität des Papstes sich Auflehnenden als Häretiker, ausgeschlossen von der Gemeinschaft der Gläubigen, und setzt bei: Hoc vero non ex electione proprii arbitrii, sed potius auctoritate Spiritus Sancti habemus firmum ratumque credimus et tenemus.

[2]) Merkwürdig ist, daß gerade der Lib. thesaurorum c. 24 am Ende der Epistel Agatho's citirt wird, natürlich mit Bezug auf die monotheletische Frage!

[3]) Migne t. 10. ep. 16. (al. 14.) p. 113.

[4]) Wörtlich aus Ruckgaber: Irrlehre des Honorius. 1871. S. IV.

[5]) Siehe Pichler a. a. O. I. S. 124.

zuheben, wie mit dem dreimaligen Bekenntniß der Liebe eine dreimalige, im Ausdruck wechselnde ($\delta \iota \alpha \varphi \acute{o} \varrho \omega \varsigma$) Uebergabe der geistlichen Schafe des Herrn in Petri Obhut stattgefunden [1]). Auch sagt Cyrill **nicht**, Petrus habe durch seinen Fall das Apostolat und seinen Vorrang in demselben verloren, sondern: er habe wohl **gefürchtet**, ihn verloren zu haben; nicht, Christus habe ihn „wieder" zu einem Apostel und zum Haupt der Apostel gemacht, **nachdem er aufgehört hatte, es zu sein**, — sondern: Christus habe „neuerdings, wiederholt" die schon früher ihm zugesprochene Würde ihm zugesichert [2]), dadurch jede Makel des inzwischenliegenden Falles tilgend. — Auch das Gebet und der Auftrag des Herrn bei Luc. 22. enthält keine bloße „Rehabilitation Petri zum Apostelamt", wie behauptet wurde mit Rücksicht auf das Wort: Der Herr habe den Petrus „wieder" ($\pi \acute{\alpha} \lambda \iota \nu$) in die apostolische Würde eingesetzt [3]). Von vorneherein ist es unwahrscheinlich, daß Cyrill voraussetzte, durch die Sünde gehe wirklich das Amt verloren. Sodann ist nicht einzusehen, wie der Herr im Gebet, **welches er voraussehend bekanntlich vor dem Fall Petri verrichtet hat**, den Petrus bereits „wieder" in die verlorene Würde einsetzen wollte, die er noch gar nicht verloren hatte und nach dem Willen des Herrn auch nicht verlieren sollte; endlich beruht Alles auf den Worten: $\pi \acute{\alpha} \lambda \iota \nu\ \varkappa \alpha \tau \acute{\epsilon} \tau \alpha \xi \epsilon \nu$ und dem Mißverständniß, als ob $\pi \acute{\alpha} \lambda \iota \nu$ bloß von einer Restitution gebraucht würde. In der That bedeutet es nicht bloß: restituit elapsum, sondern auch: *iterum, rursus* constituit. An der nämlichen Stelle, einige Zeilen voraus, steht ganz in diesem Sinn: $\vartheta \alpha \acute{\nu} \mu \alpha \sigma o \nu\ \pi \acute{\alpha} \lambda \iota \nu$ (nochmal) [4]). Gleich nachher aber heißt es (ad v. 57.): Petrus habe durch seinen Fall seine Bestimmung ($\tau o \widetilde{\upsilon}\ \sigma \varkappa o \pi o \widetilde{\upsilon}$) nicht verscherzt; er **sei geblieben, was er war** ($\mu \epsilon \mu \acute{\epsilon} \nu \eta \varkappa \epsilon\ \gamma \grave{\alpha} \varrho\ \ddot{o} \pi \epsilon \varrho\ \mathring{\eta} \nu$), der treue Jünger, bereichert durch Verzeihung nach der Sünde [5]). Dem entspricht die Exegese zu v. 32. selbst. Der Gedankengang daselbst ist: Petrus, wäre er dem Satan hilflos überlassen worden, hätte wohl den Glauben verloren, weil er auch so schon schwach gewesen. Mit **Bezug auf seine Verläugnung** habe der Herr deßhalb gebetet ($\alpha \grave{\iota} \nu \iota \xi \acute{\alpha} \mu \epsilon \nu o \varsigma\ \tau \grave{\eta} \nu\ \ddot{\alpha} \varrho \nu \eta \sigma \iota \nu$) [6]), im Voraus aber durch Hervorhebung seiner einstigen **Aufgabe** den verzweifelnden Gedanken ihm benommen, als würde er durch seinen Fall aus dem Apostelrange aus-

---

[1]) ed. Migne t. 7. p. 746: ἐφ' ἑκάστῃ δὲ τῶν ὁμολογιῶν διαφόρως ἀκούει τῆς τῶν λογικῶν προβάτων ἔχεσθαι φροντίδος.

[2]) Ib. p. 751: ἀνανέωσις ὥσπερ τις ἦν τῆς ἤδη δοθείσης ἀποστολικῆς αὐτῷ γένεσθαι νοεῖται τὸν μεταξὺ λύουσα τῶν πταισμάτων ὀνειδισμὸν κ. τ. λ.

[3]) Migne t. 5. p. 916. D.

[4]) Cf. t. 7. p. 746: προεβάλλεται πάλιν ... ὁ κορυφαῖος.

[5]) Migne t. 5. p. 927.

[6]) Daß der Herr bloß um seine Bekehrung gebetet, ist nirgends gesagt.

gestoßen, und ihn versichert, er werde die verheißenen Güter erhalten¹). Gerade darin hat sich die Größe der Güte des Herrn nach Cyrill gezeigt, daß Petrus schon jetzt die Verzeihung versprochen und auf's Neue seine Apostel= würde zugesichert erhielt.

G. Da haben wir jenen Theil des Zeugnisses von Cyrill, welcher im Opusculum mit einer Stelle des Maximus unter die Thesis von dem un= fehlbaren päpstlichen Lehramt eingestellt ist. Zwei Punkte sind in diesem — wie Raich sagt, dem Gedanken nach ächt cyrillischen Zeugniß enthalten: a) Ein Bischof nennt sich und einen andern, an den er schreibt, — Glieder am Haupte, welches der römische Stuhl ist; — b) derselbe erklärt es als Pflicht, von Rom Aufschluß zu erholen, was zu glauben, was festzuhalten ist. Wir haben bei Cyrill keine Stelle, welcher diese Sätze in ähnlicher Form und Zusammenstellung angehören könnten. Aber a) was zuvor den ersten Punkt betrifft: die Bischöfe — Glieder am Haupt, welches der Papst ist, so war dieß die ausgesprochene Anschauung des unter Cyrill's hervor= ragender Mitbetheiligung abgehaltenen allgemeinen Concils von Ephesus. Als Grund des Vorsitzes päpstlicher Gesandten auf dem Concil geben die Väter in ihrem Schreiben an den Kaiser an: Ne sancta nostra synodus suo destituatur capite. Hinwiederum sagt der päpstliche Legat Phi= lippus von dem Anschluß der Väter an des Papstes Sentenz: sancta membra sancto capiti se adjunxisse²). Wie leicht konnten Worte des 3. Concils auf Cyrill übertragen werden! Gerade so hatte sich schon vorher Papst Boni= faz I. in einem Brief an die schismatisch gesinnten Bischöfe von Illyricum ausgesprochen³). b) Was den 2. Punkt betrifft, die Pflicht, sich von Rom

---

¹) l. c.: Et mirare rursus (θαύμασον πάλιν)... divinae placiditatis culmen. Ne enim in *desperationem* adduceret discipulum, quasi de apostolatus gloria expungendus esset postquam negasset, implet eum bona spe, fore ut *promissa bona* consequatur (ὅτι τῶν ἐπηγγελμένων ἀγαθῶν τεύξεται). Ait *enim:* Et tu conversus fratres tuos confirma... O bonitas etc. Nondum erat peccatum, et jam veniam praebet *rursusque* illum in apostolica dignitate *constituit* (καὶ πάλιν αὐτὸν ἐν τοῖς ἀποστολικοῖς κατέταξεν ἀξιώμασιν). Daß in diese „Apostolische Würde" des Petrus besondere Stellung eingeschlossen ist, sagt die im Vorausstehenden gemachte Hin= weisung auf dessen besondere Verheißungen (promissa bona). Cf. Cyrill. Hieros. cat. 2: Petrus erhielt wegen seiner Bußthränen nicht bloß Verzeihung, sondern hat auch seine Würde, die ihm nicht genommen worden, behalten (dignitatem.. non ab- latam retinuit).

²) Conc. col. t. 3. col. 1147. act. 2. Ephes. Siehe bei Denzinger, Kritik der Vorlesungen von Thiersch I. S. 150.

³) Bonifac. I. ep. 14. a. 422: Hanc (sc. Petri ecclesiam) ergo ecclosiis toto orbe diffusis velut caput suorum certum est esse membrorum... Ergo servate honorem debitum capiti, quia nolumus, ut inter se membra decertent. — Dazu

Aufschluß zu erholen, quid credendum, quid tenendum sit, so ist dieses thatsächlich immer geschehen. Immer wurden in Sachen des Glaubens und der Disciplin von allen Seiten in Rom Anfragen gestellt und von Rom beantwortet. Daß man aber diese Anfragen in Rom für eine Pflicht hielt, wissen wir aus der Zeit und den Schriften des hl. Cyrill.

Quoniam autem, sagen die Väter von Ephesus in ihrem Schreiben an Cölestin, das der 5. Action beigegeben ist, oportebat omnia ad scientiam tuae sanctitatis referri, quae subsecuta sunt, scribimus necessario ($\dot{\alpha}\nu\alpha\gamma\varkappa\alpha\acute{\iota}\omega\varsigma$)[1]. — Und Cyrill selbst — schreibt er nicht vorher schon gerade so an den Papst? „Wenn Schweigen", sagt er im Eingang seines Briefes, „wenn Schweigen und Unterlassung des Berichtes an Deine Heiligkeit über die auftauchenden Fragen ($\tau\grave{\alpha}\ \varkappa\iota\nu o\acute{\nu}\mu\epsilon\nu\alpha$) erlaubt wäre ($\mathring{\eta}\nu$), besonders in so wichtigen Dingen, wo sogar der rechte Glaube, von Manchen entstellt, in Gefahr ist ($\mu\acute{\alpha}\lambda\iota\sigma\tau\alpha\ \dot{\epsilon}\nu\ \dot{\alpha}\nu\alpha\gamma\varkappa\alpha\iota o\iota\varsigma\ o\H{\upsilon}\tau\omega\ \pi\rho\acute{\alpha}\gamma\mu\alpha\sigma\iota\nu\ \H{o}\pi o\upsilon\ \varkappa\alpha\grave{\iota}\ \mathring{\eta}\ \tau\widetilde{\eta}\varsigma\ \pi\acute{\iota}\sigma\tau\epsilon\omega\varsigma\ \dot{o}\rho\vartheta\acute{o}\tau\eta\varsigma\ \pi\alpha\rho\alpha\sigma\alpha\lambda\epsilon\acute{\upsilon}\epsilon\tau\alpha\iota$), ohne daß man dadurch eine Schuld und begründeten Verdacht auf sich zöge, dann würde ich wohl zu mir selber sagen: Schön und gefahrlos ist Schweigen, ein ruhiges Leben ist besser als ein unruhiges. Aber weil Gott von uns in solchen Dingen Wachsamkeit fordert, und weil es die alte Gewohnheit der Kirchen verlangt ($\tau\grave{\alpha}\ \mu\alpha\varkappa\rho\acute{\alpha}\ \tau\widetilde{\omega}\nu\ \dot{\epsilon}\varkappa\varkappa\lambda\eta\sigma\iota\widetilde{\omega}\nu\ \H{\epsilon}\vartheta\eta\ \pi\epsilon\acute{\iota}\vartheta o\upsilon\sigma\iota$), daß solche Dinge Deiner Heiligkeit mitgetheilt werden, schreibe ich nothgedrungen ($\dot{\alpha}\nu\alpha\gamma\varkappa\alpha\acute{\iota}\omega\varsigma$)." Also derselbe starke Ausdruck wie auf dem Ephesinum! Und zwar in Bezug auf alle wichtigen, besonders aber auf Glaubensfragen! Das ist viel mehr als das *nostrum est* quaerere etc. in unserm Zeugniß.

Doch noch deutlicher spricht Cyrill zum Papste im Verlaufe desselben Briefes: Ich glaubte nothgedrungen ($\dot{\alpha}\nu\alpha\gamma\varkappa\alpha\acute{\iota}\omega\varsigma$) Alles sagen zu müssen; .. ich glaubte nicht eher von der Gemeinschaft des Nestorius mich trennen zu sollen, ehe ich darüber an Deine Heiligkeit Bericht erstattet habe. Darum würdige Dich, Deine Meinung kund zu geben, ob man noch mit ihm verkehren solle oder ob man sofort erklären müsse, Keiner dürfe mehr mit Einem, der so denkt und lehrt, Umgang haben. Deine Ansicht über diesen Punkt muß ($\chi\rho\acute{\eta}$) in Abschrift allen Bischöfen Macedoniens und des ganzen Morgenlandes mitgetheilt werden, sie werden dann mit größ=

---

vergleiche einen Brief des Avitus von Vienne (ep. 16.): Scitis, synodalium legum esse, ut in rebus, quae ad ecclesiae statum pertinent, ad Romanae ecclesiae maximum sacerdotem *quasi ad caput membra sequentia recurramus.* Deßgleichen an Theodoret — Leo d. Gr. (ep. 120: ut in hoc quoque capiti membra concordent) und sonst.

[1]) Coelest. ep. 20. ap. Coust.

ter Freude (ἐπιθυμοῦσι γὰρ αὐτοῖς) einmüthig zusammenstehen zu Gunsten des wahren, angefochtenen Glaubens [1]).

Wahrlich, ein glänzenderes Zeugniß konnten wir uns nicht wünschen, als diesen herrlichen Brief des Patriarchen von Alexandrien, gegenüber dem gelehrten Nestorius, vor dem 3. Concil. Der 2. Punkt in unserer Stelle gleicht nur einem schwachen Auszug aus diesem ächten Brief Cyrill's.

Wir begnügen uns, auf den Brief hinzuweisen, welchen gleichzeitig Papst Sixtus III. an den durch Cyrill's Bemühen wieder herumgebrachten Patriarchen Johann von Antiochien in nicht minder klarer Weise schrieb. Der Brief wurde — vielleicht schon frühzeitig — den Werken des hl. Cyrillus beigegeben [2]).

Doch müssen wir hier anführen, wie Cyrill den Auftrag des Herrn bei Luc. 22., die Brüder zu stärken, umschrieben hat. Mit der Versicherung des Gebetes, ohne welches Petrus wohl seinen Glauben verloren hätte (siehe ad F.) verband der Herr einen speciellen Auftrag an Petrus. Der Auftrag ist nicht bloß der Zeit nach mit dem Gebet des Herrn für Petri Glauben verbunden, sondern entspricht auch seinem Inhalt nach dieser äußern Verbindung. Petrus soll später, nach der Bekehrung, wenn er die Frucht des Gebetes des Herrn geerntet hat, seinen Dank in entsprechender Münze abzahlen: der durch besonderes Gebet vom Herrn im Glauben bestärkte Apostelfürst soll den Brüdern Stärkung und Lehrer im Glauben werden. „Nachdem der Herr auf Petri Verläugnung anspielend gesagt: „Ich habe für dich gebetet, daß dein Glaube nicht abnehme", fügt er sogleich das tröstliche Wort bei: „Und du, wenn du bekehrt sein wirst, stärke deine Brüder, d. h. werde die Stärkung und der Lehrer Aller, die im Glauben zu mir kommen" [3]).

---

[1]) ed. Migne t. 10. ep. 11 (al. 9.) p. 79, dann n. 7. p. 53—85. Διὸ δὴ καταξίωσον τυπῶσαι τὸ δοκοῦν καὶ πότερόν ποτε χρὴ κοινωνεῖν αὐτῷ, ἢ λοιπὸν ἀπειπεῖν μετὰ παρρησίας κ. τ. λ. τὸν δὲ ἐπὶ τούτοις σκοπὸν τῆς σῆς θεοσεβείας χρὴ γενέσθαι διὰ γραμμάτων καταφανῆ καὶ τοῖς ... ἐπισκόποις τοῖς κατὰ Μακεδονίαν καὶ ἅπασι τοῖς κατὰ τὴν Ἀναστολήν. Ἐπιθυμοῦσι γὰρ αὐτοῖς δώσομεν ἀφορμάς (eben im päpstlichen Schreiben!) τοῦ πάντας μιᾷ ψυχῇ καὶ μιᾷ γνώμῃ στῆναι καὶ ἐπαγωνίσασθαι τῇ ὀρθῇ πίστει πολεμουμένῃ.

[2]) ed. Migne l. c. ep. 52. (al. 46.) p. 283. n. 3. & p. 285 n. 5. Expertus es, negotii praesentis eventu, quid *sit sentire nobiscum. Beatus Petrus apostolus in suis successoribus quod accepit, hoc tradidit.* Quis ab ejus se velit separare doctrinâ, quem ipse inter Apostolos primum Magister edocuit ... fidem absolutam et simplicem et quae controversiam non haberet, accepit, *quam utique meditari semper et in ea manere debemus, ut sensu puro sequentes apostolos inter apostolicos esse mereamur* etc.

[3]) ed. Migne t. 5. p. 015: εἰσφέρει παραχρῆμα τὸν τῆς παρακλήσεως λόγον καί φησι· καὶ σύ ποτε ἐπιστρέψας στήριξον τοὺς ἀδελφούς σου· τοῦτ' ἐστι γενοῦ στήριγμα

Es dürfte schwer sein, gegenüber dieser Auslegung zu beweisen, daß des Herrn Gebet für Petri Glauben, mit Beziehung auf seine Verläugnung verrichtet, sich nur auf den Moment der Versuchung und nicht zugleich auf die gleichzeitig, Petro besonders gewordene Aufgabe erstreckt habe, Lehrer Aller und Stütze Aller zu werden.

H. Die in diesem Abschnitt dem Papste zugesprochenen Rechte bekämpfte schon D'Ailly in der erwähnten Thesis Montson's. Auch der jüngste Vertheidiger des Thomas hat sich geäußert, dieß sei eine eines Kirchenvaters kaum (!) würdige Stelle; Thomas hätte sie besser unter jene Zeugnisse aufnehmen sollen, die einer Erläuterung bedürftig sind [1]). Hingegen scheint das in der Einleitung erwähnte Gutachten der Pariser und Wiener Theologen über Thomas' Schriften einen diese Stelle umschreibenden Satz zu enthalten (Rechte der römischen Kirche). Wir bemerken zu dieser Stelle: Die Beanstandungen derselben, sowie die daraus der Lehre des hl. Thomas gemachten Vorwürfe wären nur dann berechtigt, wenn Thomas irgendwo die aus dem strengen Wortlaut der Stelle sich ergebende Folgerung gezogen hätte: der Papst allein kann lösen und binden und Verordnungen geben u. s. w., also kann es außer ihm Niemand, kein Priester, kein Bischof u. s. w. Selbstverständlich lehrte Thomas gerade das Gegentheil. Auch hat er die Stelle nicht etwa in einer Thesis ausgesprochen, sondern in der bereits bekannten rubricirenden Weise unter die 6. Thesis gesetzt, die nichts Anderes behauptet, als daß der Papst auch über den Patriarchen stehe. Deßhalb war schon Natalis Alexander so gerecht, einzugestehen [2]): „Die Stelle ist nicht im Liber thes. des Cyrillus; zu Basel wurde sie von einem Dominicaner (in der Rede de libera verbi Dei praedicatione von Heinrich Kalteisen), zu Florenz von Andr. Rhodi, und auch von dem Patriarchen Gennadius (nach Pichler a. a. O. I. S. 459: Cardinal Bessarion † 1472) in der Vertheidigung des Florentinums angeführt [3]). Alle diese hat der Name Cyrill's bestochen. Leo Allatius versichert, sie im Manuscript von einem unbekannten Verfasser (wahrscheinlich von einem unirten Griechen) in griechischer Form gefunden zu haben [4]).

καὶ διδάσκαλος τῶν διὰ πίστεως προςιόντων ἐμοί. — En Petro consequenterque successoribus ejus privilegium a Christo Domino datum, bemerkt Migne dazu.

[1]) Dr. Raich S. 73—74. Setzt bei: Auf ein solches mangelhaftes Zeugniß habe ein scharfsichtiger Theolog, wie Thomas von Aquin, unmöglich viel Gewicht legen können.

[2]) in der bereits wiederholt erwähnten Rede von 1683 .. l. c. n. 22.

[3]) Defensio 5 capitum etc. c. 5. sect. 12. Dazu von demselben Bessarion ep. ad Graecos, Argentorati 1513, i. fin. p. 8.

[4]) Leo Allat. de perpetuo consensu eccl. Graec. et Latin. lib. 1. So citirt Natalis Alexander. Leider steht uns das citirte größere Werk des Leo Allatius nicht zu Gebote, um die wichtige Stelle im umfangreichen ersten Buch selbst einsehen zu können.

Wie dem auch sei, Thomas hat jedenfalls zur Stelle etwas ergänzt, was dieselbe ihres extremen Sinnes entkleidet, etwa per *totam* ecclesiam, worauf die damit belegte 6. Thesis schließen läßt." Offenbar hat Natalis Alexander hiemit das Rechte getroffen. Der Zusammenhang unserer Stelle mit dem, was im Libell vorausſteht und nachfolgt, beſtätigt dieß. „Im vollen Sinn, allgemein in der ganzen Kirche kann der Papſt allein an Chriſti Statt: binden, löſen, verfügen, verordnen u. ſ. w." Dieß die Bedeutung der Stelle. Das ſprach in gleich ſtarken Ausdrücken ſchon der gelehrte Abt Maximus aus († 662). Umſonſt, ſagt er von dem Monotheleten Pyrrhus, bemüht er ſich, bei Meinesgleichen ſich zu rechtfertigen. Möge er vielmehr ſich beeilen, die Kirche in Rom zufrieden zu ſtellen, den Papſt, den apoſtoliſchen Stuhl: quae (sedes) ab ipso incarnato Dei Verbo, sed et omnibus sanctis synodis ... *universarum*, quae in *toto* terrarum orbe sunt, sanctarum Dei ecclesiarum *in omnibus* et *per omnia* percepit et habet imperium, auctoritatem et potestatem ligandi et solvendi [1]).

Was Cyrill von den Entſcheidungen Roms, auch außerhalb ſeines Patriarchates, hielt, ſahen wir bereits. Hier genüge, auf ſeinen Brief zu verweiſen, den er an den Patriarchen Johann von Antiochien ſchrieb mit der Mahnung, er möge der Entſcheidung ſich fügen. „Der von Rom her mitgetheilte Beſchluß iſt auszuführen ... Siehe zu, was zu thun. Wir folgen dem Urtheil Roms, fürchtend, ſonſt die Gemeinſchaft mit dem ganzen Abendland zu verlieren. Das dorther gekommene Urtheil habe einzig die Gefahr reſp. den Nutzen der ganzen Kirche Gottes im Auge [2]). Dem entſprechend gab Cyrill dem Papſt Cöleſtin hohe Titel. In einer Homilie auf die Gottesgebärerin ſagt er: Quod autem ita se habeant, testem proferamus fide dignum, sanctissimum scilicet et totius mundi archiepiscopum, patrem et patriarcham Coelestinum magnae urbis Romae [3]).

J & K. Dieſe kleinen unter Theſis 3. (Vollgewalt des Papſtes) und Theſis 4. (dieſelbe Gewalt wie Petrus) eingeſetzten Stellen ſprechen den Gedanken aus, der Herr habe dem Papſte als ſeinem ſichtbaren Stellvertreter in der Kirche volle Gewalt gegeben, und dieſer Vorzug werde auch von den höchſten

---

[1]) Opp. Maximi ed. Combef. (Paris 1765) II. p. 76 ed. Migne t. II. p. 144. Unſer Epitomator kannte den Maximus, aus dem wir eine andere noch zu beſprechende Stelle im Libell finden.

[2]) ed. Migne t. 10. ep. 13. (al. 11.) p. 96: ἡμεῖς γάρ τοῖς παρ' αὐτοῦ ἀκολουθήσομεν κρίμασι, δεδιότες ἀπολισθαίνειν τῆς τοιούτων κοινωνίας, οὐχ ὑφ' ἑτέροις τισὶν ἠγανακτηκότων πράγμασιν, ... ἀλλ' ὑπὲρ αὐτῆς τῆς πίστεως καὶ τῶν πανταχοῦ κεκινημένων ἐκκλησιῶν, καὶ τῆς οἰκοδομῆς τῶν λαῶν. Allerdings wechſeln im Brief die Ausdrücke: Biſchof von Rom, römiſche Synode, Biſchöfe auf denſelben.

[3]) bei Mai, Class. Auct. t. X. p. XXIII. u. p. 380 nach Uccelli l. c. p. 29.

Würdenträgern der Welt respectirt. Niemand fiel es ein, das *quod suum est plenum* auf eine dem Papst verliehene Allgewalt oder Allmacht zu deuten: als Ausdruck der im Abschnitt H. ausgesprochenen Vollgewalt in der Kirche, nach Christi Absicht und Einsetzung, ist kein Grund, es wie Janus zu perhorresciren, wenn man es auch als Zuthat des Sammlers[1] bezeichnen muß. Dasselbe gilt im Absatz K. sicher von dem Ausdruck jure divino, vielleicht aber von der ganzen Stelle. Ihr Inhalt ist indeß nichts Anderes, als eine auf das Oberhaupt der Kirche gemachte Anwendung des Satzes: Qui vos audit, me audit, qui vos spernit, me spernit; qui autem me spernit, spernit eum, qui misit me. Darum „erblickten die ältesten Väter in dem Gehorsam gegen die kirchliche Auctorität, Bischöfe, Presbyter und Diakone, den Ausdruck des Gehorsams gegen Gott und Christus"[2]. Soll das gegenüber dem Papst, dem Haupte der Kirche nicht zulässig, sondern „Abgötterei" sein? Sicher nicht. In den Päpsten, als seinen Nachfolgern — das war ja zu Cyrill's Zeiten allgemeine Anschauung — lebt und entscheidet Petrus; Petrus aber ist der Apostelfürst, das Haupt der Apostel, die Säule des Glaubens, das Fundament der katholischen Kirche[3], der von Christus bestellte Schlüsselträger zum Himmelreich. Also, wenn gegen irgend Jemand, wurde gegen die Päpste Gehorsam geleistet, wie gegen Gott und Christus.

L. Wir stehen am letzten Abschnitt unseres Zeugnisses. Einige an Cyrill erinnernde Sätze (über Christi Incarnation und Glorie) abgerechnet, ist dieser Theil, der corrupteste[4] von allen, um so sicherer vollständig Zuthat des Sammlers, als er, am Ende des Zeugnisses, keinen einzigen neuen Gedanken enthält, der nicht schon in früheren Absätzen enthalten wäre. Der kurze Inhalt ist nämlich: Petrus und seine Kirche habe die potestas plenissima — super omnem principatum — per sacramentum et auctoritatem. Die ersten

---

[1] Findet sich übrigens schon vor dem Libell. Siehe später!

[2] Hettinger, Beweis des Christenthums II. 2. S. 468. — Vgl. Bonavent. de Paupert. Christi t. VII. p. 404. col. 1. D. (ed. Vatic.): omne genu debet ei curvari et Principum et Praelatorum ad instar Christi in coelis, cui omne genu flectitur coelestium etc. Darüber später. Findet sich auch schon im Privilegium Constantini: Justum, ut ibidem Gentes inclinent capita sua ... Et ei tanquam ipsi Domino oportet fideles devote et humiliter obedire. Lect. antiq. Canisii ed. Basnage t. IV. p. 60. 61.

[3] Worte des Legaten Philippus auf dem Ephesinum: Nulli dubium, immo saeculis omnibus notum est, S. Petrum Apostolorum principem et caput, fideique columnam et ecclesiae catholicae fundamentum, a Jesu Christo regni coelestis claves accepisse, nec non per successores suos hucusque semper vivere, causas decernere semperque victurum. Harduin. I. 1477.

[4] Siehe im Text den Wechsel von quam und quem; dazu mehrere den Zusammenhang aufhebende Einschiebsel u. s. w.

beiden Ausdrücke kamen sub C., der letzte aber, die Zweitheilung der Kirchengewalt bezeichnend, kam bei Cyrill von Jerusalem zur Sprache.

So haben wir uns Pseudo-Cyrill genau angesehen. Offen haben wir bezeichnet, was als Zuthat des Sammlers betrachtet werden muß: es sind im Wesentlichen die Ausdrücke über die **Vollgewalt** mit Bezug auf ihre **Zweitheilung** nach ihrem Ursprung [1]. Nebstdem haben wir den ächten Cyrill reden lassen über Petri und seiner Nachfolger Amt und Würde, und wo Veranlassung war, haben wir auch andere angesehene Quellen für einzelne Stellen namhaft gemacht. Alles Raisonnement auf Grund des gewonnenen Resultates uns bis zum Schluß des Capitels versparend [2], gehen wir rasch in der Prüfung der Zeugnisse weiter.

3. Die Zeugnisse aus **Chrysostomus** sind jetzt an der Reihe. Das Libell citirt die Commentare richtig, aus denen Stellen genommen sind. Der Sammler hat daran weniger als sonst seine Manier walten lassen [3]. Darum konnten schon die Gegner Launoy's die Citate aus Chrysostomus fast vollständig verificiren [4]. Wir prüfen die Stellen kurz nach der Reihe der Thesen, welchen sie beigesetzt sind.

Die unter der ersten Thesis stehende Bemerkung über den Neid der Apostel gegenüber dem bevorzugten Petrus bei Zahlung der Doppeldrachme ist ächt und dem Commentar zu Matthäus entnommen [5]. Schon die Juden, sagt Chrys., fragten deßhalb den Petrus, weil er der erste unter den Jüngern zu sein schien; der Herr zahlte die Drachme für sich und für Petrus, weil ja Petrus der erste war; der nachfolgende Streit (Matth. 18, 1.) entstand deßhalb, weil dem Petrus eine so große Ehre (ingens honor) zu Theil geworden, **weil der Herr ihn allen Andern vorgezogen hatte** (quando scilicet caeteris omnibus Petrum praetulit) [6].

---

[1]) plene et perfecte; quod suum est plenum reliquit, plenissimam potestatem per sacramentum et auctoritatem (potestatem). Höchstens noch der oft wiederholte Ausdruck loco Dei.

[2]) Hier sei nur erwähnt, daß die beiden Summen, in welchen sich kein Citat aus diesem Zeugniß des Cyrill findet, großartig die Behauptung des Janus widerlegen: Cyrill ist der Lieblingsautor des Thomas, den er immer wieder vorzuführen pflegt. S. 288.

[3]) Desto leichter läßt sich dieselbe gerade an den Zeugnissen des Chrys. studiren!

[4]) Siehe bei Werner a. a. O. I. S. 765. Mit dem Zeugniß: Chryso. ad Bulgar. cons. hat es eine besondere Bewandtniß. Unsere Citate geben wir nach der (lateinischen) Pariser Ausgabe von 1570, auf Migne verweisend.

[5]) Homil. 58. (al. 59.) n. 2. t. II. p. 430. D. 432. A. B. — Migne t. 58. p. 568.

[6]) „cum viderent, Petrum sibi praeferri et praehonorari" heißt die Stelle im Opusculum. — Derselbe Gedanke wird in der nämlichen Homilie wiederholt in

Unter der 2. Thesis (praelatio in universam ecclesiam) stehen drei
Stellen aus Chrysostomus, aus seinen drei Commentaren zu Matthäus,
Johannes und zur Apostelgeschichte.

Nach Matthäus habe der Herr dem Petrus auf der ganzen Erde eine
Gewalt eingeräumt, wie sie dem Vater und dem Sohn selber eigen ist; habe
ihm, einem sterblichen Menschen, Auctorität über Alles, was im Himmel ist,
gegeben, indem er ihm die Schlüssel gab zur Ausbreitung der Kirche über
die ganze Erde.

Die Stelle ist genommen aus des Heiligen homil. 54 (al. 55.) n. 2.
in Matth.[1]). Wie Cyrill von Alexandrien benützt auch Chrysostomus die
Uebergabe der Schlüssel zum Himmelreich, um daraus die Würde Christi als
des Sohnes Gottes nachzuweisen. Denn „was Gott allein geben kann, Nachlaß
der Sünden nämlich, ferner daß die Kirche von so vielen und grossen Stürmen
umtoset trotzdem unbeweglich feststeht, die Kirche, deren Hirt und Haupt ein
armer Mensch, ein Fischer ist, und daß diese Kirche im Kampf mit dem
Erdkreis die Festigkeit des Diamanten übertreffe, — dieß Alles, was Gott
allein zukommt, verspricht Christus ihm zu geben." Dann folgt ein Vergleich
zwischen dem, was der Vater dem Petrus einst gab und was der Sohn jetzt
zu geben versprochen. Der Vater habe ihm die Gottheit des Sohnes geoffen=
bart, der Sohn aber die Predigt des geoffenbarten Vaters und Sohnes über
die ganze Erde hin ihm aufgetragen. Obwohl Petrus ein sterblicher Mensch
war, sollte er doch himmlische Macht besitzen und die Schlüssel des Himmel=
reiches haben. Und Petrus habe gezeigt, daß die Kirche, ausgebreitet über
die Erde, an Festigkeit die Himmelsfeste übertreffe[2]).

---

andern Wendungen ausgesprochen. „Sie hätten sich nicht laut zu fragen getraut,
quare Petrum ipsis praeponeret. Sie hätten nichts dagegen gehabt, wenn nur alle
Drei (die Zebedäiden mit Petrus) diese Auszeichnung bekommen hätten; daß aber der
Herr sie dem Einen gab, betrübte sie (quum ad unum delatus honor est). Sie hätten
dabei auch an dessen frühere Auszeichnung gedacht, an die Namensänderung, und hätten
überhaupt sehen müssen, wie der Herr den Petrus mit sich viel freier reden ließ (quia
liberius eum multo Christo colloqui conspiciebant)."

[1]) tom. II. (homil. 55.) p. 402 seq. — ed. Migne t. 58. p. 534.

[2]) l. c. *Nam quae Deus concedere solus potest*, peccatorum scilicet remis-
sionem, et ut ecclesia tot tantisque fluctibus impetu irrumpentibus immobilis
maneat, cujus pastor et caput piscator homo atque ignobilis, terrarum orbe
reluctantis adamantis naturam firmitate superet (verschiedene Lesarten!), haec inquam *omnia quae solius Dei* sunt, se pollicetur daturum. ... Der Vater habe
ihm geoffenbart..., filius autem dedit partim *ut tam patris quam filii sui reve-
lationem ubique terrarum posset seminare, partim, ut quamvis homo esset mor-
talis, coelesti tamen potestate polleret et claves haberet regni coelorum: ita*

Die andere Stelle findet sich im Commentar zu Johannes. Da stellt Chrysostomus die Frage: warum frägt der Herr mit Umgehung der Andern gerade Petrus? Weil er der Mund der Apostel war, der Erste, das Haupt im ganzen Chore. Deßhalb habe auch Paulus, ihn vor den Uebrigen zu besuchen, die Reise nach Jerusalem gemacht. Durch die **dreimalige Frage** habe der Herr auf **Petri Fall** hinweisen, durch den **dreimaligen Auftrag** aber die **Wichtigkeit des Hirtenamtes** über seine Schafe ausdrücken wollen. Mit dem Worte: Sequere me! habe der Herr auf's Neue seine besondere Sorgfalt und Liebe für Petrus bewiesen. „Fragt aber Jemand", fährt Chrysostomus fort, „warum dann nicht Petrus, sondern Jacobus de'n **Sitz** (*θρόνος*) in Jerusalem erhalten hat, so antworte ich: **den Petrus hat der Herr zum Lehrer über die ganze Welt gesetzt**" [1]).

Der selbstgemachte Einwand supponirt: der Sitz in Jerusalem, wo der Herr gelebt und gestorben, wäre zur vollständigen Nachahmung desselben durch Petrus für diesen passender gewesen. Aber Chrysostomus stellt **dem Sitz Jacobi in Jerusalem** — **die ganze Welt** entgegen, für welche Petrus zum Lehrer gesetzt wurde. Das ist deutlich gesprochen. Die Stelle beweist für den Primat trotz der Bedenken, die Launoy dagegen hatte [2]). Was in

---

Petrus ecclesiam per universum orbem amplificatam coelo etiam ipso validiorem monstravit. —

Daraus ist im Libell zusammengezogen: Filius quae patris est et ipsius filii potestatem ubique terrarum concessit, et homini mortali omnium (quae) in coelo sunt, dedit auctoritatem, dando eidem claves ad hoc, ut ecclesiam ubique terrarum amplificet. — Im Verlauf derselben Stelle ist Petrus wiederholt vertex omnium, vertex apostolorum genannt.

[1]) Chrys. in Joann. hom. 88. (al. 89. vel 87.) t. III. p. 355 A. — ed. Migne t. 59. p. 480 n. 1. Sequere me. Quibus verbis iterum curam et familiarem in eum affectum ostendit. Quod si quis percontaretur: *Quomodo igitur Jacobus sedem Hierosolymis acceperit; responderem: hunc totius mundi magistrum praeposuisse* (τοῦτον οὐ τοῦ θρόνου, ἀλλὰ τῆς οἰκουμένης ἐχειροτόνησε διδάσκαλον).

Im Opusc. heißt die Stelle: Jacobum localiter in loco terminat, Petrum vero totius orbis ordinat magistrum et doctorem.

[2]) „Die Schlüsselgewalt hätten auch die andern Apostel bekommen; es sei nirgends von einer dem Primat eigenen Jurisdiction die Rede u. s. w." Dagegen hob schon Werner (a. a. O. S. 766) hervor: Eine allgemeine den Aposteln verliehene Befugniß, Sünden nachzulassen u. s. w. (cf. Chrys. lib. III. de sacerdotio) hebe eine besondere Prärogative überhaupt, speciell die jurisdictionellen Vorrechte des Petrus nicht auf. Warum sonst besondere, eigene Verleihung der Schlüsselgewalt? Uebrigens ist Petrus nicht bloß Schlüsselträger, sondern auch Fundament der Kirche. Nicht immer wird seine ganze Gewalt, manchmal bloß ein besonderer Theil derselben hervorgehoben. Chrysostomus hat auch Stellen, welche die volle Prärogative Petri betonen. Siehe die gleich anzuführende ex homil. 6. in Act. n. 1. etc.

derselben Homilie über das Verhältniß Petri zu Johannes folgt, verstärkt unsere Stelle. Hinsichtlich der Frage des Petrus: Domine, hic (Joannes) autem quid? bemerkt Chrysostomus: Früher hat Petrus nicht selber, sondern durch Vermittelung des Johannes gefragt. Jetzt aber, da ihm die Sorge für die Brüder übertragen worden, bedient er sich nicht mehr der Stellvertretung eines Andern, sondern fragt selbst *(hic commissa sibi fratrum cura non modo (jam) alteri vicem suam mandat, sed et ipse magistrum interrogat)*. Mit der Frage selbst habe er sich den Johannes zum Mitgehilfen in seinem grossen und schwierigen Amt erbitten wollen (nam cum *magna* Christus Petro communicasset, *orbis terrarum curam* demandasset etc.). Daraus ist klar: nach Chrysostomus war Petri Amt kein bloßes Ehrenamt!

Die dritte Stelle unter der 2. Thesis wird als ein Citat aus dem Commentar zur Apostelgeschichte bezeichnet. Petrus a Filio super omnes, qui filii sunt, potestatem accepit, non ut Moyses in gente una, sed in universo orbe. Soweit im Opusculum. Man fand bisher die Stelle im Commentar zur Apostelgeschichte nicht; man hob deßhalb hervor, daß in derselben Weise Jeremias und Petrus in einer bereits citirten Homilie in Matth. (54. al. 55.) gegenübergestellt werden. „Dem Jeremias sagte einst Gott der Vater: Siehe, ich habe dich gesetzt zu einer Säule aus Eisen u. s. w. Aber diesen hat der Vater nur Einem Volke, den Petrus aber hat Christus dem ganzen Erdkreis an die Spitze gestellt" [1]. Eben diese Gegenüberstellung findet sich auch im Libell und zwar am rechten Ort, als Citat aus Matthäus. Aber dem nachher stehenden Zeugniß aus der Apostelgeschichte, welches bei näherer Besichtigung als Conglomerat verschiedener im Commentar zu den Actus gebrauchten Titulaturen Petri im Anschluß an homil. 6. (Jesum Nazarenum u. s. w.) erscheint, ist am Schluß, offenbar aus hom. 54. (al. 55.) in Matth. genommen, nebst neuen Titeln auch dieser Vergleich angehängt, darin aber statt Jeremias — Moses gesetzt, was leicht zu erklären [2]. Der Gedanke, den Chrysostomus ausspricht, ist aber dadurch nicht im Mindesten geändert, geschweige gefälscht.

---

[1] l. c. t. II. p. 403: *Sed ipsum quidem genti uni Pater, hunc autem universo terrarum orbi Christus* praeposuit. Mag Launoy immerhin bemerken, daß Chrys. zunächst die Gottheit des Sohnes beweisen wolle. Richtig. Aber er beweist sie eben dadurch, daß Christus sonst nicht den Petrus an die Spitze des ganzen Erdkreises hätte stellen können!

[2] Der Vergleich des Petrus mit Moses wurde schon frühzeitig gemacht. Siehe Dr. Raich a. a. O. S. 68.

Unter der 3. Thesis des Opusculums steht eine auf Joh. 21, 15. Bezug nehmende Stelle mit der Aufschrift: Chryso. (in einigen Ausgaben: Chrysol.) dicit ad consulta Bulgarorum. Dieselbe lautet: Ter te interrogo, an ames, an ames, an diligas? quia ter me trepidus et timidus negasti. Nunc autem reductus ne credant te fratres gratiam et clavium auctoritatem amisisse, quia amas me, coram ipsis id tibi etiam confirmo, quod meum est plenum. Man hat diese Stelle vergeblich bei Chrys. gesucht; gedrängt von Launoy glaubte sie Guyard dadurch zu retten, daß er die handschriftliche Abkürzung Chryso. = Chrysologus nahm. Aber, triumphirte Launoy, die Stelle findet sich auch bei Chrysologus nicht. Der Streit mußte ruhen.

Ein Umstand entging, wie es scheint, allen Feinden und Freunden des Opusculums, selbst dem trefflichen De Rubeis, der Beisatz nämlich: ad consulta Bulgarorum. Weder an Chrysostomus noch an Chrysologus konnten die erst im 9. Jahrhundert bekehrten Bulgaren Anfragen gestellt haben. Schon die Worte erinnerten an die Responsa Papae Nicolai. Da kam Uccelli's Schriftchen und weist für das Zeugniß, dem unsere Stelle entnommen ist, im Libell eine summarische, complexe Ueberschrift auf. Dieselbe lautet, sonderbar genug, im Cod.: Idem Chrysostomus et Theophylactus vulgarorum consulta Justinianus primae ecclesiae praesul et Philippus Thessalonica magnus doctor super Joannem. Nach Uccelli wäre der ganz verwirrte Titel zu lesen: Idem Chrysostomus, magnus doctor, et Theophylactus, primae ecclesiae Bulgarorum praeses (?), super Joannem; Philippus Thessalonica (Nicolaus I.) ad consulta Bulgarorum, Justinianus[1]). Man sieht aus diesem Titel, wie weit man damals, ohne Absicht einer Fälschung, im Verschmelzen verwandter Zeugnisse ging. Das wirklich folgende Zeugniß ist der Hauptsache nach aus dem nach Chrysostomus arbeitenden

---

[1]) Uccelli p. 32 seq. „Philippus" weise auf den Legaten Cölestins bei dem Ephesinum (Labbé t. III. col. 619.), „Thessalonica" auf den daselbst residirenden Vicar des Papstes für Illyricum, an welchen z. B. Bonifaz I. gegen schismatische Bischöfe so scharf den Primat betonende Briefe schrieb (ep. 4. ep. 14. ep. 15.), — die „consulta Bulgar." auf die Antworten Nicolaus I. (tit. 4. u. 5. Stellen über päpstliche Suprematie?), — endlich Justinianus auf den griechischen Kaiser Justinian I. (Gegenüber der Verwunderung Friedrichs (Theolog. Lit.=Bl. 1870. Kritik des Anti-Janus Sp. 371.) über Anführung Justinians (als eines „Kirchenvaters"?) für den Primat sei bemerkt: Auch Pichler citirt Justinian (a. a. O. S. 130—31 Cod. Justin. lib. I. t. I. 7. p. 10. ed. Herman Leipzig 1848; ib. tit. I. 8. p. 13. —); ja schon der gelehrte Hugo Etherianus that das Gleiche in seinen drei „Büchern gegen die Griechen" (Alexander III. gewidmet). Der Nämliche citirt auch Theophylakt und Nicetas von Thessalonich. (Vgl. Photius von Hergenröther Bd. III. S. 815.) Spielt vielleicht auf Letzteren das Wort Thessalonica an?

Theophylakt[1]) genommen. Die dreimalige Frage hat sich nach beiden Exegeten auch auf den dreimaligen Fall Petri bezogen; daß der Herr durch seine Frage und seinen Auftrag an Petrus die Ansicht habe verbannen wollen, als habe Petrus sein Amt verloren, hat Keiner von Beiden, wohl aber Andere, z. B. Cyrill von Alexandrien, wie wir gesehen haben. Den Ausdruck quod meum est plenum („was vollkommen mein ist" — oder: „was mein ist, vollkommen"?) halten wir für einen Beisatz des Sammlers. Der Gedanke liegt vollständig in dem Brief des Papstes Bonifaz I., welchen derselbe an die illyrischen Bischöfe schrieb, und der (nach Uccelli's Conjectur) mit dem Worte Thessalonica möglicherweise mitcitirt sein. kann. „Die Nicenische Synode, erklärt der Papst bereits a. 422, habe deßhalb über den päpstlichen Stuhl nichts bestimmt, cum videret nihil supra meritum (dignitatem) suum posse conferri, omnia denique huic noverat Domini voce concessa etc. (ep. 14.)[2]).

Während Thomas die eben betrachtete Stelle mit dem eigenthümlichen Titel unter die 3. Thesis gesetzt, steht aus dem nämlichen Zeugniß unter der 4. Thesis eine kürzere Stelle, mit dem einfachen Citat: Chrys. dicit ex persona filii loquens: Pasce oves meas i. e. loco mei praepositus esto fratrum.

Auch diese Stelle ist aus Theophylakt, dem an 2. Stelle im Titel aufgeführten Auctor. Bei Chrysostomus sind — auffallender Weise — die Worte pasce oves meas gar nicht erklärt. Auch fehlt (bei Theophylakt), was Launoy

---

[1]) Theophylakt war bulgarischer Erzbischof in der zweiten Hälfte des 11. Jahrhunderts (sicher schon vor 1078 und bis 1107). Bezüglich seiner Stellung zum Schisma wissen wir: er urtheilt viel milder über die Lateiner, als die meisten seiner Zeitgenossen, tadelt eigentlich streng nur das filioque im Symbolum als einen nie verzeihlichen, wenn auch mit Hinweis auf Petri Bekenntniß gemachten Beisatz. Vgl. Photius von Dr. Hergenröther Bd. III. S. 782. 784. — Merkwürdig ist, daß die Griechen bereits im 13. Jahrhundert die Stellen des Chrysost. für den Primat wenig gelten ließen, weil er anderwärts die oberste Kirchengewalt als dem gesammten Apostel = Collegium übertragen hinstellt. Die Lateiner antworteten darauf: die von den Griechen citirten Texte des Chrysostomus seien durch den bulgarischen Erzbischof Theophylakt corrumpirt worden, daneben aber noch unverfälschte Exemplare in griechischen Klöstern zu finden. Cf. tractat. advers. Graecos i. Canisii lect. antiq. IV. ed. Basnage p. 55.

[2]) Auch die Zeugnisse der Päpste beweisen — für den Primat. Das betont selbst Pichler gegenüber den Griechen (a. a. O. S. 145 n. 70.) und verweist auf Bossuet (defens. decl. cleri Gallic. II. 155.): In den eigenen Aussprüchen der Päpste über ihre Gewalt liegt nichts Verdächtiges, indem ja Gott denjenigen, welchen er eine so bevorzugte Stellung angewiesen, auch das Bewußtsein ihrer Macht gegeben hat, und weil die Orientalen selbst erklären, die Päpste und das katholische Abendland seien vor Photius ganz rechtgläubig gewesen und erst später von der Orthodoxie abgefallen.

betont, die Bemerkung loco mei. Dafür ist sachlich die eigentliche Stellvertretung des Herrn durch Petrus bei Theophylakt klar gegeben.

Nach jenem Mahle am Seegestade (Joh. 21, 1.), sagt Theophylakt, übergibt der Herr dem Petrus die Vorstandschaft über die Schafe der ganzen Erde, ihm allein und keinem Andern übergibt er sie, wegen seines Vorranges vor allen Uebrigen[1]), weil er der Mund des Collegiums war.

Zur Erklärung des *Sequere me* bemerkt er im Anschluß an Chrysostomus: Dem Petrus hat der Herr die Vorstandschaft über alle Gläubigen gegeben. Wenn nämlich Jacobus den Thron von Jerusalem erhielt, so erhielt Petrus den Thron der ganzen Erde[2]). Theophylakt zieht also ausdrücklich die Consequenz, welche implicite schon bei Chrysostomus durch die Gegenüberstellung der sedes Jacobi zum orbis terrarum Petri gegeben ist: Petri Thron ist gestellt über die ganze Erde, gerade dadurch erfüllt sich ganz die Nachahmung Christi durch Petrus, wozu er durch sequere me in besonderer Weise war aufgefordert worden. Ist der Beisatz loco mei dieser Exegese bei Chrysostomus und Theophylakt[3]) entgegen?

Unter der 6. Thesis steht noch eine Stelle aus Chrysostomus, aus dem Commentar zur Apostelgeschichte. Petrus vertex sanctissimus beati apostolici throni, pastor bonus. Mit Recht bemerkt Raich: die Stelle, wie sie vorliege, habe keinen klaren theologischen Sinn, auch sei sie in dieser Form nicht ächt. (S. 75.) Aber beachtet man, daß die Stelle bloß Titel Petri enthält, und daß offenbar statt des aus Theophylakt entnommenen (siehe oben!) θρόνου, wozu vertex nicht paßt, — χοροῦ einzusetzen ist, so lassen sich nicht blos eine, sondern viele Stellen bei Chrysostomus finden, in welchen Petrus das hl. Haupt des seligen Chores genannt wird. So heißt es ausdrücklich in homil. 6. in Act. n. 1: "Ἅγιος οὗτος ὁ κορυφαῖος τοῦ μακαρίου χοροῦ. Vgl. Homil. 88. (al. 87.) in Joann. n. 1: Quid tandem aliis omissis de his dumtaxat Petrum affatur? Os erat apostolorum, princeps et vertex ipsius coetus[4]). Wir sehen, die klarsten Stellen

---

[1]) Theophyl. (Venedig 1754) t. I. p. 769 B: Τῷ Πέτρῳ τὴν προστασίαν τῶν τῆς οἰκουμένης προβάτων ἐγχειρίζει· οὐκ ἄλλῳ δὲ, ἀλλὰ τούτῳ ταύτην δίδωσι, πρῶτον μέν, ὅτι πάντων ἔκκριτος καὶ στόμα τοῦ χόρου, ἔπειτα .. κ. τ. λ.

[2]) Ib. Commisit Petro προστασίαν πάντων τῶν πιστῶν. Εἰ γὰρ τῶν Ἱεροσολυμῶν Ἰάκωβος τὸν θρόνον ἔλαβεν, ἀλλὰ Πέτρος τῆς οἰκουμένης ἁπάσης.

[3]) Cf. ib. Πέτρος τοιούτων ἠξιώθη, ὡς καὶ τὴν οἰκουμένην ἐγχειρισθῆναι ... Sequere me = οἰκουμένην ἅπασαν ἐγχειρίζοντί σοι ἀκολούθει!

[4]) t. III. in Joann. p. 354. A.; in Act. hom. 3. p. 395 D: Merito primus omnium auctoritatem usurpat in negotio, ut qui omnes habeat in manu. Ad

über Petri Vorrang, auf welche auch die kühlsten Freunde des Papstthums im Beweise für den Primat recurriren (siehe Pichler a. a. O. I. S. 123), sind aus Chrysostomus mit kaum nennenswerthen Aenderungen im Libell und Opusculum aufgeführt. Auch sie aber beliebt man kurz „durchweg fingirte" zu nennen.

4. Es erübrigt noch, zwei aus Maximus angeführte Stellen zu prüfen. Unter der 5. Thesis (über das unfehlbare Lehramt) steht — also für uns von besonderer Wichtigkeit — neben der aus Cyrill (sub G.) benützten Stelle folgendes Zeugniß: Item Maximus in epistola orientalibus directa dicit: Omnes fines orbis, qui dominum sincere receperunt, et ubique terrarum catholici veram fidem confitentes in ecclesiam Romanam tanquam in solem respiciunt, et ex ipsa lumen catholicae et apostolicae fidei recipiunt. So im Libell und Opusculum. Und in der auch vom neuesten Editor der Werke des Maximus nicht im Mindesten beanstandeten Epistel des Heiligen (ex epistola Romae scripta)[1]) heißt es: Omnes enim orbis terrarum fines, et qui ubique gentium Dominum vere rectâque fide confitentur, velut in solem sempiternae lucis in Sanctissimam Romanam ecclesiam ejusque confessionem et fidem rectâ (rectam?) intortis oculis respiciunt, ex ipsa effulgurans exspectantes jubar Patrum

---

hunc enim dixit Christus: Et tu aliquando conversus confirma fratres tuos. homil. 4. p. 403. D. Petrus omnium erat os. — homil. 3. p. 393. A. In diebus illis surgens Petrus. Quam est fervidus? Quam agnoscit creditum a Christo gregem! quam in hoc choro princeps est! et ubique primus omnium incipit loqui. ib. p. 394. Warum theilt Petrus das Geschäft der Wahl des Mathias mit den Andern? Die Antwort, welche Chrysostomus darauf gibt, ist eines der kräftigsten Zeugnisse für die Anschauung der Väter über die jurisdictionellen Vorrechte Petri. Ne verteretur res in pugnam, ac delaberetur in contentionem... *Quid annon licebat ipsi* eligere? *Licebat, et quidem maxime.* Verum id non facit, né cui videretur favere partibus etc. Darnach müssen die dem Petrus beigelegten Titel beurtheilt werden.

[1]) ed. Migne Opp. Maximi t. II. p. 138. Der Cod. Regius sagt: der Brief sei in Rom geschrieben. Der zweite römische Cod. verbindet dieß Excerpt auf Grund einer Namensverwechselung mit dem Brief von Marinus. Anastasius hat dieses Zeugniß nicht. Migne macht aufmerksam, wie sehr diese Stelle mit den sonstigen Aussprüchen des Abtes von Chrysopolis über den Glauben der römischen Kirche stimmt. — Wir können hinzusetzen: die Stelle stimmt auch vollständig mit den Zeugnissen seiner Zeitgenossen. Sophronius schickt den Stephan von Dora schleunigst nach Rom ab, *ubi orthodoxorum dogmatum fundamenta existunt.* (Labbé VI. col. 104.) Der Orient wendet sich durch Sergius von Cypern in der monotheletischen Frage an Papst Theodor und motivirt dieß also: Fundamentum a Deo fixum et immobile atque tituli *formam lucidissimam fidei vestram Apostolicam sedem* constituit, o sacer vertex, Christus Deus noster. (Labbé VI. col. 121.) Vgl. Guéranger a. a. O. 146. 144.

doctrinae Sanctorumque. Die Stelle stimmt also vollkommen mit der Quelle. Der Titel: „an die Orientalen geschrieben" ist mit dem jetzigen des Fragments ganz vereinbar. Die im Fragment unmittelbar folgende Beziehung (prout exposuere sanctae sex synodi, symbolum edentes) auf die 6 Synoden (als 6. ist die unter Martin I. in Rom gehaltene gerechnet) schwächt das Zeugniß nicht ab; sie sagt vielmehr: entweder — gerade so rein ist der Glaube in Rom wie auf den sechs Synoden (prout) — oder: nach dem Zeugniß und dem Verhalten der sechs angesehensten Synoden strahlt in Rom das Glaubenslicht sonnenklar. Jede andere Deutung verbietet strengstens der Zusammenhang [1]). Nach Form und Inhalt ist also diese als Beleg für das unfehlbare Lehramt der Päpste angeführte Stelle aus Maximus ächt.

Die andere Stelle aus Maximus findet sich unter der 7. Thesis (omnes subsunt Papae) und lautet: Coadunatam et fundatam super petram confessionis Petri dicimus universalem ecclesiam, secundum diffinitionem salvatoris, in qua necessario salutis animarum nostrarum est remanere et obedire, suam servantes fidem et confessionem.

Die Stelle ist wörtlich aus dem Libell, dem Gedanken nach aber vollständig aus dem vorher citirten Fragment genommen. „Die römische Kirche seit Christus und gemäß seiner Verheißung an Petrus (Matth. 16.) die einzige feste Basis für alle Christen, für alle Kirchen; sie die Schlüsselträgerin, öffnet den Frommen und hält ab die Häretiker." Diese zwei in unserer Stelle ausgesprochenen Gedanken enthält Maximus' Brief im unmittelbaren Zusammenhang mit der oben mitgetheilten Stelle [2]). Unsere Stelle gibt den hier schwulstigen und dunkeln Text bei Maximus nur abgekürzt und zieht die in den Ausdrücken: einzige Basis aller Kirchen u. s. w. enthaltene Consequenz ausdrücklich: in ihr also müssen wir mit Heilsnothwendigkeit verbleiben und ihr gehorchen. Ausdrücklich spricht diese katholische Wahrheit auch Maximus aus, aber in dem bereits früher erwähnten Brief über den Monotheleten Pyrrhus [3]).

---

[1]) Namentlich der gleich folgende Absatz: Ab initio *enim* etc. Siehe die folgende Anmerkung!

[2]) Ab initio enim, quando ad nos Dei verbum descendit, unicam firmam basim et fundamentum omnes ubique Christianorum ecclesiae — quae ibi (sc. Romae) est, maximam nactae sunt habentque ecclesiam; ut in quam juxta ipsam salvatoris promissionem portae inferi haud quaquam praevaluerint; sed quae rectae fidei in ipsum ac confessionis claves habeat, hisque qui cum pietate accedant ... aperiat, claudat vero atque obstruat omne os haereticorum. ib. Migne t. II. p. 138.

[3]) ed. Migne t. II. p. 144. Wer die mit dem Anathem belegt, welche den Pyrrhus ausgeschlossen, der belegt mit dem Anathem den römischen Stuhl: d. h. die

5. Damit stehen wir am Ende der trockenen, aber nothwendigen Untersuchung über die von Thomas aus dem oft genannten Libell ausgehobenen Stellen für den Primat. Erinnern wir uns: daß schon Zweck und Anlage des Büchleins uns zeigten: Thomas habe nicht auf Grund der ausgehobenen Stellen „geforscht", neue Sätze, Conclusionen daraus geschöpft und gewonnen, sondern habe einfach dargebotene Texte unter ihm bereits feststehende Sätze (veritas fidei catholicae) disponirt, rubricirt. Erinnern wir uns ferner, daß die Scholastik im Mittelalter, quamvis expers artis criticae (nach Dubin), doch nicht im Brauch hatte, ihre Anschauungen, ihre Thesen nach einer oder ein paar eben gefundenen Väterstellen einzurichten oder zu wechseln; daß vielmehr als Kriterium bei Beurtheilung von Neu-Aufstellungen oder streitigen Behauptungen ein gewisser theologischer sensus communis galt, „eine aus der bisherigen Entwickelung der theologischen Wissenschaft als anerkanntes Ergebniß resultirende Summe theologischer Maximen (Alanus von Ryssel: Inbegriff solcher Maximen)[1]). Erinnern wir uns endlich, daß gerade zu Paris, wo Thomas lernte und lehrte, neue Thesen hart geprüft wurden, ehe sie als Lehrsätze in der Kirche vorgetragen werden durften[2]), und daß gerade Thomas, was den Inhalt der Lehre betrifft, „gewöhnlich nur das in der Kirche von Alters her Ueberlieferte mit gewissenhafter Treue wiederholt"[3]). Dann aber stellen wir das Ergebniß unserer Untersuchung gegenüber den gemachten Angriffen zusammen.

1°: Der Satz, daß Thomas sein „Papalsystem" durchweg nur auf unächte, fingirte Stellen aus Vätern und Concilien gestützt habe, wäre unwahr, wenn wir auch sonst kein Werk von Thomas hätten, als das Büchlein gegen die Griechen. Was immer der Sammler in die Zeugnisse durch schlechte Uebersetzung, unnöthige Paraphrasen oder eigene Zuthaten eingesetzt hat: die Stellen aus Chrysostomus und Maximus sind dem Gedanken und fast alle auch der Form nach ächt, Zeugnisse, wie man stärkere auch heute noch kaum für den Primat Petri und seiner

---

katholische Kirche, ja man könnte sagen: er verurtheilt sich selbst... Der verdient gar kein gutes Prädicat mehr, der ausgeschieden ist und verurtheilt von dem apostolischen Stuhl in Rom, und bleibt dieß, so lange er nicht Wiederaufnahme gefunden conversus ad ipsam (sedem apostolicam), immo ad Dominum Deum nostrum ... etc.

[1]) Siehe Werner a. a. O. I. S. 703.
[2]) Siehe Döllinger a. a. O. in der Einleitung.
[3]) Vgl. Bonn. Theolog. Literaturblatt 1870. Sp. 462. (Worte Brentano's in der Kritik der „Gotteslehre des hl. Thomas" nach Delitzsch.)

Nachfolger vorbringen kann. Die angeblich gefälschten Canones haben wir als Verschmelzung mehrerer, ächter, ebensoviel sagender Canones aus früherer Zeit oder als ausdrückliche Formulirung nothwendiger Voraussetzungen bei ächten Canones kennen gelernt. Die Stellen aus den beiden Cyrillus sind, wenigstens dem Gedanken nach, in ihren erhaltenen Schriften oder in andern ächten angesehenen Quellen aus der Zeit vor dem 8. Jahrhundert (Brief Agatho's!) nachweisbar. Als sicherer Beisatz des Sammlers erscheinen die Ausdrücke über die Vollgewalt (plene et perfecte, plenissima potestas, quod suum (sc. Christi) est plenum; loco sui, Dei). Das wäre von Bedeutung, wenn sich nicht auch diese Ausdrücke schon in der Zeit vor Thomas als constant gebraucht nachweisen ließen[1]). —

2°. Was die beiden Belege unter der Thesis über das unfehlbare päpstliche Lehramt betrifft, so ist die Stelle aus Maximus dem Gedanken und der Form nach, die aus Cyrill dem Gedanken nach mehr als genügend bei ihm selber nachgewiesen. Dieß Resultat hat für unsern Gegenstand, Thomas' Lehre über das Magisterium der Päpste, besondere Wichtigkeit.

3°. **Wenn man ganz absieht von Zweck und Anlage des Büchleins, ist doch die Annahme unmöglich, daß Thomas aus den darin aufgeführten Stellen seine Lehre vom Primat und dessen Rechten gewonnen habe.**

Dafür spricht vor Allem, daß Thomas keines dieser Zeugnisse, nicht einmal ein ächtes daraus, in seinem Meisterwerke, der theologischen Summe, benützt hat, um die Rechte des Primates zu beweisen. Hätten dieselben, wie man behauptet, Einfluß gehabt auf die Gestaltung seiner Lehre vom Primat, wie konnte er diese ihrem Wortlaut nach so klaren, ihrem Ansehen nach so werthvollen Zeugnisse ganz unbenützt lassen in seinem Hauptwerk, für welches, je weniger traditionelle Elemente darin verwendet werden, ebendeßhalb gerade die gewichtigsten ausgewählt wurden? Wie konnte Thomas verzichten, die nach dem Vorgeben seiner Gegner einzigen Stützen für seine Theorie in der theologischen Summe unbenützt zu lassen, die doch dieselbe Theorie ganz enthält? Launoy sah das Auffallende dieser Thatsache ein und suchte eine Erklärung hiefür. Er nimmt an, Thomas habe im Lauf der Zeit Verdacht geschöpft gegen diese Zeugnisse und deßhalb auf ihre Anführung in späteren Werken verzichtet, auch da, wo er sie vor-

---

[1]) Siehe das nächste Capitel.

trefflich hätte brauchen können. De Rubeis acceptirt diese Erklärung als Zeugniß dafür, daß dem Thomas denn doch nicht die Kritik vollends gefehlt habe, wie Dubin behauptete. Uccelli widerspricht[1]): Thomas, von Gregor X. zum Concil nach Lyon (1274) berufen, sei angewiesen worden, sein Büchlein gegen die Griechen mit dorthin zu bringen. Also, schließt Uccelli, war die Aechtheit der Zeugnisse damals noch nicht zweifelhaft, sondern höchstens deren Tragweite von den Griechen bestritten. Viel stärker fällt gegen Launoy dieß in's Gewicht: der Charakter des Thomas, eines Gelehrten und Heiligen, bürgt dafür, daß er sofort, wären die „einzigen" Stützen seiner Sätze verdächtig geworden, die ihm widerfahrene Täuschung eingestanden, resp. seine Thesen geändert, zurückgenommen hätte. Die schönste Gelegenheit bot sich im Epoche machenden Werk, in seiner Summe. Keine Spur einer solchen Zurücknahme, wie keine von jenen Zeugnissen. Also bleibt nur die Annahme: die im Libell aufgeführten Zeugnisse haben den Einfluß, die Wichtigkeit in Thomas' Lehre nicht, welche die Gegner behaupten. Ebendiese Annahme erklärt auch Beides: warum die besonders gewichtigen und klaren Zeugnisse in der Summe nicht benützt, und warum die Thesen nicht retractirt wurden.

Zu der gleichen Annahme führt ferner der Umstand, daß Thomas seine ganze Lehre vom Primat bereits in seinem theologischen Erstlingswerk, dem Commentar zu den Sentenzen, vorträgt, nicht minder als in seiner Summe. Den Beweis hiefür hat Raich (S. 77—79) ausdrücklich geführt. Was wir in unserem Cap. II. aus diesem Commentar angeführt, bestätigt es. Dieser Commentar wurde aber anerkanntermaßen schon infra magisterium, also vor 1257 abgefaßt (Echard & Quétif l. c. p. 271), also wenigstens vier Jahre, ehe Urban IV. Papst wurde. Also haben die Zeugnisse im Libell, das 1261 ihm eingehändigt wurde, dem Thomas nicht als Material gedient, um daraus sein Papalsystem zu gewinnen. Da erhebt sich aber ein Einwand, den wir berücksichtigen müssen. Im Commentar zu den Sentenzen ist bereits ein gewichtiges Zeugniß aus Pseudocyrill benützt. Die lange Stelle: Ut membra maneamus etc. (F—K) ist, wie oben bereits angemerkt, im Lib. IV. d. 24. q. 3. a. 2. als Zeugniß für den Primat verwendet; in demselben Artikel steht auch der „Canon Concilii" über den Vorrang Alt-Roms, und die durch loco mei erweiterte Exegese des Chrysostomus (resp. Theophylaktus) zu Pasce

---

[1]) l. c. p. 18. Gibt hiefür keine Quelle an.

oves meas (ad 1.)¹). Die lange Stelle aus Cyrill findet sich außerdem noch in der bereits c. 1257 veröffentlichten Streitschrift gegen Wilhelm von St. Amour (c. 3. gegen Ende ganz und c. 4. theilweise (caput inclinant omnes)²) zum Beweis der allgemeinen und unmittelbaren Gewalt des Papstes in der Kirche. Ebenda (c. 4) steht auch die durch loco mei erweiterte kurze Erklärung des Pasce oves meas. Daß sich in der Catena (zu Matthäus c. 16.) ein zweites längeres Zeugniß aus Pseudo-Cyrill befindet (Secundum hanc promissionem cf. E. unter Cyrill), wurde schon erwähnt.

Die letztere Stelle gehört eigentlich nicht hieher: wahrscheinlich ist sie aus dem Libell genommen, da die Catena erst unter Urban IV. begonnen und nur zu Matthäus vollendet wurde. Ueber das Unerhebliche der Aenderungen am „Canon Concilii" und an der Erklärung des Pasce durch Einsetzung von loco mei verweisen wir auf das Gesagte. Es bleibt, streng genommen, die Eine Stelle: Ut membra maneamus etc., von der sich sagen läßt: Thomas hat sie bereits vor Einhändigung des Libells durch Urban IV. im Commentar zu den Sentenzen und in der Streitschrift gegen Wilhelm verwendet.

Also würde der Einwand lauten: Das Papalsystem des Thomas gründet und stützt sich auf Eine Stelle aus Pseudo-Cyrill.

Das läßt sich hören! Eine Stelle also, nicht eine ganze Reihe erdichteter Zeugnisse, nicht eine falsche griechische Traditionskette war für Thomas die Quelle zum Papalsystem. Und diese Eine Stelle, wie wir oben gesehen, in ihrem ersten Theil (Pflicht der Anfrage in Rom, besonders in Glaubenssachen) beim ächten Cyrill in starken Ausdrücken nachweisbar, im zweiten nach Natalis Alexander in Rücksicht auf

---

¹) Dr. Raich hat dieß in seiner Abhandlung nicht erwähnt. — Die Exegese zu pasce oves meas hat hier eine andere Fortsetzung als im Libell: praepositus et caput esto fratrum, ut ipsi te in loco meo assumentes ubique terrarum te in throno tuo sedentem praedicent et confirment. Vgl. was Chrys. zu Sequere me (Joh. c. 21.) von Petrus im Gegensatz zu Jacobus sagt (siehe oben n. 3.). Fast wörtlich stimmt mit dieser erweiterten Stelle, was Bonettis, Privileg. S. Petri vind. (Rom 1756) P. I. t. 2. p. 467 als „Worte aus einer Rede des griechischen Kaisers Leo II. des Philosophen" (unter ihm Photius 886 zum zweiten Male entsetzt) anführt: Tu me me sequere, hoc est sequere me baculo pastorali, et *sicut* ego quum eram vobiscum, servabam vos, ut *Pater vester et Caput ac Magister* vigilans pro vobis: sic et tu esto meo loco, et sequere me principatu, et potestate ista fratres tuos confirmans. *Te enim volo esse meo loco.* Unde manet usque in hodiernum diem Petrus sequens Christum in successore suo.

²) Antwerpener Ausgabe a. 1612 t. 17. p. 132. 134. Anspielungen auf diesen Gedanken (Haupt neigen) finden sich auch in dem Tractat de regimine principum.

ihre Allgemeinheit (per totam ecclesiam) leicht zu verstehen und dann nicht zu beanstanden, in ihrem letzten Theil endlich (Haupt neigen und gehorchen sicut ipsi Domino) begründet |durch den Charakter des Kirchenamtes überhaupt und durch das Wort des Herrn: Qui vos audit, me audit etc. Es bleibt also offenbare Zuthat irgend eines Sammlers der mittlere Satz: et nulli *alii quod suum est plenum*, sed *ipsi soli* dedit: cui omnes *jure divino* etc. Und diese Eine Stelle ist gegen Wilhelm von St. Amour gebraucht, zum Beweise, daß Alle dem Papst gehorchen müssen (c. 3), und ist im Commentar zu den Sentenzen — als *argumentum prolusorium* für die Nothwendigkeit und Wirklichkeit des Primates überhaupt gebraucht, dem auch die Bischöfe nach göttlichem Rechte unterstehen (Ergo episcopi alicui subsunt etiam de jure divino). Man weiß, welche Bedeutung bei Thomas die Stellen im Sed contra nach den Einwänden haben. Gegenüber den Einwänden ist ihre Aufgabe, ein vorläufiges (a. prolusoria deßhalb genannt!) Gegengewicht zu schaffen. Die aufgeworfene Frage wird von zwei Seiten betrachtet, das „Für" und „Wider" zusammengestellt, die Klarheit und das Interesse vermehrt. Eigentlich beweisend oder begründend sind sie nicht; oft ist deßhalb statt einer Stelle ein blosses Gegenbedenken eingesetzt, mit leisem (videtur etc.) Hinweis auf gewisse Consequenzen, entgegenstehende Gewohnheiten u. s. w. Das Gesagte gilt auch von unserer Stelle. Die beiden Zeugnisse im Sed contra wollen und können den Schluß nicht begründen, welchen Thomas im Respondeo aus der nothwendigen Einheit der Kirche auf die Nothwendigkeit des regimen universale mit aller Schärfe zieht. Die Scholastiker hatten zu wenig historischen Sinn, um ein ganzes System über Einem Zeugniß im Sed contra aufzubauen!

4º. Zu Alledem kommt, daß neben und vor Thomas dieselben Sätze in gleichen Ausdrücken festgehalten und vorgetragen worden sind. Der Nachweis dessen macht den colossalen Einwand lächerlich, erst Thomas habe auf Grund einzelner Zeugnisse das Papalsystem in die Theologie („Dogmatik") eingeführt. Dieser Nachweis soll im letzten Capitel geliefert werden!

6. Noch diesem Capitel müssen wir einige Bemerkungen über das Opusculum des Thomas anreihen.

1º. Von dem Libell wissen wir schon aus dem Bisherigen: Papst Urban IV. hat es dem hl. Thomas eingehändigt. Der Papst selbst benützte es noch im Jahre 1263. Denn in diesem Jahre gebrauchte er einige darin enthaltene Stellen in einer Antwort an den unionsfreundlichen Kaiser Michael Paläologus[1]). Der Papst blieb deßhalb bei Janus nicht ungerügt. Auf einer und derselben Seite läßt Janus[2]) den Papst „vorsichtig die Namen der Zeugen verschweigen" und doch gleich darauf „offenbar selbst getäuscht" sein. Der Papst führt aber die Stellen, die mittlere ausgenommen, sehr verkürzt an, verwebt sie in seine eigene Darstellung, sagt keineswegs, daß sie vor 800 Jahren geschrieben worden, ja macht sie nicht einmal als Excerpte aus den Vätern geltend, sondern erzählt, mit den Worten der Väter, wie sich dieselben gegen den römischen Stuhl verhalten hätten und die Völker sich noch verhalten. Keine Spur eines Pochens auf „gefälschte Stellen, deren Autoren verschwiegen werden". Uebrigens ist von den drei benützten Stellen die von Maximus ächt, und die über den unversehrten Glauben — aus Agatho's Brief genommen und vom Papst nicht dem Cyrill geschrieben — keineswegs „gefälscht"[3]). Schon vorher hatte der Papst dieß Libell dem Thomas mit dem bezeichneten Auftrag übergeben. „Thomas benützte die Zeugnisse, ohne den geringsten Verdacht zu schöpfen", sagt Janus (a. a. O.). Wir geben das zu, fügen aber bei: der „selbst getäuschte" Papst händigte sie ihm ein; der Auftrag ging auf Disposition der gebotenen Zeugnisse; Vergleich mit der Quelle war in damaliger Zeit wegen des unvollkommenen Bücherwesens keineswegs so leicht[4]); Unterlassung des Vergleiches entschuldigen obendrein die schlechte, mehr zur Correctur einzelner Ausdrücke auffordernde Uebersetzung, die vielen als ächt

---

[1]) Siehe bei Raynald ad a. 1263 n. 31. Es sind die Stellen benützt über den stets rein gebliebenen Glauben und über die vollen Rechte des römischen Stuhles (Ut membra maneamus aus Cyrill), über das Hinschauen der Kirchen auf den römischen Glauben wie auf die Sonne (aus Maximus).

[2]) Janus: „Urban bediente sich gleich der Fälschung in seinem Schreiben an Kaiser Michael Paläologus, doch vorsichtig die Namen der Zeugen verschweigend. Er wollte mit diesen eben erst ersonnenen, angeblich aber vor 800 Jahren geschriebenen Terten beweisen, daß der apostolische Thron die einzige und alleinige Autorität in der Kirche sei." S. 285. 286. Anm. 284.

[3]) Daß der Papst nicht aus dem Opusculum des Thomas, sondern aus dem Libell selbst die drei Stellen genommen, ist unzweifelhaft: denn das Zeugniß von Maximus ist am Schlusse im Brief des Papstes um einige richtig im Libell stehende Worte länger als unter der 5. Thesis bei Thomas.

[4]) Nat. Alexand. H. E. t. 16. n. 22. in der erwähnten Rede: Nec in summa rei literariae difficultate et inopia librorum semper ipsi (sc. Thomae) fontes consulere licebat. — Ein Werk wie die Catena zu schreiben, war damals mit außerordentlichen mechanischen Schwierigkeiten verbunden. Cf. Uccelli l. c. p. 33 seq.; Le Quien, Panoplia, praef. p. XIV. n. 16.

bekannten Stellen darin, endlich der Umstand, daß selbst bedeutende Stellen des Libells, angeblich aus Chrill, auch in andern damals cursirenden Sammlungen standen [1]) und einen Widerspruch mit der damaligen theologischen Anschauung nicht enthielten. Zudem erst 300 Jahre nach Thomas nöthigten Gegner wie die Magdeburger Centuriatoren zu „historischer Kritik".

2°. **Einige bedeutende Stellen des Libells waren bereits vor Entstehung oder Uebersendung desselben an Thomas verbreitet.** So die bereits genannten Citate im Commentar zu den Sentenzen (l. c.) und in der Streitschrift gegen Wilhelm von St. Amour. Die kleine Abweichung, welche eines dieser Citate (Erklärung des Pasce oves meas) im Commentar — im Vergleich mit der sonst identischen Stelle des Libells aufweist, läßt auf eine **selbstständige Sammlung** schließen, welcher alle vor dem Libell citirten Stellen angehörten [2]). Aus dieser Sammlung und nicht aus dem Libell hat der mit Thomas gleichzeitige Dominikaner Bonacursius die Stelle „Chrill's" über den stets unversehrten Glauben der römischen Kirche in seinen $\vartheta\eta\sigma\alpha\upsilon\varrho\grave{o}\varsigma$ $\tau\tilde{\eta}\varsigma$ $\dot{\alpha}\lambda\eta\vartheta\varepsilon\iota\alpha\varsigma$ $\tau\tilde{\eta}\varsigma$ $\pi\iota\sigma\tau\varepsilon\omega\varsigma$ aufgenommen. Dieselbe stimmt wörtlich mit dem Text im Libell [3]). Sie steht im 6. Tractat dieses Werkes, unter der **Thesis**: quod b. Petrus habuit praerogativam dignitatis super omnes Apostolos, et plenitudinem potestatis, et successores sjus. Als Quelle wird angegeben: ex Cyrilli „libro *secundo* thesaurorum. Auch Thomas bezeichnet für die vor Uebersendung des Libells benützten Stellen des Chrill als Quelle das **zweite** Buch der thesauri, nicht das im Libell angegebene dritte. Da, wo er aus dem Libell citirt, wird kein bestimmtes Buch angegeben. Dieser Umstand beweist, daß Bona-

---

[1]) Siehe sub 2°.

[2]) Cf. De Rubeis, diss. in S. theol. (Ausg. von Migne, Anhang p. 1518 seqq.).

[3]) De Rubeis l. c. nennt also mit Unrecht das Latein der Stelle bei Bonacursius „eleganter", als das der gleichen im Libell. Aus dem „verschiedenen" Latein läßt sich also nicht auf verschiedene Sammlungen schließen. —

Bonacursius, aus Bologna, lebte mehrere Jahre in der Provinz (seines Ordens) Griechenland. Daselbst verfaßte er den $\vartheta\eta\sigma\alpha\upsilon\varrho\acute{o}\varsigma$ als Streitschrift gegen die Griechen. Derselbe enthält sechs Tractate: 1. über den heiligen Geist; 2. über den Reinigungsort; 3. über das Paradies; 4. über die Hölle; 5. über die Paschafeier des Herrn; 6. über den Primat. De Rubeis l. c. — Le Quien (Stephan de Altimura) sagt in der Vorrede seines Werkes Panoplia (Paris 1718 p. XV), er habe jene unächten Stellen aus Chrill vermischt mit ächten, griechisch und lateinisch in cod. Colbertino n. 3285 gelesen; er gibt aber ausdrücklich den Bonacursius als Verfasser an.

curſius die betreffende Stelle nicht aus dem Libell, ſondern aus **einer
andern Sammlung** genommen hat, wie dieß bei Thomas ſelbſt in
Bezug auf die früheren Citate der Fall iſt.

Das Libell und die Arbeit des Bonacurſius können alſo nicht in
unmittelbare Verbindung gebracht werden[1]). Derſelbe kannte zwar
bereits das Opusculum des hl. Thomas und erwähnt es (libell. fratris
Thomae contra Graecos) in der Azyma=Frage (tract. 1.); aber die
Stelle — es iſt bloß Eine! — über den Primat konnte er nicht daraus
nehmen, weil gerade dieſe Stelle, wenn auch im Libell, im Büchlein
gegen die Griechen nicht zu finden iſt.

Daß Bonacurſius die Stelle aus einer „**lateiniſchen**" Samm=
lung nahm, muß zugegeben werden. Daraus folgt aber durchaus nicht,
daß alle Stellen dieſer Sammlung lateiniſch d. h. einfache Erdicht=
ungen eines Lateiners ohne Benützung griechiſcher Quellen geweſen
ſeien. Die Stellen aus Chryſoſtomus widerlegten allein ſchon eine
ſolche Behauptnng.

3º. Wie alt und umfangreich dieſe ſelbſtſtändige, bereits vor dem
Libell von Thomas und ſeinen Zeitgenoſſen benutzte Sammlung war,
läßt ſich nicht beſtimmen. Die Frage hängt jedenfalls mit der noch
wenig aufgehellten Geſchichte griechiſcher Translationen zuſammen.
Beſonders alt dürfte ſie zu Thomas' Zeiten nicht geweſen ſein; ſonſt
würden ſich wohl mehr Citate daraus finden. Die von den Domini=
canern im Kloſter zu Conſtantinopel um 1252 verfaßte Schrift:
Tractatus contra Graecorum errores [2]) enthält zwar vollſtändig die

---

[1]) Janus S. 286: „Gleichzeitig überſetzte ein im griechiſchen Reich befindlicher
Dominicaner Bonacurſius in ſeinem Thesaurus die bezüglichen Stellen in's Griechiſche."
Ib. Anm. 285: „Der Dominicaner Doto, der dieſe Schrift (Thesaurus) im Abendlande
bekannt machte (um 1330) ſagt, Bonacurſio habe ſie in's Lateiniſche überſetzt und beide
Texte nebeneinander geſtellt. Daß vielmehr dieſe Texte lateiniſch geſchrieben, und dann
in's Griechiſche überſetzt wurden, haben bereits Quétif und Echard (Scriptores Ord.
Praedic. I. 156 seqq.) bemerkt."

[2]) Cf. Lectiones antiqu. Henrici Canisii, ed. Basnage, Amſterdam 1725,
t. IV. p. 54 seqq., p. 60, 62. Das Urtheil Basnage's über den 2. Theil des Tractates, —
der neben Auszügen über Concilien u. ſ. w. von Hugo Ether. das Opusculum contra
Francos (von Photius? Nicht vor Cärularius!) faſt ganz enthält, — hat Hergenröther
beſtätigt. (Photius Bd. III. S. 195 ff. Text Nro. II.) Wir kommen auf die darin
ausgeſprochene Lehre vom Primat im nächſten Capitel zurück. Hier ſei bemerkt:
1) Auch ſchon dieſer Tractat führt im unmittelbaren Anſchluß an den ächten Text
des Chryſoſtomus erklärende Bemerkungen auf, die leicht für des hl. Vaters eigene
Worte genommen werden könnten und in der citirten Ausgabe wirklich als ſolche
curſiv gedruckt ſind.

Lehre vom Primat und unter den Beweisen neben den ächten Stellen aus Chrysostomus und den Vorarbeiten des gelehrten Hugo Etherianus auch das Privilegium Constantini; aber von Stellen ähnlicher Art, wie sie im Libell und einige Zeit vor dem Libell citirt erscheinen, findet sich keine Spur.

4º Eben so wenig läßt sich bestimmen, wie viel der unbekannte Verfasser des Libells aus der schon älteren Sammlung herübergenommen habe. Alles und ganz dasselbe, was im Libell steht, stand nicht in der älteren Sammlung: sonst wäre das Libell von Thomas, der auch die ältere Sammlung kannte, ganz anders betrachtet und behandelt worden. Die besser gefaßten Stellen im Libell dürften aus der früheren Sammlung genommen sein. Jedenfalls gehören derselben die mehrerwähnten Citate im Commentar zu den Sentenzen an, also der Canon Concilii *Constantinopol.* (letztere Bestimmung fehlt bekanntlich im Libell), die Erklärung des Pasce nach Chrysostomus (mit Einsatz: loco mei) und zwei längere Stellen von Cyrill[1]) (Text E; G—K).

Daß der Verfasser des Libells ein „Dominicaner gewesen, der sich unter den Griechen aufgehalten hatte", nennt Janus S. 285 „wahrscheinlich" und betrachtet es S. 287, wie es scheint, als gewiß. Die für die Dominicaner rühmliche Thatsache, daß sie vornehmlich den Griechen damals entgegentraten, ist wohl der einzige Grund für seine Annahme. Die neun Jahre vorher bestimmt von Dominicanern in Constantinopel verfaßte Streitschrift spricht zu Gunsten der Dominicaner. Auch das, wie es scheint, nicht nahe Verhältniß des Verfassers zu dem damals bereits gefeierten Bruder Thomas ist kein Beweis für Janus. Warum das Libell fast spurlos verschwand nach Aushebung der Stellen durch Thomas, möchte nicht durch die ihm ungünstige Kritik des Thomas[2]), sondern einfach durch dessen Nutzlosig-

---

2) Die Arbeiten des Hugo Etherianus, der unter Kaiser Manuel die Schriften der Griechen u. s. w. mit wahrem Bienenfleiß durchforschte und gegen die Griechen disputirte und schrieb (siehe Hergenröther, Photius l. c. S. 791 ff.), waren den Dominicanern bekannt und wurden von ihnen benützt. Sie brauchten also nicht „bloß aus Gratian zu schöpfen"! (Janus S. 287.)

1) Warum Stellen, wie z. B. die Paraphrase aus Papst Agatho's Brief, gerade ex thesaurorum libro Cyrilli citirt wurden? Vielleicht ist der Grund hiefür das grosse Ansehen, welches dieses Werk wegen der darin angewendeten scholastischen Methode damals genoß. S. Alzog a. a. O. S. 285—86.

2) Siehe Raich a. a. O. S. 65.

keit zu erklären sein, nachdem Thomas das zur Vertheidigung des Glaubens Brauchbare ausgehoben hatte.

5? Das Büchlein des hl. Thomas selbst ist keineswegs von den Nachkommen ganz unbeachtet geblieben [1]). Bald, wahrscheinlich noch zu Lebzeiten des Heiligen, wurde dasselbe in's Griechische übersetzt. Der eigentlich definirte Satz in der Bulle Unam sanctam ist eine Thesis (7.) aus dem Opusculum. Nahezu 100 Jahre nach seiner Abfassung war es Gegenstand einer Controverse. „Von Demetrius Cydonius, einem zur Lyoner Union sich bekennenden Griechen (um 1357) existirt neben einer Uebersetzung der S. contra gentes und des opusc. 3. (contra Graecos, Armenos etc.) auch eine Vertheidigungsschrift des Opusculums (1.) gegen die Irrthümer der Griechen zur Abwehr der Angriffe des Cabasilas" [2]). Wie viel seit Launoy darüber geschrieben wurde, ist bereits erwähnt. Bekannt ist endlich, daß Torquemada und Theolgen nach ihm das Büchlein gegen die Griechen benützten. Dieß geschah oft in einer Weise, als enthielte dieß Büchlein nicht bloß die Thesen, sondern auch die Argumente des hl. Thomas selbst. Das wäre erklärlich, wenn Thomas die Stellen im Opusculum — hier ganz abgesehen von ihrer Aechtheit oder Unächtheit — als von ihm selbst aus den Vätern entnommene Texte hingestellt oder in seiner Summe zur Verwendung gebracht hätte. Dann hätte „Melchior Cano fest auf den durch seinen Thomas ihm verbürgten Cyrillus bauen können" [3]) (Janus S. 310—11). So aber hat der hl. Thomas das Gegentheil gethan. Ausdrücklich hat er im Büchlein selber angemerkt, und zwar am Anfang und am Ende desselben, daß die Zeugnisse aus einer ihm zugesendeten Schrift, einem gegebenen Auftrag gemäß, entnommen seien. Das hätten Thomas' Kritiker nicht übersehen sollen, aber auch die nicht, welche sein Büchlein benützt haben!

---

[1]) Siehe Raich a. a. O. S. 76.
[2]) Siehe Werner a. a. O. I. S. 882.
[3]) Nur dann hätte auch der Papst sich freuen können über den „grossen Gewinn" der Einführung seiner neuen Ansprüche in die Dogmatik. Janus S. 289.

IX. Zeitgenossen und Vorläufer des hl. Thomas.

Der kürzeste Weg, um zu erfahren, ob ein Gelehrter diese oder jene Ansicht erst aufgebracht, ob ein Theolog diese oder jene Lehre erst in die Dogmatik eingeführt habe, besteht offenbar in der Zusammenstellung dessen, was Gelehrte, was Theologen neben und vor dem fraglichen Autor über den gleichen Punkt festgehalten und ausgesprochen haben. Eine solche Zusammenstellung will dieses Capitel geben in Bezug auf unsern Gegenstand, Thomas' Lehre von der päpstlichen Unfehlbarkeit. Nothwendig muß die „Vollgewalt" des Papstes mitberücksichtigt werden.

1. Thomas' eigentlichster Zeitgenosse ist der hl. Bonaventura. Nur einige Jahre älter als Thomas trat derselbe im nämlichen Jahre, in welchem Thomas das Kleid des hl. Dominicus genommen, in den Orden des hl. Franziscus und widmete sich, gleichfalls in Paris, unter Leitung seines Ordensgenossen Johann von Rochelle der gleichen Bestimmung wie Thomas. Bei gleicher Liebe zur Wissenschaft suchten beide die Wahrheit nach eigener Art und verschiedener Methode; bei gleichem Streben nach Heiligkeit wurde Thomas vollkommen in der Klosterzelle, Bonaventura in Würden und Aemtern als Cardinal. Beide, von Gregor X. zum Concil nach Lyon berufen, — starben in demselben Jahre 1274, Thomas noch auf der Reise kaum 50 Jahre alt, Bonaventura auf dem Concil in einem Alter von 53 Jahren [1]. Wie hat nun dieser Zeitgenosse des hl. Thomas über den Primat sich ausgesprochen? Seine Werke lassen uns keinen Zweifel [2].

Christus hat eine Kirche gestiftet und in ihr eine Hierarchie. Dieselbe ist nach Dionysius (de eccles. hierarchia) eine potestas ordinata ad dispensandum sacra omnia potestati subjecta [3]. Geordnet also muß dieselbe sein und zwar nach Weise der richterlichen

---

[1] Siehe Werner a. a. O. I. S. 121—22.

[2] Ein Franziscaner aus der Provinz Venedig, P. Fidelis a Fanna, hat die Lehre des seraphischen Doctors (Divi Bonaventurae doctrina de Romani Pontificis primatu et infallibilitate, Taurini 1870) über den Primat — herausgegeben und mit Noten versehen. Derselbe citirt nach der Edit. Vaticana. Wir benützten dankbar den Text seiner Citate, ergänzten dieselben aber nach früher gemachten eigenen Excerpten aus der Pariser Ausgabe (1856) von Peltier. Wo im Citat nichts beigesetzt wird, ist der Text der Vaticana entnommen.

[3] Ex Expos. Regulae c. 9. p. 340. col. 2. A. (t. VII.).

Gewalt¹), sonst entsteht Verwirrung. Zur Ordnung aber gehört Vorrang auf der einen, Unterordnung auf der andern Seite, überhaupt Abstufung nach Oben und Unten. Nach Oben gipfelt Alles in dem Einen, nach Unten erscheint eine Verzweigung auf Viele (in ascendendo ad superius est status et reductio ad unum, e contra in descendendo est multiplicatio). Zur rechten kirchlichen Ordnung war darum erforderlich, daß Ein Prälat der erste und oberste sei, daß in ihm der Stand aller kirchlichen Würde sich finde (Ideo secundum rectam ordinationem Ecclesiae oportuit, unum esse praelatum primum et supremum, in quo esset status omnis praelationis ecclesiasticae). Wenn aber dieß der Fall, dann ist nothwendig die Macht in ihm geeint als dem Ersten und Einfachsten in dieser Art, also er der Einzige unter den Prälaten, der die Fülle der Gewalt hat (Et quia in illo status est tanquam in primo et simplicissimo in illo genere, ideo virtus in eo unita est, et solus est inter Praelatos, qui habet plenitudinem potestatis²). „So ist es ja, wo immer Gewalten geordnet sind: was immer der niedere Vorgesetzte kann, kann auch der höhere, aber nicht umgekehrt. Darum hat der Hierarch κατ' ἐξοχήν (ipse) die ganze Gewalt in sich geordnet, welche in der Hierarchie auf verschiedene Grade vertheilt ist. Wer den Hierarchen nennt, nennt die ganze hierarchische Gewalt. Nicht als ob außer ihm Niemand Gewalt hätte; sondern weil, wenn auch der Hierarch ihm untergeordneten Vorgesetzten Gewalt mittheilt, dennoch bei ihm nach Dionysius (I. Eccl. Hier.) die (ganze) ordentliche Gewalt bleibt, um zum Heil der Seelen all das zu thun, was immer durch ihm Untergeordnete geschehen kann"³).

Dieß bei Bonaventura die Idee des Primates. So nothwendig die einfachste Idee die allgemeinste in einer gewissen Kategorie ist,

---

¹) Ex Breviloq. p. VI. c. 10. p. 48. col. 2. B. (t. VI.): secundum potestatem judiciariam.

²) Ex IV. Sent. d. 19. a. 3. q. 1. tom. V. p. II. pag. 294. col. 2. F. Cf. Breviloq. p. VI. c. 12. t. VI. p. 50. A: Excellentia quanto magis descendit, tanto magis dilatatur (= dividitur); et quanto magis ascendit, tanto magis unitur.

³) In Expos. Regul. c. 9. p. 349. col. 2. A. B. C. In potestatibus ordinatis quidquid potest inferior, etiam potest superior, et non e converso. Unde et ipse Hierarcha habet *totam potestatem in se ordinatam*, quae est (in ?) hierarchia per varios gradus distributa. Unde nominans Hierarcham (hierarchiam?) nominat omnem hierarchicam potestatem. Unde docet Dionysius (I. Eccl. Hier.), quod licet ille Hierarcha aliis tradat sibi subditis potestatem, manet tamen apud eum ordinaria potestas ad agenda omnia, quaecunque per sibi subditos fieri possunt, ad salutem fidelium procurandam.

so nothwendig ist ihm der Primat, die Gewalt des ersten und obersten
Prälaten in der Kirche, allgemein, d. h. ausgedehnt über den ganzen
Bereich der kirchlichen Gewalt. Und bei Thomas soll dieselbe An=
schauung lediglich auf einigen fingirten Stellen geruht haben? Doch
hören wir Bonaventura weiter. „Wäre, sagt er, der Primat nicht im
Besitz solcher Macht, wäre nicht Einer, der gegen Alle Jurisdiction
üben könnte,, wo bliebe da der geordnete Stand der Kirche? Wenn
bei Widerstreit der Theile nicht Einer da wäre, der Macht hätte über
beide Parteien, dann wäre die Synagoge glücklicher gewesen als die
Kirche. Denn sie hatte Einen Hohepriester, der alle Streitigkeiten
beendigen (terminare) konnte, wie aus Deuteron. c. 17. erhellt" [1]).
Mit diesem ersten und obersten Amt in der Kirche ist nun Petrus
vom Herrn betraut worden.

„Unser Herr Jesus Christus, der Schöpfer und Erhalter aller
Dinge, hat vor seiner Auffahrt in den Himmel seine heilige Kirche
den Aposteln zur Regierung und Ausbreitung übergeben, *principaliter*
aber dem Apostel Petrus, dem er in Bezug auf die ganze Herde der
Gläubigen eigens (*specialiter*) dreimal sagte: Pasce oves meas [2]).
Den Petrus hat der Herr gesetzt über das ganze hl. Land (Deuteron.
c. 32.), welches die Kirche ist. Denn er hat gewissermassen allein
(*quodammodo singulariter*) vor allen Uebrigen das Wort zu hören
verdient: Tu es Petrus etc. (Matth. 16.); er auch hat allein gehört:
Tu vocaberis Cephas (Joann. 1.), was Haupt bedeutet; er allein
hat gehört: Ego pro te rogavi (Luc. 22.); er allein hat gehört:
Simon, des Jonas Sohn, liebst du mich mehr als diese? Pasce oves
meas (Joann. 21.). [3]) Er hat allein in der Antwort auf die Frage
des Herrn im Namen und als Stellvertreter Aller (unus pro omnibus) mit dem ersten Bekenntniß sich gezeigt als den Einen Prälaten
über die ganze Kirche und durch dieß Bekenntniß verdient, daß ihm
der Name Petrus bestätigt, und das allgemeine Vorsteheramt über
die ganze Kirche übertragen wurde, gemäß jenem Worte: Ego dico
tibi etc. [4]). Dieses Ehrenamt, als Haupt und Lehrer der Kirche,

---

[1]) In Expos. Regul. in Prologo t. VII. p. 332. C. D. Ganz so, wie wir
wissen, Thomas c. gentes IV. 76.

[2]) Ex opusc.: Quare fratres minores praedicent. T. VII. p. 366. col. I. B.:
principaliter b. Petro Apostolo, cui de universo grege fidelium *specialiter* dixit
tertio: Pasce oves meas. Wie Thomas 2. 2. q. 11. a. 2.

[3]) Ex serm. II. de Cathedr. S. Petri tom. III. p. 261. col. 2. E.

[4]) Ex Comment. i. Luc. c. 9. v. 20. t. II. p. 120. col. 1. B. Petrus tanquam unus Praelatus universalis ecclesiae unus pro omnibus respondet ...

diesen Principat, den Petrus von Christus nach dem Plan der göttlichen Vorsehung erhielt, hat er selber gleichsam publicirt durch Besteigung der Cathedra zu Antiochien ¹).

Darnach war Petrus das Haupt der Apostel, das Fundament der Kirche ²), der Hirt über die ganze Herde der Gläubigen ³), der Architekt der Kirche ⁴). Er hatte die volle Schlüsselgewalt. In der Kirche findet sich die Schlüsselgewalt, und zwar die clavis ministerii, quae descendit a clave auctoritatis (bei Gott) mediante clave excellentiae (bei Christus) ⁵). Wie jede Gewalt in der Kirche ist auch diese von Christus selber; er hat sie den Aposteln und vorzüglich (praecipue) dem Petrus ⁶) gegeben. Beide Gewalten hat er dem Petrus gegeben, die Binde- und Lösegewalt in foro poenitentiali, und die Binde- und Lösegewalt in foro judiciali. Die erste erhielt Petrus als Priester: alle Priester haben diese Gewalt, wenn auch nicht alle die Ausübung derselben; die andere erhielt Petrus als Prälat; sie zweigte sich ab auf alle kirchlichen Personen, die Prälaten sind oder Jurisdiction haben ... In Bezug auf die Zeit, wann Petrus diese Gewalten erhielt, kann man sagen: er habe sie beide zugleich erhalten, denn ihm ist die Schlüsselgewalt in ihrer Fülle gegeben worden ⁷).

Petrus hatte überhaupt die Fülle der Gewalt, die ordentliche Gewalt über alle Apostel, war Bischof der ganzen Welt ⁸);

Unde merito istius confessionis unius pro omnibus nomen Petri est sibi confirmatum, et universalis praelatio super ecclesiam est concessa.

¹) Ex serm. II. de Cathedra S. Petri l. c. p. 261. col. 1. A. Honorem principis et doctoris, .. principatum, quem a Christo acceperat, hodie per ascensum Cathedrae apud Antiochiam publicavit.

²) Comm. i. Luc. c. 18. v. 28. t. II. p. 241. col. 1. F.

³) Ex opusc. Quare fratres etc. l. c. p. 366.

⁴) Ex III. Sent. d. 24. a. 2. q. 3. ad 5. t. V. p. II. p. 293. col. 2. D.

⁵) Ex IV. Sent. d. 18. p. 1. a. 1. q. 1. (tom VI. ed. Peltier).

⁶) ipsi setzt Bonaventura bei. So immer, so oft ein Wort besonders betont wird; ist im Deutschen nur störend, wenn übersetzt.

⁷) Ex IV. Sent. d. 18. p. 2. q. 3. t. V. p. II. p. 282. col. 1. B. ... Quia data est ei potestas clavis in sua plenitudine.

⁸) Ex Comm. i. Luc. c. V. tom. II. p. 65. col. 1. F.: Die Pforte zum Hause der Kirche ist die potestas sacerdotalis, cujus potestatis auctoritas (= potestas super potestatem) residet penes Petrum. — Ex Sent. IV. d. 40. a. 1. q. 3. (ed. Peltier): *Ecclesia* habet plenitudinem jurisdictionis ... Dominus *plenam jurisdictionem* dedit *Petro* super spiritualia, et ampliorem, quam reges terrae etc. habent super temporalia. — Ex Expos. Regulae in Prologo. l. c. t. VII. p. 332. Petro Dominus dedit super alios apostolos ordinariam potestatem ... Per mare intelligitur saeculum, quod sucepit Petrus a Domino gubernandum. etc.

die Fülle der Gewalt nämlich hatte er über das Geistliche, reicher als die Könige der Erde und der Kaiser sie haben über das Zeitliche; die ordentliche Gewalt über die Apostel hatte er nach Christi Wort bei Lucas (22. Et tu aliquando etc.) und nach seinem Vorbild im A. B., Aaron, auf dessen Talar die ganze Welt war (Sap. 18.); Bischof endlich der Welt war er, im Gegensatz zu den Uebrigen, welche das bischöfliche Amt in einzelnen Theilen der Welt übernahmen. Der Vorgang bei Joh. 21., wornach Petrus schwimmend im Meer (= die Welt), die Andern aber im Schifflein zum Herrn kamen, war ein Abbild dieses Verhältnisses.

Das Amt Petri sollte in seinen Nachfolgern fortdauern, weil nothwendig für die Kirche (siehe oben!) und weil deßhalb eingesetzt von Christus dem Herrn[1]). Die römische Kirche nämlich, welcher Petrus und zwar in besonderer Weise vorstand, welche also die Kirche Petri ist, sollte nach Christi Plan und Absicht den Vorrang vor allen übrigen Kirchen haben[2]). **Der Herr hat den Petrus und seine Nachfolger über die ganze Kirche geordnet und gewollt, daß Alle, welche canonisch (auf Petri Stuhl) erwählt würden, dieselbe Gewalt haben sollten wie Petrus.** Petrus hat seinen Nachfolgern auf dem römischen Stuhl ganz dieselbe Gewalt hinterlassen[3]). Also hat die römische Kirche, als die Kirche Petri, die Fülle der Gewalt (residet plenitudo potestatis apud sedem apostolicam Romanae Ecclesiae. Op. Quare fratres l. c.); also hat der Papst, der Nachfolger Petri und Stellvertreter Christi, der erste und höchste Hierarch, der eigentliche Bräutigam und Lenker der Kirche, das sichtbare Haupt der Kirche, dem die

---

[1]) Ex IV. Sent. d. 25. a. 1. q. 1. t. V. p. II. p. 377. col. I. B.

[2]) Cf. Opusc.: Quare fratres etc. t. VII. p. 366 l. c. Romanae ecclesiae, cui Apostolus Petrus Princeps Apostolorum specialiter praesedit ... cui praefuit ipse Apostolus Petrus (Serm. II. de Cathedra Petri l. c.). — Expos. Regulae cap. III. p. 339. col. 1. D: Der hl. Franciscus hielt so fest an der römischen Kirche sciens eam immediate subesse coelesti Curiae et ab ipso fuisse Domino institutam. — Ex Illum. Eccl. in Hexam. Serm. XXII. t. I. p. 69. col. 2. C.: Rom ist im Gegensatz zu den vier andern Patriarchalsitzen die civitas solis, et ideo universalis (cf. Isai. 19.).

[3]) Ex Sent. IV. d. 25. a. 1. q. 1. tom. V. p. II. p. 377. col. I. B. Des Papstes größere Macht gründet sich vor Allem auf die Einsetzung des Herrn, qui ordinavit Petrum et ejus successores super totam ecclesiam, volens ut omnes, qui canonice electi fuerint, eandem quam et Petrus habeant potestatem. Cf. Opusc.: Quare fratres etc. tom. VII. p. 366 l. c.: Petrus successoribus suis ibidem (sc. in sede apostolica Romanae Ecclesiae) eandem potestatem reliquit.

Regierung und Sorge für die ganze Kirche obliegt, entsprechend dieser Aufgabe die Fülle der Gewalt, soweit eine solche (in geistlichen Dingen) überhaupt in der Kirche ist[1]). Plenitudo Potestatis in Summo Pontifice, qui in terris, ut scriptura asserit, *fides* sentit, jura testantur, rationes etiam irrefragabiles convincunt, caput unum et summum, et sponsus unicus, et hierarcha praecipuus, in quo etiam totus ecclesiae militantis status, obtinet locum Christi. (Ex opusc. de paupert. Christi t. VII. p. 404. col. 1. D.)[2]).

Heißt des Papstes Gewalt Vollgewalt, weil sie ohne alle Grenzen, weil sie eine Allgewalt oder Allmacht ist? Keineswegs, sondern aus drei Gründen heißt sie Vollgewalt: „weil nämlich der Papst allein die Fülle der Auctorität ganz hat, welche Christus der Kirche hinterlassen; sodann weil er diese Gewalt überall, in allen Kirchen hat, wie an seinem besonderen Sitz, in der römischen Kirche; endlich weil von ihm auf alle Stufen der Hierarchie unter ihm durch die ganze Kirche hin jegliche Auctorität fließt und Jedem zu Theil wird nach dem ihm zustehenden Maße. Aehnlich strömt im Himmel aus der Quelle alles Guten, Jesus Christus, alle Glorie der Heiligen, und die Einzelnen bekommen davon entsprechend ihrer Fassungskraft[3]).

---

[1]) Comm. i. Luc. c. IX. Et misit illos t. II. p. 115. col. I. D.: Summus Pontifex est loco Petri, imo Jesu Christi. Aehnlich viele Stellen bei Janna: p. 21, II.: qui Christi locum tenet in terris; p. 26, VI.: Christi Vicarius Petrique successor. — Ex IV. Sent. d. 20. p. 2. a. 1. q. 3. tom. V. p. II. p. 311. col. 1. E.: Summus Pontifex, qui est totius universalis Ecclesiae Sponsus et Rector. — caput unum et summum: op. de Paupertate Christi t. VII. p. 404. col. 1. D. — cum nulli incumbat tanta sollicitudo vacandi sapientiae pro regimine vel illustratione universalis ecclesiae sicut Ecclesiae Romanae: ex exposit. Regul. c. 3. p. 339. col. 1. D. — plures ad hujus sollicitudinis partes per determinatos sibi limites pro utilitate animarum vocati; et secundum curae pastoralis amplitudinem etiam quilibet istorum accepit certam auctoritatis potestatem... Die Vollgewalt aber haben die Kirche Petri und seine Nachfolger. Opusc. Quare fratres t. VII. p. 366. col. I. B.

[2]) Cf. Breviloq. p. VI. c. 12. t. VI. p. 50. A. Diese bekannte Stelle enthält den vollständigen Titel des Papstes. Andere Stellen über die päpstliche Vollgewalt sind: Ex IV. Sent. d. 24. p. 2. a. 2. q. 4. t. V. p. II. p. 370 col. 2. D.: in quo est plenitudo auctoritatis; ib. d. 25. a. 1. q. 2. p. 377; ib. d. 20. p. 2. a. 1. q. 6. pag. 314. — Serm. I. de Apost. t. III. p. 323. col. 1. A. — Dem unsichtbaren Haupt der Kirche, Christo dem Herrn, wird dadurch nichts von seinem Einfluß und Ansehen entzogen. Cf. III. Sent. d. 13. a. 2. q. 1. 2. 3. — Breviloq. p. IV. c. 5.

[3]) Ex opusc. Quare fratres etc. t. VII. p. 366. l. c. Triplex est autem hujus potestatis plenitudo, scilicet quod ipse summus pontifex solus habet totam plenitudinem auctoritatis, quam Christus ecclesiae contulit; et quod ubi-

Betrachten wir, um Bonaventura's Lehre vollständig kennen zu lernen, diese drei Gründe oder Seiten der päpstlichen Vollgewalt etwas näher. Zuerst den 3. Grund: Vom Papste aus vertheilt sich die kirchliche Gewalt auf die Stufen unter ihm, entsprechend der Idee des Primates. „Die Gewalt zu binden und zu lösen wurde zuerst Einem ersten und obersten Priester übertragen, dem als dem obersten Haupte die Gewalt in ihrer Allgemeinheit übergeben wurde; dieselbe spaltet sich dann für die einzelnen Particularkirchen in Theile, sie verzweigt sich nämlich erst auf die Bischöfe, dann auf die Priester, ausgehend von dem Einen Haupte" [1]).

Daraus folgt unmittelbar, daß der Papst delegiren kann für die ganze Kirche, daß also seine Gewalt in der ganzen Kirche eine ordentliche, unmittelbare, wahrhaft bischöfliche ist und über Alle sich erstreckt. Dieß aber bildet die zweite Seite der päpstlichen Vollgewalt. „Der einfache Priester, der geweiht ist und Jurisdiction hat, kann seine Schlüsselgewalt nur denen gegenüber üben, welche ihm ordinarie untergeben sind. Weiter, als diese seine ordentliche Jurisdiction reicht, könnte er die Schlüsselgewalt nur handhaben, wenn der, welcher dort die ordentliche Gewalt hat, ihn committirt. Weil aber diese Jurisdictionsgewalt principaliter im Oberhaupt der Kirche ist, dann im Bischof, zuletzt im Pfarrer (Sacerdote curato), so kann zwar Jeder

---

que in omnibus ecclesiis habet illam sicut in speciali sede Romana; et quod ab ipso manat in omnes inferiores per universam ecclesiam omnis auctoritas, prout singulis competit eam participari, sicut in coelo ab ipso fonte totius boni, Christo Jesu, fluit omnis gloria sanctorum, licet eam differenter singuli participent pro captu suo. — Aehnlich Serm. I. de Apostolis t. III. p. 323. col. I. A., wo es nach einem Vergleich der drei hierarchischen Hauptstufen mit dem dreifachen Himmel (empyreum, crystallinum, stellatum) heißt: maximi ut Patriarchae: ex quibus Romanus est dignitate summus et influentia maximus, quia in eo est plenitudo potestatis, eo quod ipse auctoritatem dat aliis, et omnibus praecipit, et ipse a nemine recipit, quia coelo primo per omnia est similis.

[1]) Ex Breviloq. p. VI. cap. 10. t. VI. p. 48. col. 2. B.: haec potestas ligandi et solvendi concessa est primo uni primo et summo sacerdoti, cui collata est tanquam summo capiti potestas universalis: et deinde secundum particulares ecclesias etc. Cf. ib. c. 12. p. 50. A. Christi Vicarius, fons et origo, regula cunctorum principatuum ecclesiasticorum; a quo tanquam a summo derivatur ordinata potestas, usque ad infima Ecclesiae membra, secundum quod exigit praecellens dignitas in ecclesiastica hierarchia. Das Nähere über die dreifachen Glieder derselben (summum, medium, infimum membrum) siehe in Expos. Ps. 118. vers. Particeps ego sum cap. 4. a. 2. t. I. p. 210. „Membrum maximum ministrans tantum est, non ministratur." — Cf. Opusc. determ. quaest. circa Regul. t. VII. p. 536. col. 1. A.

dieser Drei einen Andern committiren, aber genügend nur kann es der auf der untersten, mehr der auf der mittleren, am meisten der auf der höchsten Stufe Stehende"¹). Wie der Bischof in seiner Diöcese, kann der Papst in der Kirche überhaupt Jurisdiction verleihen, z. B. an Ordens= priester, kraft der apostolischen Gewalt und Auctorität, welche die Bischöfe, welche in ihrer Fülle der Papst hat²). Kraft deren Auctorität, nicht kraft ihrer eigenen üben dann die Minderen Brüder seelsorgliche Functio= nen aus³). Selbstverständlich kann kein Pfarrer ihnen diese Auctori= tät nehmen⁴). Umgekehrt kann aber auch der Papst, im Besitz der Vollgewalt, alle Jurisdiction und die daraus fließende Gewalt ent= ziehen, die Gewalt zu absolviren, zu excommuniciren u. s. w. In dieser Beziehung ist ja die Kirchengewalt in ihm als in ihrem Termi= nus (potestas quae sequitur jurisdictionem, maxima et in termino est in eo). Nicht so hinsichtlich der Weihegewalt: diese, mit einem von Gott unmittelbar aufgeprägten Charakter, ist in allen gleich und unverlierbar. Doch muß auch die Ausübung dieser Gewalt, wie jeder andern, im Einklang mit dem päpstlichen Regiment geschehen, und wäre unerlaubt, wenn geschehen wider des Papstes Verbot⁵).

Dieß Alles darum, weil des Papstes Gewalt über die ganze Kirche eine ordentliche, unmittelbare, wahrhaft bischöfliche ist und über Alle sich ausdehnt. „Seine Gewalt ist eine ordentliche (ordinaria) trotzdem daß unter ihm stehende Prälaten auch Gewalt haben⁶). Der Apostolische Stuhl hat unmittelbar die Sorge für die Kirche; alle andern Hirten der Kirchen empfangen ihre Auctorität, mittelbar oder unmittelbar von ihm. Der Papst ist der unmittelbare Prälat Aller (Papa est *immediatus* omnium Praelatus)⁷); er ist Bischof nicht bloß für eine bestimmte Theilkirche, sondern für die ganze, für die Gesammt=

---

¹) ex Breviloq. p. VI. c. 10. l. c. Licet unusquisque sacerdos habeat ordi- nem et clavem, ad eos tamen *usus* clavis *tantum* se extendit, qui sibi ordinarie sunt subjecti — also hat nach Bonaventura jeder Pfarrer ordentliche Gewalt in seiner Pfarrei! —, nisi sibi ab eo, qui habet jurisdictionem ordinariam, com- mittatur. Cum vero illa jurisdictio sit principaliter in capite summo etc.

²) Opusc. de paupert. Christi t. VII. p. 404. col. 1. D. und sonst gegen Wil= helm von St. Amour. Cf. i. Luc. c. 9. misit illos. t. II. p. 115: Der Papst ist an Petri, ja an Christi Statt. Unde qui ab eo mittitur, a Christo mittitur.

³) Apolog. pauper. t. VII. p. 460. col. 2. C.

⁴) Expos. Regul. l. c. c. 9. p. 349.

⁵) Ex IV. Sent. d. 25. a. 1. q. 2. tom. V. p. II. p. 377. col. 2. E.

⁶) Expos. Regul. c. 9. p. 349. l. c. cf. Breviloq. VI. c. 10. Siehe oben.

⁷) Ex IV. Sent. d. 38. a. 2. q. 3. t. V. p. II. p. 491. col. 1. D. — Opusc. determ. quaest. etc. t. VII. p. 536.

kirche (episcopus non alicujus partis solum, sed totius universitatis). Ueberall, in allen Kirchen kann er die gleiche Gewalt üben, wie in seinem Sprengel als Bischof von Rom!"[1]). Darum müssen ihm Alle wie Christo dem Herrn selber gehorchen; dieser Gehorsam gegen den Papst und die Verbindung mit ihm ist nach den bekannten Worten des Rabanus zum Heil nothwendig [2]). Wenn Befehle des Papstes und des Diöcesanbischofes collidirten, wäre es anders, als wenn dieß bei Erlassen des Metropoliten (Erzbischofes) und des Bischofes der Fall ist. Weil die Gewalten dieser beiden von einem Höheren herfließen, und die Gewalt des Einen die des Andern in genau bestimmten Fällen vorausgehen lassen muß, gilt hier der Satz nicht allgemein, daß man dem Höheren mehr als dem Niederen gehorchen müsse. Der Bischof, wenn auch niederer, ist doch unmittelbarer Vorgesetzter, der Metropolit außer seiner Diöcese nur mittelbarer. Anders beim Papst. Er hat Gewalt, volle Gewalt über den Bischof und Erzbischof; er ist nicht bloß mittelbarer Vorgesetzter der Gläubigen. Darum gilt ihm gegenüber obiger Satz allgemein. Jeder Gläubige muß mehr zum Befehl des Papstes stehen, als zu dem irgend eines Prälaten, der unter ihm steht (ille qui habet plenam potestatem super utrumque, non est tantum praelatus mediatus. Unde magis debet stare subditus mandato Papae, quam mandato alicujus praelati inferioris) [3]).

Auch die Fürsten sind von diesem Gehorsam nicht ausgenommen: haben sie in zeitlichen Dingen die Gewalt, so hat der Papst dieselbe in ausgedehnterem Maße in geistlichen Dingen. Zudem hat der Papst verdient, durch besondere Fügung der Vorsehung, den höchsten Rang in der bischöflichen und königlichen Gewalt zu erhalten [4]).

---

[1]) Expos. Regulae in Prolog. ad voc.: Honorius Episcopus. t. VII. 332. — Dazu in dem oft citirten Opusc. Quare fratres t. VII. p. 366. Ubique in omnibus ecclesiis habet illam sicut in sua speciali sede Romana.

[2]) Opusc. de paupert. Christi t. VII. p. 404. col. 1. D. Summus Pontifex ... in terris ... obtinet locum Christi. Ideo omne genu debet ei curvari et Principum et Praelatorum et Clericorum et Laicorum et Religiosorum in terris — ad instar Christi in coelis, cui omne genu flectitur coelestium, terrestrium et infernorum. Offenbar ganz derselbe Gedanke, wie wiederholt im Zeugniß des Libells unter Cyrills Namen. Cf. Apolog. Pauperum c. 1. l. c. p. 412. — Expos. Regulae i. prolog. l. c. p. 332. Ubi Rabanus (i. Matth. 16.): quicunque se segregant a societate illius quolibet modo.., nec januam possunt regni coelestis intrare.

[3]) Ex II. Sent. d. 44. dub. 2. t. IV. p. II. p. 595. col. 1. D.

[4]) Sent. IV. d. 40. a. 1. q. 3. ed. Peltier. Dominus plenam jurisdictionem dedit Petro super spiritualia et ampliorem, quam reges terrae et imperator habent super temporalia. — Apolog. pauperum c. 2. l. c. p. 458: cum idcirco,

So sind denn Alle des Papstes (geistliche) Söhne, und er ist der Vater Aller (Unde sunt omnes ejus filii, et ipse est Pater omnium. Sent. IV. d. 20. p. 2. a. 1. q. 3. Zunächst mit Bezug auf den Ablaß!) Der geistliche Vater hat die Fülle der Gewalt über seine Söhne in höherem Maße, als der leibliche Vater [1]).

Die dritte Seite endlich der päpstlichen Vollgewalt besteht darin, daß sie sich erstreckt über alle der kirchlichen Gewalt überhaupt unterstehenden Objecte. Weil der Papst über Alle ist (super omnes est), weil er die Fülle der Gewalt hat, besitzt er Auctorität um zu disponiren, hinausgehend über alles positive d. h. menschliche Recht in der Kirche (cujus dispositionis auctoritas omnia jura positiva transcendit), ist er im eigentlichen Sinn den Canonen, den Bestimmungen der Väter nicht unterworfen (non est subjectus constitutionibus Patrum); keine Sentenz der Väter hat die römische Kirche mit dem Interdict belegen, ihrer Gewalt Schranken ziehen, ihr in etwas präjudiciren, sie durch positiven Beschluß (wider den Willen des Papstes) an etwas binden können [2]). Der Papst kann ja nicht weniger in der Kirche als Paulus, kann mehr als alle Bischöfe ohne ihn, von ihm aus ergehen die canonischen Gesetze und Vorschriften, er ist der eigentliche Legislator, juris conditor [3]).

Selbstverständlich hat der Papst auch die höchste Gewalt, wenn es sich um Reservate, um Aufstellung von Ehehindernissen, um Dispensen, um Ablaßverleihung u. s. w. handelt [4]). Wir berühren nur

---

dispositione faciente divina, Pontificalis et Regiae potestatis verticem supremum adipisci merueris, ut in arduis necessitatis articulis ad defensandum Christi populum parareris etc. Bonaventura nimmt hier offenbar, wie wir dieß auch bei Thomas sahen, auf die Stellung des Papstes im Mittelalter und auch auf seine Herrschaft im Kirchenstaat Rücksicht.

[1]) Ib. d. 29. a. 1. q. 3. „Ob der leibliche Vater seinen Sohn zur Ehe zwingen könne, wie der Papst Annahme des bischöflichen Amtes befehlen kann?" Pater spiritualis potestatis plenitudinem super filios suos habet amplius quam pater carnalis.

[2]) Apolog. paup. l. c. p. 460. — IV. Sent. d. 19. dub. 6. t. V. p. II. p. 289. — I. Sent. d. 11. a. 1. q. 1. t. IV. p. I. p. 111.

[3]) IV. Sent. d. 20. p. 2. a. 1. q. 2. arg. prolus. 2. (wie bei Thomas suppl. q. 25. a. 1. arg. 1.). — Ib. a. 1. q. 6. t. V. p. II. p. 314: Summus Pontifex plus potest quam omnes episcopi eo quod plenitudinem habet potestatis super omnes. — Opus determ. quaest. t. VII. p. 536: a qua (sc. Sede apostolica) omnes canonum leges emanant.— Apolog. paup. c. 1. l. c. *legislatoris* spreta sententa. — Sent. IV. d. 18. p. 2. a. 1. q. 6: *juris conditor* (ed. Pelt. t. VI.).

[4]) Cf. Sent. IV. d. 18. p. 2. a. 1. q. 6. (ed. Peltier). — Ib. d. 37. a. 1. q. 3; d. 40. a. 1. q. 3. — Ib. d. 38. a. 1. q. 3. — Ib. d. 20. p. 2. a. 1. q. 2. q. 3. q. 5.

kurz, was Bonaventura im Gegensatz zur päpstlichen von der bischöflichen Gewalt im Einzelnen sagt: Die Bischöfe nehmen Theil an der Kirchengewalt, entsprechend ihrem Amt (ordinarie), aber in Unterordnung unter den Papst, sind die Nachfolger der Apostel, Prälaten der Kirche, Bräutigame ihrer Kirchen, haben auch geistliche Kinder, können auch Ablässe verleihen, haben neben der unverlierbaren Ordinationsgewalt auch die Schlüsselgewalt, ja sogar eine Art Vollgewalt, die Patriarchen in ihren Patriarchaten, die Bischöfe in ihren Diöcesen[1]). Diese Vollgewalt ist nämlich bei den Bischöfen die plenitudo sufficientiae, beim Papst allein aber die plenitudo superexcellentiae. — Bonaventura setzt bei: Daß diese Gewalt des Papstes sich auch irgendwie auf die Seelen im Reinigungsort erstrecke, brauchte man gerade nicht allzu sehr zu bekämpfen, wenn Einer es behauptete. Was immer wir aber in Disputationen und selbst in Predigten in dieser Beziehung frei sagen dürfen: das ist ein **Glaubenssatz, daß der Herr seinem Stellvertreter die Fülle der Gewalt übertrug, und zwar soviel Gewalt, als einem bloßen Menschen übertragen werden konnte.** All dieß nur zur Erbauung seines Leibes, welcher ist die Kirche. Darüber sollen und dürfen wir nicht temerär absprechen, sondern müssen Gott herzlich Dank dafür sagen[2]).

In dieser seiner Stellung kann der Papst von Niemand auf Erden in kirchlichen Dingen gerichtet werden, sondern steht allein dem Gerichte Gottes. Er selbst aber kann eben in geistlichen Dingen Alle richten. Will der Papst, „der höchste Prälat, der vollständig frei

---

q. 6. (Lehre vom Ablaß; sehr schön behandelt; enthält auch schon Antwort auf die Frage, warum der Papst nicht sofort alle armen Seelen erlöse (q. 5.).

[1]) Serm. I. de SS. Apostolis l. c. p. 323. — Ex Illumin. Eccl. in Hexamer. Serm. 22. t. I. p. 69. locum tenent episcopi Apostolorum etc. — Sent. IV. d. 20. p. 2. a. 1. q. 3: Omnes episcopi, qui habent prolem, possunt facere indulgentias..; a solis episcopis, qui sunt sponsi ecclesiae etc. — Op. de Paupert. Christi l. c. p. 404: Apostolica auctoritas et potestas clavium in praelatis. — Ex Illum. Eccl. in Hexam. l. c. etsi aliae quatuor sedes plenam auctoritatem habeant super ecclesiis partialibus etc.

[2]) Ex IV. Sent. d. 20. p. 2. a. 1. t. V. p. II: .. Quidquid enim loquamur disputantes vel etiam praedicantes, *hoc sana fide tenendum est* (und doch erst 1261 von Thomas in die Dogmatik eingeführt? Man denke an den Beschluß von Lyon 1274!): quod Dominus suo vicario plenitudinem potestatis contulit, et tantam utique recepit potestatem, quantam decebat homini puro dari (also keine „Vergötterung" deßhalb!). Et hoc ad aedificationem corporis sui, quod est ecclesia. Unde super hoc non temerarie judicare, sed gratias plurimas Deo debemus agere (q. 5. ad 4. p. 314. col. I. B.)

und Keinem unterworfen ist", absolvirt werden, so unterwirft er sich freiwillig einem niebriger gestellten Träger der Jurisdiction¹).

Jetzt so gedrängt als möglich Bonaventura's Lehre über die **päpstliche Unfehlbarkeit.**

Vor Allem muß hervorgehoben werden, daß die gewöhnlich Bonaventura zugeschriebenen Worte über das unfehlbare päpstliche Lehramt und dessen Bedingungen in Wahrheit nicht dem hl. Lehrer angehören, sondern einem Capuciner, Peter Trigosius, der eine theologische Summe nach der Lehre des hl. Bonaventura zusammengestellt hat. Bis herab in die neueste Zeit wurden diese Worte aus Bonaventura's Summa theolog. citirt, obwohl sich keine Summe unter seinen Werken findet²).

Andere wirkliche Stellen des hl. Lehrers lassen indeß keinen Zweifel über seine Ansicht.

a. Dieselbe ist vor Allem klar in seinem Büchlein de Paupertate Christi ausgesprochen. Wie wir bereits wissen, bekämpfte Wilhelm von St. Amour mit seinem Anhang in Paris die Regel der beiden neugestifteten Orden, als wäre sie dem Glauben und den Sitten entgegen. Er könne es nicht glauben, war sein Einwand, daß die römische Kirche die Bettelei approbirt habe; würde sie das thun, so wäre es klar, daß sie irre. — Zu Anagni, wo sich nebst Thomas und Albertus Magnus auch Bonaventura eingefunden hatte, sprach Papst Alexander IV. das Urtheil über Wilhelm's scandalöses Buch de periculis novissimorum temporum (5. Oct. 1256)³). Bonaventura gab zur wissenschaftlichen Widerlegung desselben wie Thomas (op. contra impugnantes religionem) eine Streitschrift heraus: de Paupertate Christi. „Allerdings", sagt er darin, „hat der Apostolische Stuhl den Orden und die Regel der Prediger= und Mindern=Brüder approbirt. *Unde* huic contrarium nulli prorsus licet sentire" ⁴).

---

¹) Op. de Paupert. Christi a. 2. t. VII. p. 402. col. 2. D. — IV. Sent. d. 19. a. 3. q. 2. (ed. Peltier).

²) Die sehr klaren Worte des Trigosius (Summ. theol. q. 1. a. 3. d. 3.) heißen: Papa non potest errare suppositis duobus. Primum, quod determinet quatenus Papa; alterum, ut intendat facere dogma fidei. Als Bonaventura entnommen werden sie citirt beim hl. Alphons Liguori, bei Dischinger (in seinen Commentarii theologici, München 1860, p. 4, wo er sie anführt als Ausdruck des consensus paene communis theologorum), auch im Anti=Janus S. 36, ¹⁹ und sonst.

³) Quetif & Echard l. c. I. p. 271.

⁴) Op. de Paupert. Christi a. 1. t. VII. p. 389. col. 2. F. Ordinem et regulam Fratrum Praedicatorum et Minorum Sedes Apostolica noscitur approbasse. *Unde huic contrarium nulli prorsus licet sentire.* Quare tales videntur stulte agere, periculis se exponere et Deum tentare.

Mit dem Wort sentire bezeichnet Bonaventura die innere Zustimmung (opusc. cit. a. 2. p. 404. fides *sentit*; — Breviloq. p. 1. cap. 2 et 4). Also sagt er an unserer Stelle: Jeder Katholik muß glauben, daß eine Ordensregel nichts wider Glauben und Sitten enthalte (siehe oben den Einwand Wilhelms!), wenn sie der apostolische Stuhl bestätigt hat.

Und im 2. Artikel dieser Schrift sagt er wiederholt: „Der Papst, nämlich Honorius, hat unsere Regel bestätigt. Hat er deßhalb geirrt? Dann hätte die ganze Kirche geirrt, welche so approbirte Orden einfach hinnahm, — was zu behaupten absurd ist. Denn Gott läßt nicht sein hl. Volk allgemein (universaliter) und so lange irren. In der That, nicht die Kirche hat geirrt, sondern — Temerität ist es, den Apostolischen Stuhl richten zu wollen, der von Gott allein gerichtet wird, sein Urtheil, seine Sentenz verwerfen u. s. w." [1].

Aus andern Stellen ist klar, daß hier temeritas im Sinn des Bonaventura gleich haeresis ist. (Siehe Expos. Regul. i. prolog.: da ist in Bezug auf denselben Punkt haeresis gebraucht!); ferner: das Urtheil, die Sentenz des apostolischen Stuhles, um die es sich handelt, und welche von Gott allein gerichtet werden, bezogen sich auf die Frage, ob die Ordensregel etwas gegen den Glauben und die Sitten enthalte (im Sinne Wilhelms); endlich ist die Consequenz (die ganze Kirche dann im Irrthum) einfach zur Vollendung eines argum. ad absurdum angeführt; nicht als ob zur feierlichen Entscheidung des Papstes ein Consens der Kirche erst hinzutreten müßte, sondern weil der Beitritt der Kirche immer, sicher, nothwendig folgt, wenn der Papst so entschieden hat.

b. Nicht minder deutlich spricht sich Bonaventura in einem ähnlichen Werke über das Lehramt des Papstes aus; wir meinen seine Apologia Pauperum. Ein gewisser Gerardus de Abbatisvilla hatte es unternommen, die verurtheilte Schrift Wilhelms durch eine neue

---

[1] l. c. a. 2. p. 402. col. 1. F: Dubium etiam dicit (magister Guillelmus), quod Romana Ecclesia approbaverit mendicationem, quia si hoc faceret, errare convinceretur ... Ib. col. 2. D. Patet .. regulam B. Francisci a Domino Honorio approbatam et confirmatam. *Sed si erravit hoc approbando*, .. constat quod universalis ecclesia per totum mundum hujusmodi ordines .. acceptat; concludendum est ergo, .. quod universalis ecclesia tota erravit et decepta fuit, ... quod est horribilissimum et incredibilissimum, quod Deus permitteret errare universaliter populum sanctum suum ... Est potius temeritas, sedem apostolicam velle judicare, quae a Deo solo judicatur, et ejus judicium et sententiam reprobare etc.

Schmähschrift zu vertheidigen¹). Bonaventura widerlegte auch diese in seiner Apologie.

Schon das Unternehmen, sagt er daselbst gleich im ersten Capitel, ein irrthumsvolles, erst kürzlich vom apostolischen Stuhl verworfenes Buch zu vertheidigen, konnte nicht begonnen werden absque nota rebellionis, nur mit Verachtung der Sentenz des Gesetzgebers, die er auf das 5. Buch Mosis gestützt hatte: Si difficile atque ambiguum apud te etc. (Deut. 17, 8.). „Wenn nun schon zur Zeit des vorbildlichen Priesterthums Widerspruch gegen die Sentenz des Hohenpriesters böse war und mit dem Tod zu bestrafen: so ist es a fortiori jetzt, zur Zeit der geoffenbarten Wahrheit und Gnade, da bekannt ist, daß Christus seinem Stellvertreter die Vollgewalt übertragen habe, offenbar ein absolut nicht zu duldendes Uebel, in Sachen des Glaubens und der Sitten das Gegentheil von der Definition desselben aufzustellen, indem man billigt, was er verwirft, aufbaut, was er niederreißt, vertheidigt, was er verdammt²).

Die ganze Stelle, die einzelnen Ausdrücke könnten nicht karer sein. „Wenn der Papst, der Stellvertreter Christi, im Besitz der Vollgewalt, in Sachen des Glaubens oder der Sitten etwas endgiltig entscheidet (definit), ist die Frage entschieden, gelöst. Da noch das Gegentheil (contrarium) aufstellen und vertheidigen wollen, kann in der Kirche absolut nicht geduldet werden." Man vergleiche doch das Dogma vom 18. Juli 1870! Selbst die Schärfe des Ausdruckes findet sich bei Bonaventura. Vielleicht ist die bei Thomas nicht vorfindliche Bezeichnung des Infallibiltäts-Objectes (in fide vel moribus) von Bonaventura aus der Behauptung der Gegner abgeleitet, die Ordensregel sei wider Glauben und Sitten.

---

¹) de Fanna l. c. p. 24. 1, 3—4.

²) Apolog. Pauperum c. 1. t. VII. p. 412. col. 2. D. Quodsi tempore sacerdotii figurativi Pontificis sententiae adversari malum erat, mortisque poena mulctandum, multo fortius tempore veritatis et gratiae revelatae, quando Christi Vicario plenitudo potestatis collata esse dignoscitur, *malum esse constat nullatenus tolerandum, in fide vel moribus ejus definitioni dogmatizare contrarium,* approbando quod ipse reprobat, reaedificando quod ipse destruit, defensando quod damnat. — Es ist unverantwortlich, wenn man jetzt das Dogma der Kirche im Namen des Staates und der Theologie verfolgt, welches bereits vor mehr als 600 Jahren von den größten, angesehensten, zu Paris gebildeten Theologen so klar und scharf ausgesprochen wurde!!

Im 2. Capitel derselben Schrift richtet der Heilige an die römische Kirche eine herrliche Apostrophe. „Mit Vertrauen interpelliren wir Dich, hl. römische Kirche, als die zweite Esther, thronend über den Völkern, als aller Kirchen Mutter, Königin und Lehrerin zur Vertheidigung und Verkündigung der Wahrheit über Sitten und Glauben. . . . Deine Sache ist's, wenn unser Orden in seiner Regel zur Wahrheit des Evangeliums sich bekennt; Deine Sache, wenn derselbe durch Beobachtung seiner von Dir bestätigten Regel von der Wahrheit abweicht. Wenn man deßhalb dieser unserer hl. Regel Irrthum vorwirft, so wirft man diesen Irrthum Dir vor, die Du dieselbe bestätigt hast. Du warst bisher die Lehrerin der Wahrheit: jetzt beschuldigt man Dich einer Gutheißung des Irrthums und moderne Schreier verhöhnen Dich als unwissend in göttlichem und menschlichem Rechte"[1].

Ein schönes Specimen der Beredtsamkeit des hl. Lehrers, rufend um Abwehr der maßlosen Angriffe auf seine liebe Regel; aber auch ein klares Zeugniß seiner Anschauung über das Lehramt des Papstes, der römischen Kirche, welche bisher die makellose Lehrerin aller Kirchen in Sachen des Glaubens und der Sitten, jetzt gar, anläßlich der bestätigten Ordensregeln, eines Irrthums beschuldigt werden will! — Nach so klaren Stellen können wir uns kurz fassen.

c. Bonaventura's Commentar zu Lucas, eines seiner Erstlingswerke, enthält dieselbe Lehre. Zweimal bringt er darin die Bestimmung Petri zum Fundament der Kirche mit dem Gebet für seinen Glauben in merkwürdige Verbindung; besonders schön im 9. Capitel (ad v. 20.). Nachdem er angeführt, wie Petrus unus praelatus universalis ecclesiae, unus pro omnibus das rechte Bekenntniß abgelegt, weist er hin auf den Lohn dieses Bekenntnisses. Merito illius confessionis . . . nomen Petri est sibi confirmatum, et universalis praelatio super ecclesiam est concessa. Dieß Alles durch das Wort des Herrn: Und ich sage Dir: Du bist Petrus u. s. w. Aus diesem Lohn ersieht

---

[1] ex op. cit. c. 2. t. VII. p. 458. col. 2. A. Te igitur .. ut ecclesiarum omnium matrem, reginam *atque magistram ad defensandam et docendam tam morum quam fidei veritatem,* fiducialiter interpellat tuorum pauperum coetus … Si pauperum hic ordo Minorum *recte profitetur veritatem* Evangelii, *tuum est;* si a veritate in professione a te sancita deviat, *tuum est;* ac per hoc si professioni hujusmodi sanctae *error* impingitur, *tu quae illam sanxisti* errasse asseceris; *et quae magistra veritatis hactenus extitisti,* nunc de approbatione erroris argueris, et a quibusdam modernis praesumptoribus velut juris divini et humani nescia derideris.

man, daß Petri Bekenntniß vom hl. Geist kam, nicht etwa bloß Sache seines heftigen Naturels war. Was aber hat der Herr gethan, indem er den Petrus also ausgezeichnet hat? „Es ist offenbar, daß der Herr durch jene Worte die Irrthümer gebrochen und für den ganzen Glauben ein Fundament gelegt hat, außer dem Niemand eines legen kann (I. Cor. 3.). Deßhalb wurde er Petrus genannt, und ihm verliehen, daß in seiner Kirche der wahre Glaube niemals abnehme: Ich habe für Dich gebetet, Petrus, daß Dein Glaube nicht abnehme"[1]. Darnach werden in der Kirche die Irrthümer überwunden, und steht der ganze Glaube immer fest, weil Petrus Petrus ist, der Grundstein. Das spätere besondere Gebet des Herrn für Petri Glauben sicherte nur die stete Erfüllung der wichtigsten Aufgabe des Primates. Wir sehen: Bonaventura erblickt den primären Grund des nie abnehmenden Glaubens der Kirche Petri in der Verheißung bei Matth. 16.

Ganz so, nur etwas kürzer spricht er bei Erklärung des 5. Capitls (ad v. 6.): „Siehe, durch sein gläubiges Vertrauen (credulitas, nämlich: In verbo autem tuo laxabo rete!) erlangte Petrus Wunder. Daher wurde er wegen der festen Grundlage seines Glaubens nach der Festigkeit des Felsens (petra) Fels (petrus) genannt. Darum gebraucht der Evangelist gleich darauf (v. 8.), nachdem voraus (c. V. s. IV.) immer von „Simon" die Rede gewesen, auf einmal die Bezeichnung: Simon Petrus (v. 8.); und aus gleichem Grund wird ihm später gesagt (c. 22.): Ich habe für dich gebetet, u. s. w."[2].

Beide Stellen geben Licht bei Betrachtung eines Arguments im Commentar zu den Sentenzen. Fast mit denselben Worten wie bei Thomas (und, wie wir sehen werden, auch bei Albertus) wird dortselbst die Wirksamkeit der Ablässe geschützt durch den Satz: die allgemeine Kirche kann nicht irren. „Es scheint schon", sagt Bonaventura, „daß die Ablässe wiklich einen Nachlaß an der noch schuldigen Genugthuung gewähren. Denn die Gesammtkirche acceptirt sie als solche.

---

[1] l. c. ad c. 9, v. 20. t. II. p. 120. col. 1. E. Unde in hoc clare patet, *quod Christus hoc verbo confutavit errores, et stravit totius fidei fundamentum,* secundum illud I. Cor. 3. . . . *Hinc est, quod Petrus est vocatus, et ei concessum est, ut de ecclesia ejus nunquam deficiat vera fides:* Ego rogavi pro te, Petre, ut non deficiat fides tua.

[2] l. c. c. 5. v. 6. t. II. p. 59. Ecce jam credulitas Petri impetrabat miracula. *Unde ipse a suae fidei fundamento Petrus a firmitate petrae meruit appellari.* Unde paulo post (v. 8.) addit Evangelista: quod cum videret Simon Petrus etc. Et *ideo* infra (Luc. 22.) dicitur ei: Ego rogavi pro te etc.

Diese aber, das steht fest, kann nicht irren. Also findet wirklich ein Nachlaß statt. Beweis des Untersatzes: So wurde zu Petrus gesagt: Ich habe für Dich gebetet, Petrus, u. s. w. Bekanntlich aber wurde das zu Petrus gesagt *in persona ecclesiae*, und Christus wurde in Allem erhört gemäß seiner Ehrfurcht (Hebr. 5, 7.), also auch hierin, wenn aber das, dann wird die Gesammtkirche weder betrogen, noch irrt sie" [1]). Diese Stelle scheint gegen die päpstliche Unfehlbarkeit zu sprechen. Die starke Betonung der Ecclesia universalis als Subject und der Ausdruck in persona ecclesiae, mit Bezug auf Luc. 22, 32. gebraucht, fallen auf. Aber man denke an die klaren, bereits angeführten Stellen für die Unfehlbarkeit des Papstes; man denke an den bei Thomas und Bonaventura, auch in Bezug auf die Vollgewalt [2]), gewöhnlichen Wechsel zwischen den Subjecten Papst und Kirche; man denke daran, daß Bonaventura gerade deßhalb dem Papst Unfehlbarkeit bei seinen endgiltigen Entscheidungen vindicirt, weil die Kirche solche Enscheidungen ohne Weiteres hinnimmt und daher gewiß in Irrthum geführt würde, wenn der entscheidende Papst irrte [3]). Endlich vergleiche man zum Verständniß des Ausdruckes: in persona ecclesiae, der uns an derselben Stelle auch bei Albertus begegnet, die Exegese Bonaventura's zu Joann. 1, 42. (der Name „Petrus" verheißen). Ausführlich erklärt der Heilige daselbst die Namen Petri, freilich in etwas eigenthümlicher Art [4]). An erster Stelle aber führt er Augustinus (in Joann. tract. 7. n. 14.) an zur Erklärung

---

[1]) Sent. IV. d. 20. p. 2. a. 1. q. 2. arg. 1. prolus. ed. Peltier t. VI. p. 76. Universalis ecclesia has relaxationes acceptat. *Sed constat, quod ipsa non errat.* Ergo vere fiunt. Probatio minoris. Ita dictum est Petro: Ego pro te rogavi, Petre, ut non deficiat fides tua. Constat, quod hoc dictum est Petro *in persona ecclesiae.* Sed Christus exauditus est in omnibus etc. (Hebr. 5.), ergo et in hoc; et si hoc, ecclesia universalis non decipitur, nec errat.

[2]) Cf. Bonavent. Sent. IV. d. 40. a. 1. q. 3. ed. Peltier t. VI. p. 416. 418. (ad 2.).

[3]) Vgl. die bereits oben unter a. angeführte Stelle aus dem opusc. de Paupert. Christi a. 2. fol. 402.

[4]) in Joann. 1, 42. ed. Peltier t. XI. p. 278. Petrus damals vierfach gedeutet: Simon Petrus = Gehorsam, von שָׁמַע; Petrus, *Bar-Jona* = Gnadenvoll, von עָנָה erhören, beschenken (n. propr. יוֹנָה von יַיִן); Petrus, *Chepha* = hohe Würde und Macht: כֵּיפָא wurde durchweg nach κεφαλή = caput genommen; endlich Petrus = Erklärer, Ausleger, vom hebr. פָּתַח durchbrechen, deuten, auslegen, z. B. einen Traum. In der nach Chrys. (homil. 18. [al. 10.] n. 2.) angeführten Erklärung ist wohl Petrum statt patrem, und adaptavit statt adoptavit zu lesen.

des Wechsels von Petrus und Petra. „Aus Simon machte der Herr Petrus; petra nämlich wird die Kirche genannt: so lag also die Kirche figürlich im Namen petrus; petrus kommt ja von petra... wer baut sicher, wenn er nicht darauf baut?"¹) Verba sunt, muß man sagen, wenn man an das ursprünglich in beiden Versgliedern stehende כיפא denkt, welches der griechische Uebersetzer als Eigennamen der Person des Apostels mit πέτρος, als Fundament der Kirche mit πέτρα wiedergab. Augustin konnte nicht daran denken. Daher seine eigene schwankende Erklärung der Worte: et super hanc petram aedificabo ecclesiam meam (siehe cap. II.); daher aber auch die eigenthümlich innige Verbindung, in welche er selbst, und wie wir sehen, die Scholastiker nach ihm Petrus und die Kirche setzten. In persona ecclesiae kann darum an unserer Stelle und muß sogar mit Bezug auf die übrigen Stellen so gedeutet werden: Was Petrus damals erhielt, erhielt er als **Haupt der Kirche, zum Nutzen der Kirche**, und seine Nachfolger behalten es deßwegen, **so lange die Kirche besteht**. Indem der Glaube Petri und seiner Nachfolger feststeht und nicht abnimmt, steht der Glaube der Kirche fest und nimmt nicht ab.

d. Daran reihen wir kurz, was Bonaventura gleichfalls im Commentar zu den Sentenzen über das filioque gegen die Griechen sagt. Bonaventura gibt an, wie der Glaube der Griechen am filioque gescheitert. Aus Hartnäckigkeit besonders, bemerkt er, und um Recht zu behalten, „wagten sie ihre Ansicht zu vertheidigen und der Auctorität der Römischen Kirche entgegen zu sein. Darum sind sie Häretiker geworden, weil sie die Glaubenswahrheit läugnen, und Schismatiker, weil sie die Einheit der Kirche verlassen haben." Man beachte, warum denn die Griechen nach Bonaventura eine Glaubenswahrheit zu läugnen begannen. „Sie wagten **ihre** Ansicht zu vertheidigen und der Auctorität der römischen Kirche entgegen zu sein." Dann fährt Bonaventura fort: In Ermangelung besserer Gründe häuften sie Beschuldigungen über Beschuldigungen auf uns Lateiner. So sagen sie, wir seien excommunicirt, weil wir die Symbola verderben gegen das Anathem der hl. Väter. „Es ist aber klar, daß wir nicht das Symbolum verderben, sondern vollständig erklären: nicht dieß, sondern jenes wurde einst verboten. Oder man kann mit Anselm

---

¹) l. c. De Simon fecit Petrum. *Petra enim dicitur ecclesia, Petrus autem dicitur a petra, et sic inPetri nomine figurata est.* Et quis securus, nisi qui supra aedificat?

(de process. Spir. Sti.) sagen: Wir haben wirklich etwas Neues beigesetzt. Und das konnten wir auch thun. Denn die römische Kirche hat von Petrus, dem Apostelfürsten, die Fülle der Gewalt empfangen: sie kann durch keine Sentenz der Väter (Bischöfe) mit dem Interdict belegt, eingeschränkt werden u. s. w.¹). Also die römische Kirche, der Papst erklärt, vervollständigt das Symbolum, wenn nöthig, durch neue Zusätze; und Niemand — selbst nicht die Väter durch vorausgegangene Verbote — kann ihn deßhalb belangen oder bestrafen, da er die Fülle der Gewalt hat. Entweder darf demnach der Papst un= gestraft irren und irrthümliche Beisätze zum Symbolum machen — oder er kann gar nicht irren, wenn er kraft seiner Machtfülle einen solchen Beisatz macht.

e. Den Schluß mögen die kräftigen Stellen in der „Erklärung der Ordensregel" machen.

Wir haben bereits gehört, welche Titel, welche Macht und Gewalt Bonaventura im „Prolog" dem Bestätiger der Regel, Papst Honorius, als Nachfolger Petri vindicirt. Soll die Kirche Bestand haben, hörten wir ihn sagen, soll sie nicht unter der alten Synagoge stehen, dann muß ein Primas in ihr sein, „Einer nämlich, der bei Widerstreit der Parteien beiden Theilen gebieten kann." Daraus zieht nun Bonaventura den Schluß: „Da der Papst sagt, er habe unsere Regel ratione pietatis et honestatis bestätiget, so sind gottlos (impii) diejenigen, welche entgegen (discordantes) dem Apostolischen Stuhl behaupten, diese Regel könne nicht beobachtet werden und enthalte (demgemäß) etwas wider die göttliche Ordnung (impium). Solche sind Häretiker und Schismatiker, nach dem Decret (c. omnes D. 22)

---

¹) Sent. I. d. 11. a. 1. q. 1. t. IV. p. I. p. 111. col. 1. A—B. Ex pertinacia ... ausi sunt suam sententiam defendere, et auctoritati ecclesiae Romanae obviare; et ideo facti sunt haeretici, quia negant fidei veritatem, et schismatici quia recesserunt ab ecclesiae unitate. ..... Dicunt nos excommunicatos, quia symbola corrumpimus. ... Non *corrumpimus*, sed *perficimus:* nec sententia lata est contra perficientes, sed contra corrumpentes. Vel potest dici cum Anselmo: *quod novum edidimus. Quod quidem facere potuimus; quia Romana Ecclesia plenitudinem* potestatis a Petro Apostolorum principe acceperat; in quam nulla Patrum sententia nec interdictum ponere, nec arctare potuit etc. Man beachte: Bonaventura hat über die Entwickelung des Dogma's eine freiere Ansicht als Thomas. Doch cf. Sent. III. d. 24. a. 2. q. 3. ad 5. t. V. p. II. p. 293. col. 2. D. Cornelius habebat fidem *implicitam*, et ideo non credebat incarnationem vel resurrectionem sub differentia temporis determinata; et propterea *non errabat*, sed *explicatio fidei* sibi deerat, ad quam faciendam misit Dominus Ecclesiae architectum.

und der hl. Schrift (Dent. 17, 8)"¹). Bonaventura könnte die Gegner der Regel nicht so nennen, wenn er nicht die Bestätigung des Papstes als sichere Bürgschaft der Irrthumsfreiheit ansähe. Dazu kommt: im 9. Capitel desselben Werkes spricht er neuerdings von der Gewalt des Papstes, als des ersten Hierarchen, dem die Gewalt ordentlich und ganz bleibt allenthalben, wenn er auch Andern unter ihm in ständiger oder nicht ständiger Weise davon mittheilt; und dann von der Gewalt des Bischofes, der nach dem Wortlaut der päpstlichen Privilegien des Ordens — Mindern=Brüdern Gewalt zum Beichthören geben kann, auch ohne Wissen, ja wider Willen der Pfarrer in seiner Diöcese. Dann fügt er bei: „Weil dieß die römische Curie ausdrücklich erklärt, so ist es häretisch, das Gegentheil hartnäckig zu behaupten"²). Dieß wohl der kürzeste und deutlichste Beweis, daß Bonaventura die päpstliche Unfehlbarkeit gelehrt habe.

Ueberblicken wir jetzt das Gesagte: In den verschiedensten Ausdrücken, in seinen grösseren und kleineren Werken hörten wir den hl. Lehrer sagen: Wenn der Papst entscheidet, bestätigt, ist der Irrthum fern; Widerspruch gegen seine Entscheidung — ist Häresie. Mit den Gründen oder Beweisen hiefür wechselt Bonaventura: bald verweist er auf die päpstliche Vollgewalt (sub a und d), bald auf den Zweck des Primates, die Einheit zu erhalten (sub d und e), bald auf die Geschichte des nie befleckten und auch jetzt allgemein anerkannten päpstlichen Lehramts (sub a und b). Also ganz die Beweise des hl. Thomas. Einzelne Belege und Zeugnisse der Tradition führt Bonaventura gar nicht an; die Hinweisung auf Gratian und auf das Alte Testament geben nur eine Füllung; die biblische Grundlage findet er in der Verheißung des Herrn bei Matth. 16. und im Gebet des Herrn bei Luc. 22. (sub c). Als inneres Princip dieser lehramtlichen Unfehlbarkeit, wie der Regierung der Kirche überhaupt, bezeichnet er ausdrücklich den hl. Geist³); als Object derselben die fides et (vel)

---

¹) l. c. i. Prologo t. VII. p. 332. Cum dicat *Summus Pontifex* hanc regulam confirmasse, *impii sunt, qui a sede Apostolica discordantes regulam istam* dicunt servari non posse, et per consequens aliquod impium continere. *Tales haeretici sunt et schismatici.*

²) Ibid. Possunt enim Fratres Apostolica ordinatione in privilegiis ordinis expressa, audire cujuscunque Sacerdotis parochianos, ipso inconsulto vel etiam contradicente, si auctoritatem habeant ab Episcopo audiendi. *Et quia Curia Romana hoc determinat, haereticum est, aliud pertinaciter affirmare.*

³) Op. de Paupert. Christi a. 1. t. VII. p. 389. *Spiritu Sancto dictante* istum modum vivendi Summus Pontifex approbavit. Ib. a. 2. p. 400. col. 2. B:

mores; warum und inwiefern auch Bestätigung der Ordensregel hieher=
gezogen wird, wurde bereits erwähnt (Einwand der Gegner!).
Auffallen könnte der Wechsel in Bezug auf das Subject der unfehl=
baren Entscheidung. Bald ist es die römische Kirche, bald die allge=
meine; bald die römische Curie, bald der apostolische Stuhl, bald end=
lich der Papst schlechtweg. In Bezug auf die „Gesammtkirche" ist
bereits das Nöthige bemerkt; daß die übrigen Ausdrücke des Papstes
Recht nicht schmälern wollen, macht Ein Umstand offenbar: sie alle
werden gebraucht in Bezug auf die Bestätigung der beiden
Ordensregeln: und doch wird diese ausdrücklich und eigentlich dem
Papst Honorius kurzweg und mit Betonung seines Subjects (episcopus non alicujus partis solum etc.) zugeschrieben.

Soviel über des hl. Lehrers Bonaventura Anschauung und Dar=
stellung vom Primat, dessen Vollgewalt und Unfehlbarkeit. Jetzt die
Frage: Was soll man denken von der Behauptung, Thomas,
durch falsche Stellen betrogen, habe die Lehre von der
Vollgewalt und Unfehlbarkeit des Papstes in die Dogma=
tik eingeführt, — wenn man dieselben Lehren, wo mög=
lich noch schärfer und ausgebildeter (z. B. Lehre von der
Vollgewalt) in den ersten wie letzten Werken des gleich=
zeitig lebenden in demselben Jahre sterbenden Bonaven=
tura auf's Entschiedenste, ja als Glaubenslehre (sana fide
tenendum est: siehe oben!) festgehalten findet? Dazu keine Spur
von etwa aus dem Libell oder Opusculum 1. des Thomas
herübergenommenen Stützen für die „neuen" Lehren;
beide Lehrsätze vielmehr als Hauptsteine eingefügt seiner
Lehre, von Anfang an. Es ist evident: Bonaventura hat
diese seine Lehre eben so wenig von Thomas „erst" ent=
lehnt oder bekommen, als Thomas selbst sie „erst" aus
den Zeugnissen des Libells gewonnen oder geschöpft hat.
Beide müssen dieselbe vielmehr als sichere und ständige
Ansicht der Pariser Schule, an welcher beide lernten
und lehrten, überkommen haben!¹) Dadurch aber wird die

---

ordinavit Spiritus Sanctus in regimine ecclesiae, ut ipse mitteret aliquando
legatos, qui utramque haberent potestatem. — Opusc. Apolog. Paup. c. 3. t. VII.
p. 460: Christi Vicarius Petrique successor utpote *sancti spiritus illustratione*
praeventus statum hunc evangelizantium pauperum ... auctoritate roboravit,
defendit etc.

¹) Vgl. die bereits in der Einleitung citirten Worte Döllinger's über die strenge
Pariser Censur gegenüber neuen Sätzen! — Bossuet (defens. declar. p. 1. l. 1 c. 7.)

Sicherheit unseres aus Thomas allein schon feststehenden Resultats ungemein vermehrt. Durch das Folgende soll diese Sicherheit, wenn möglich, noch verstärkt und zugleich ein Beitrag zur Aufhellung der Tradition geliefert werden.

2. Die Lehre des seligen **Albertus Magnus**[1]) über unsern Gegenstand reihe sich an die Bonaventura's. Albertus ist ein Meister deutscher Nation, was Umfang des Wissens betrifft, der größte Scholastiker; in Italien, Frankreich und Deutschland gleichmässig in Ansehen und Wirksamkeit, kannte er, wie kaum ein Zweiter, den Stand, die Anschauungen der profanen und heiligen Wissenschaft in seiner Zeit. Und dieser Mann ist der Lehrer des hl. Thomas in Köln und Paris gewesen. „Der Lehrer", bemerkt Raich[2]), „ist die natürlichste Quelle für die Lehre seines Schülers", namentlich wenn die Sprache des Lehrers prägnant und des Schülers Gedächtniß vortrefflich ist, wie in unserem Falle. Daß wirklich zwischen beiden in der Lehre vom Primat, obwohl beide dieselbe nur gelegentlich berühren, die vollständigste Harmonie besteht, können uns einige Stellen aus Albertus zeigen.

Petrus, sagt Albertus in seinem Commentar zu Matthäus, ist der Erste der Würde, nicht der Berufung nach; deßhalb heißt er Haupt (vertex) der Apostel. ... Beachte: obwohl Petrus der Erste heißt, wird doch nicht Andreas der Zweite, Philippus der Dritte u. s. w. genannt, sondern alle sind Zweite in Bezug auf Petrus, was Jurisdiction betrifft: von ihnen steht nicht wieder Einer unter dem Andern, sondern Alle stehen unter Petrus[3]). In demselben Commentar betont er: Der Herr spricht: Ich aber sage Dir. In der Einzahl spricht er zu ihm, nicht als ob Petrus allein (singulariter) die Schlüssel empfangen hätte, sondern weil in der Einheit der kirchlichen Ordnung (Hierarchie) Einer ist, der sie empfängt in der Fülle der Gewalt:

---

hat auch Bonaventura in seinem Sinn zu erklären versucht, sich stützend besonders auf jene Stellen, welche Papst und Kirche in so innige Beziehung setzen. Wie eitel dieß Bemühen sei, brauchen wir nicht mehr zu zeigen. Man sieht aber daraus: um jeden Preis wollte man für die gallicanischen Freiheiten die Tradition der alten Schule in Anspruch nehmen!

[1]) Vgl. die zu Neapel während des Vaticanischen Concils erschienene Schrift des hochw. H. Bischofes Ignatius von Regensburg: B. Alberti Magni etc. doctrina de infallibili Rom. Pontif. magisterio p. 3. seqq.

[2]) A. a. O. S. 70.

[3]) l. c. ad cap. 10: ... Omnes secundi sunt a Petro ad jurisdictionem: quia non unus sub alio, *sed omnes sub Petro.*

das ist der Nachfolger Petri, Petrus selbst, was Gewalt betrifft; die andern aber erhalten die Schlüssel in eben dieser Einheit mit getheilter Gewalt, weil sie auch nur in partem sollicitudinis berufen sind [1]).

„Alle Ordnung", sagt er anderwärts, „fordert ja Einen, dem die ganze Communität zugeordnet, dessen Befehlen und Anordnungen sie unterworfen ist [2]). Wie im natürlichen, ist auch im mystischen Leib Ein Haupt nothwendig, dem die ganze vis regitiva, dem das regimen universale zukommt, und das ist der Papst. Es ist kein Zweifel, daß in ihm, als dem Haupt der Kirche, alle Gewalt sich plenarie findet, so was Dispensen betrifft oder Ablaßertheilung; die übrigen Prälaten haben nur soviel Dispensationsgewalt, als ihnen zugestanden wird; auch haben sie sicher Gewalt über den Verdienstschatz ihrer Diöcese und des Leidens Christi, aber keine so grosse und volle, wie der, welcher die ganze Gewalt hat (universitatem potestatis), der über das Ganze gestellt ist (super totum constitutus) [3]). Er kann in der Kirche jedenfalls soviel als Paulus einst gekonnt; von ihm gelten des Chrysostomus (comm. i. Matth. 16.) Worte: Einem sterb= lichen und irdischen Menschen hat Gott Gewalt gegeben über Alles, was im Himmel ist, durch ihn seine Kirche gefestigt, mehr als das Himmelsgewölbe [4]). Diese Gewalt geht ihm durch die Sünde nicht verloren, weil sie eine Amtsgnade, eine gratia gratis data ist, wie

---

[1]) Ib. ad cap. 16: Dico autem *tibi*: singulariter inquit, non quod Petrus singulariter acceperit claves, sed quia in unitate ordinis ecclesiae unus est, qui accipit in plenitudine potestatis, qui est successor Petri, et Petrus in potestate; alii autem in eâdem unitate accipiunt (sc. claves) in parte potesta- tis, eo quod vocantur in partem sollicitudinis.

[2]) Summ. theol. p. II. tr. 24. q. 141. memb. 3. sub 2. Opp. (Lyon 1651) t. 18.

[3]) Sent. IV. d. 38. a. 17. t. 16. p. 757. Dicendum quod absque dubio omnis potestas plenarie dispensandi est in capite ecclesiae .., quia vis regitiva vitae ratio est et non habet sedem nisi in capite: ita .. in corpore naturali, similiter in corpore mystico..; in aliis praelatis potestas dispensandi est tantum, quan- tum eis conceditur .. regimen est duplex, scilicet universale et particulare etc.— Ib. a. 21. Solus papa, qui super totum est constitutus. ad 1. Episcopus habet in sua potestate thesaurum suae dioecesis, et passionis Christi, licet non adeo plene sicut ille, qui habet universitatem potestatis. Cf. lib. de sacrif. Missae tr. 3. cap. 6. n. 9 et 12. Haec clavis (Matth. 16.) *uni* committitur, ut pleni- tudo potestatis in uno ostendatur, et in alios ab illo secundum partem sollici- tudinis, in quam vocantur, committatur. etc.

[4]) Ib. a. 17. arg. 1. et 2.

einst die Prophetie; floß diese ja auch noch in Caiphas, weil er Hoherpriester war in jenem Jahre¹).

Als Papst steht er unter keinem Bischof, unter keiner irdischen Auctorität (in geistlichen Dingen); wenn er auch als Bischof von dem in Ostia geweiht wird, kommt ihm doch die Jurisdiction seiner universellen Gewalt unmittelbar von Gott zu, deßhalb weil er Petro succedirt²). Kraft dieser universellen Gewalt regiert er die ganze Kirche: in der ganzen Kirche ist seine Gewalt eine unmittelbare, ordentliche, bischöfliche über alle Katholiken; der Gehorsam gegen ihn geht darum immer dem gegen den Bischof vor³), weil er der eigentlichste Stellvertreter Gottes auf Erden ist."

Bezüglich der päpstlichen Unfehlbarkeit genüge es, von Albertus zwei Stellen anzuführen. In seinem Commentar zu Lucas, welchen er zu Thumstauf als Bischof von Regensburg, also ganz gleichzeitig mit dem Büchlein Thomas' gegen die Griechen schrieb, sagt er zu den Worten Ego rogavi pro te etc. (Luc. 22.): „Diese Worte sind ein wirksames Argument für den Stuhl Petri und seinen Nachfolger, daß sein Glaube bei der endgiltigen Entscheidung (finaliter) nicht gebreche"⁴). Es frägt sich: ob wir finaliter recht übersetzt haben,

---

¹) Ib. a. 20. — Man erinnere sich, wie Thomas in der Lehre von der päpstlichen Unfehlbarkeit gerade so auf Caiphas verweist, wie hier Albert in der Lehre vom Ablaß.

²) Sent. IV. d. 25. a. 40. ad 2. Summus Pontifex non consecratur ab Ostiensi, in quantum est summus; sed in quantum est Pontifex tantum. Sed jurisdictio universitatis potestatis descendit in ipsum a Domino ex hoc quod Petro succedit.

³) Ib. d. 20. a. 17. arg. 3. Universalis gubernator ecclesiae .. Summ. theol. p. II. tr. 24. q. 141. memb. 3. ad quaestiunc. Superior aut habet potestatem *limitatam* aut potestatis *plenitudinem, sicut Papa, qui est Ordinarius cujuslibet.* Si primo modo: tunc non habet potestatem in subditos (sc. alterius, etsi inferioris) sine inferioris voluntate. Si *secundo modo, tunc habet, quia Papa est Ordinarius omnium hominum, quia vice Dei est in terris.* Diese Lösung steht in der Abhandlung über die potentia peccandi und bezieht sich auf den Gehorsam, welchen man zu leisten habe, wenn verschiedene übereinander geordnete Gewalten etwas Sündhaftes befählen! — Ausführlicher wird dasselbe entwickelt im Buch de Sacrif. Missae tr. 3. cap. 6. n. 9. et n. 12. Zu dem Wort adunare (sc. ecclesiam) im ersten Gebet des Canons bemerkt Albertus: Adunare h. e. ad unum redigere. Hoc inquam unum, quod est commune per omnem ordinem graduum Ecclesiae, quod ad *unum caput* ordinatur in coelis, quod est Deus, et in terra, *quod est Dei vicarius.*

⁴) Comm. i. Luc. 22: Hoc argumentum efficax est pro sede Petri et successore ipsius, quod fides ejus non finaliter deficiat.

ob wir nicht in gallicanischem Sinn „auf die Dauer" u. dgl. hätten übersetzen sollen? Doch schon die Hervorhebung des einzelnen, concreten Nachfolgers Petri (successore ipsius), dessen Glaube nicht gebricht, spricht für uns; die Bedeutung, in welcher Thomas das finaliter nimmt¹), beleuchtet auch den Sinn desselben hier, in der nämlichen Frage; endlich beweist dieß die andere Stelle. Die Wirksamkeit der Abläffe schützt Albertus durch dasselbe Argument im Sed contra, wie Thomas und Bonaventura. „Bei Luc. 22. heißt es: Ego rogavi pro te, Petre ... Das aber wurde dem Petrus gesagt in persona ecclesiae, also irrt die Gesammtkirche nicht" ²).

Zur Erklärung des finaliter in der vorher angeführten Stelle dient diese in soferne, als sie in dem Gebet des Herrn den Grund erblickt, nicht warum die Kirche „auf die Dauer, in die Länge" nicht irrt, sondern warum sie überhaupt nicht irrt. Aber der Ausdruck in persona ecclesiae und die Fassung der Schlußfolgerung? Wir verweisen auf das bei Bonaventura darüber Gesagte; wir verweisen auf das bei Albertus selber unmittelbar dem unserigen folgende Argument: auch der Auftrag, nicht bloß siebenmal sondern siebenzigmal siebenmal zu verzeihen, sei dem Petrus gegeben worden *in persona ecclesiae*. Und doch heißt es in dem daraus gezogenen Schlusse: also kann und soll der dispensator ecclesiasticus, d. h. der Papst, den er unmittelbar vorher universalis gubernator ecclesiae genannt hat³) — möglichst viele Abläffe, wie es scheint, gewähren. Hier wollen also die Worte: *in persona ecclesiae* nichts Anderes sagen, als: Wegen der innigen Verbindung, welche besteht zwischen Papst und Kirche, bezog sich auch jener Auftrag an Petrus auf den Nutzen, die Wohlfahrt der Kirche während ihrer ganzen Dauer. So fanden wir es auch schon bei Bonaventura. Noch deutlicher wird unsere Stelle durch einen Blick auf das arg. 3. prolus. in demselben Artikel. „Man darf

---

¹) Cf. Thom. S. theol. 2. 2. q. 1. a. 10. i. corp.: ad cujus auctoritatem pertinet *finaliter* determinare ea quae sunt fidei, ut ab omnibus inconcussâ fide teneantur etc. — Dazu vergleiche man, was Orsi und Bouix über das *finaliter* sagen: Orsi lib. IV. de Auctorit. R. Pontif. cap. 16: finaliter = finali et supremo judicio. Bouix op. de Papa, t. 1. p. II. c. 4.: „*Finaliter* commode intelligi potest eo sensu, quod *tentari* quidem possit Romani Pontificis fides, non autem *eo usque*, ut deficiat, seu ut tentationis exitus seu finis sit aliquis error in fide per modum definitionis toti ecclesiae propositus."

²) Sent. IV. d. 20. a. 17. arg. 4. ergo ecclesia universalis non errat.

³) Die Gewalt der Bischöfe, Abläffe zu ertheilen, kommt erst a. 21. zur Sprache.

nicht glauben, daß der universalis gubernator ecclesiae zumal in den Punkten, welche die ganze Kirche hinnimmt und billigt, irgend Jemand täuschen (fallere) wolle. Nun ist es aber bekannt, daß er selbst laut verkündigt, die Ablässe wirken, und daß er es auch ver= kündigen läßt, also —" ¹). Zunächst wird hier in Abrede gestellt, daß der Papst, der von Gott bestellte Lenker der ganzen Kirche — nicht umsonst ist die Umschreibung gebraucht — amtlich Jemanden täuschen, hintergehen, irreleiten wolle. Das wäre also ein Wort für die, welche immer jammern, leicht könnte es einem unfehlbaren Papst einmal einfallen, ganze Reihen falscher Dogmen den Gläubigen aufzuoctroyiren. Uns interessirt hier der Beisatz: *praecipue in his quae tota ecclesia recipit et approbat*. Ist damit nicht der nothwendige Consens der Gesammtkirche ausgesprochen, die Unfehlbarkeit des Papstes also ge= läugnet? Gerade das Gegentheil ist der Fall. Im ganzen Artikel frägt es sich, ob die Ablässe überhaupt wirksam seien. Unser Argu= ment, daß der Papst amtlich Niemand täuschen wolle, würde gar nicht hieher passen, wenn der Beisatz sagen wollte: in den Punkten, welche die ganze Kirche prüft und endgiltig annimmt; das Argu= ment müßte dann vielmehr lauten: die Gesammtkirche hätte sonst schon längst den Papst wegen seiner Ablaßverleihungen zurechtgewiesen, auf das Irrthümliche hingewiesen. Also muß der Beisatz den Sinn haben, und der Wortlaut spricht dafür: Der Papst, das muß man annehmen, will amtlich Niemand täuschen, am allerwenig= sten in solchen Erklärungen, von denen er will und weiß, daß die Gesammtkirche sie annimmt und gutheißt. In diesem Sinn allein paßt das Argument an seine Stelle, also ist dieser Sinn der rechte. Also ist kein Zweifel, daß Albertus die Unfehlbarkeit wie die Vollgewalt des Papstes gelehrt habe. Und „dieß war die unmittelbare Quelle, aus der Thomas zu Cöln und Paris geschöpft hat" ²).

---

¹) l. c. arg. 3. prol.: Adhuc universalis gubernator ecclesiae praecipue in his, quae tota ecclesia recipit et approbat, non est credendus fallere velle aliquem. Constat autem, quod ipse indulgentias valere praedicat, et prae- dicare facit, ergo —

²) Siehe Raich a. a. O. S. 79. 80. — Hier sei noch angemerkt, daß Albertus über die Dogmenentwickelung dieselbe Ansicht, wie Thomas hat. Bei Besprechung des filioque sagt er mit Anselm (de process. Sp. Sti c. 2, 1.): Im ersten Symbolum seien nicht alle Glaubenssätze *explicite* enthalten gewesen. Und, setzt er bei, non est addere, quando id, quod per intellectum intus est, per interpretationem appo- nitur. Cf. S. theol. p. 1. tract. 7. q. 31. mem. 3. n. 5. — Die von Professor Reali

3. Dem Zeugniß des Albertus folge die Lehre vom Primat, wie sie in dem bereits erwähnten „Tractat wider die Irrthümer der Griechen" enthalten ist. Dominikaner im Kloster zu Constantinopel haben denselben a. 1252 verfaßt[1]); der 3. Theil enthält eine Fabel, der 2. Auszüge aus den Studien des Hugo Etherianus, der erste ist das eigene Werk der Predigerbrüder. Darin sind die vier auch im Opusculum des hl. Thomas bekämpften „Irrthümer" der Reihe nach hergenommen.

Die Lehre vom Primat wird kurz zusammengefaßt in die Thesis: Papa est caput ecclesiae (p. 54. dist. 4.). Folgt der Beweis[2]). 1. Satz: Petrus habuit praerogativam dignitatis super Apostolos, et *plenitudinem potestatis* super omnes homines. Dieß folgt aus Joh. 21, 15. (Pasce oves meas, an Petrus allein und besonders), nach der Erklärung des hl. Chrysostomus. Diese wird vollständig richtig angeführt, unmittelbar daran reihen sich Bemerkungen des oder der Verfasser z. B. an die Gegenüberstellung von sedes Jacobi — und totius orbis Petrus: quasi dicat: Sanctus vocatus est Jacobus in *partibus* Hierosolymitanis, sed Petrus *in plenitudine potestatis*. Aehnlich zu *tibi* bei Uebertragung der Schlüsselgewalt: tibi, *discretive* quasi ab aliis dabo claves. Daran reiht sich die bereits erwähnte Bemerkung, Theophylakt habe manche Stellen des Chrysostomus zu Ungunsten des Primates gefälscht; noch erhaltene ächte Exemplare von Chrysostomus' Werken bewiesen das; die Stellen, welche zu läugnen scheinen, daß Petrus allein und nicht alle (communiter) die plenitudo potestatis empfangen, rührten von Theophylakt her.

Die Griechen selber, heißt es weiter, anerkennen in ihrer Liturgie (Officium SS. Petri et Pauli) den Primat. Angeführt wird eine auch von Pichler aus der schismatischen Liturgie ausgehobene Stelle[3]). Schon die Namensänderung bei „Simon" durch den Herrn beweist dasselbe. Denn Cephas ist gleich caput; daher

---

dem Albertus zugeschriebene Stelle (San Tommaso d'Aquino etc. p. 15), angeblich in seinem Commentar zu Matth. 16., gehört dem viel späteren Roccaberti.

[1]) Wie bereits angegeben, ist derselbe zu finden in den Lectiones antiquae Henrici Canisii ed. Basnage (Amsterdam 1725) tom. IV.

[2]) Die Anfangs gegebene Abtheilung: a quo? quando? utrum universaliter an particulariter? wird nicht klar eingehalten.

[3]) Siehe bei Pichler a. a. O. S. 143. Petrum quidem tanquam principem Apostolorum, Paulum vero tanquam prae caeteris laborantem. Also schon damals wurde diese reichhaltige, bereits vor Photius fließende Quelle von Beweisen für den Primat benützt.

die Ausdrücke bei den Vätern: Petrus = κορυφαῖος τῶν ἀποστόλων, caput, vertex, apex Apostolorum.

2. Satz (stillschweigend vorausgesetzt): Der Papst ist der Nachfolger Petri.

Kein anderer Bischof hat ja ähnliche Namen; der Papst ist zudem der Nachfolger Petri und Pauli, des Ersteren in potestate clavium, des Letzteren in discussione causarum¹). Keiner der Bischöfe außer ihm eignete sich deßhalb die plenitudo potestatis zu; die Andern sind vielmehr berufen in partem sollicitudinis. Romanus Pontifex, quia Petro i. e. Christi Vicario successit, non immerito Summus Pontifex et Papa i. e. Pater Patrum singulariter nuncupatur.

Selbst daß die Bischöfe von Antiochien und Alexandrien Patriarchen i. e. Principes Patrum heißen, kommt daher, weil einst Petrus auf ihren Stühlen saß; die zwei andern Patriarchen haben diesen Titel durch positiven Beschluß erst später erhalten. Der Titel „allgemeiner, ökumenischer Patriarch" wurde versuchsweise zu Constantinopel (II. Conc.) clam Summo Pontifice angebahnt²), zu Chalcedon — im Widerspruch mit den päpstlichen Legaten dem Patriarchen von Constantinopel wirklich beigelegt. Verumtamen, quia ea definiebantur in Conciliis sine consensu papae vel legatorum ejus, robur firmitatis habere non poterant. Daher die Bitte der Väter des 4. Conciliums und des Anatolius an den Papst um Bestätigung: Papst Leo aber antwortete der Wahrheit, nicht der Bitte entsprechend.

Darauf wird erzählt, wie die Päpste selber diesen Titel trotz Anerbietungen nicht angenommen haben³).

Daran reihen sich ziemlich detaillirte Angaben über das 4. und 6. allgemeine Concil, Aeußerungen, Vorgänge, Acclamationen, Unterschriften auf denselben, soweit selbe für den Primat der Päpste sprechen⁴). Dazu kommt das Privilegium Constantini (p. 60): dasselbe entspreche ganz dem Evangelium und dem Nicenum, dem Constantin anwohnte, und das auch beschloß: Romanam Ecclesiam caput esse omnium ecclesiarum.

Also, schließt die Beweisführung, hat Christus der Herr durch Petrus den Primat eingesetzt, und das Nicenum hat ihn publicirt und

---

¹) l. c. p. 55.
²) Der Beschluß wird richtig angegeben: Der Bischof von Constantinopel sollte Patriarch sein nach dem von Altrom.
³) Ib. p. 55. 56. Cf. cap. VII. (universalis Patriarcha).
⁴) Ib. p. 57—59. Wir fanden darunter nichts Gefälschtes.

(vollständig) zur Ausführung gebracht. Jetzt (p 61) folgt ein Einwand: „Wegen filioque ist der Papst häretisch und schismatisch, deßwegen gehorchen wir ihm nicht!" Die Antwort lautet: „Beweiset erst, daß der Papst, tantus pastor et pater ecclesiae, auf einem Concil einer Lüge oder Häresie überführt worden sei; bevor das geschehen, ist und bleibt bei ihm die (höchste) Auctorität." Alles, was die Verfasser hier und oben vom Verhältniß zwischen Papst und Concil sagen, beweist, daß diese Antwort wegen des filioque Ironie enthalte: nunquam probabitis! lautet der Hintergedanke.

Nach einer Klage über die schwere Schuld der bereits so lange getrennten Griechen fassen die Dominicaner die Lehre vom Primat in folgenden Schlußsatz zusammen: Ex dictis constat, quod Romanus Pontifex caput est omnium ecclesiarum, sive universalis ecclesiae, cum una sit, et non plures, successorque Petri et vicarius Dei in terris; et ei tanquam ipsi Domino oportet fideles devote et humiliter obedire. Ii vero, qui contumaciter impugnant, et ipsam sedem ecclesiae non asserunt esse caput, anathema subierunt etc. (p. 62).

Da haben wir die Lehre vom Primat aus einer Schrift, die zehn Jahre vor dem Opusculum des Thomas verfaßt worden. Wir fanden dieselbe Lehre, obwohl ganz andere, fast durchweg traditionelle Gründe dafür [1]).

4. Frühere Zeugnisse fassen wir, der Kürze halber, so zusammen, daß wir sie unter die sieben von Thomas im Büchlein gegen die Griechen aufgestellten Thesen vertheilen [2]).

A. Romanus Pontifex primus et maximus omnium episcoporum.

„Die apostolische Gewalt, sagt Isidor von Sevilla († 636), ging auf alle katholischen Bischöfe über, der römische aber ragt durch

---

[1]) Vergleiche, was eine wahrscheinlich bald nach 1204 verfaßte Ueberarbeitung des angeblich Photius eigenen Opusculum contra Francos (bei Hergenröther a. a. O. Bd. III. 178: Text Nro. III.) hinsichtlich des Primates den Lateinern vorwirft: Τὸν Πάπαν οὐ διάδοχον τοῦ ἁγίου Πέτρου, ἀλλὰ τὸν Πέτρον αὐτὸν καὶ λέγουσι καὶ πιστεύουσι, καὶ ὑπὲρ τὸν Πέτρον θεοποιοῦσι, σχέδον κύριον αὐτὸν χριστιανότητος ἁπάσης ἀνακηρύττοντες. (Ganz à la Janus.) bei Cotel. n. 32. p. 501; und ib. n. 33 p. 501. 502: Λέγουσι ταύτην τὴν ἐκκλησίαν τῆς Ῥώμης εἶναι τὴν καθολικὴν καὶ ἀποστολικὴν ἐκκλησίαν, μίαν περιεκτικὴν ἁπασῶν, καὶ ἕνα συνεκτικὸν τῶν ἁπάντων ἀρχιερέα τὸν Πάπαν ὡς ἕνα Πέτρον κ. τ. λ.

[2]) Wir entnehmen sie größtentheils dem Werke des Capuciners Benettis, Privileg. S. Petro et Roman. Pontif. coll. vindic. Rom (1756). P. I. t. 2. p. 320—72.

ganz besonderes (singulari) Privileg als Haupt über alle andern
Glieder hervor" (in ep. ad Eugen. Tolet.). „Summus Pontifex heißt
der Papst, weil er das Haupt ist aller Bischöfe." So Hugo von
St. Victor († 1141)[1]). Ebenso der Sentenzen=Meister Peter der
Lombarde († 1164) in Sent. IV d. 24. (Text bei Bonaventura Comment. i. Sent.). Wiederholt nnd scharf äußert sich darüber Anselm
von Havelburg, der im Auftrag Kaiser Lothars II. (1125—37) in
Constantinopel mit dem Erzbischof Nechites disputirte und die gehaltenen Streitreden nach dem Wunsche des Papstes Eugen III. heraus-
gab. Petrus, sagt er darin, ist vom Herrn zum Apostelfürsten bestimmt worden. Wie aber der römische Bischof allein Petri, ja Christi
Stelle vertritt, so vertreten alle übrigen Bischöfe die Stelle der Apostel,
aber unter Christus, unter Petrus, unter dem Papste[2]). — Alle unter
den folgenden Thesen angeführten Stellen beweisen dasselbe.

B. Summus Pontifex in totam ecclesiam Christi *universalem
praelationem* habet.

Wie einst das römische Volk die Alleinherrschaft über den ganzen
Erdkreis hatte, so steht der Papst auf dem römischen Stuhl als Nach=
folger Petri über der ganzen Kirche. So Walafried Strabo
(† 849), der Verfasser der Glossa ordinaria[3]). — Der römische Abt
und Bibliothekar Anastasius († 886) gibt dem Papste Johann VIII.
folgende Titel: Stellvertreter Gottes, Schlüsselträger des Himmels,
allgemeiner Bischof, alleiniger Papst, einziger Hirte, Schieds=
richter, Gottes Stelle vertrittst Du auf Erden[4]). Dasselbe sagt
Rupert von Deutz († 1135), wenn er der Päpste Vorsteheramt über
alle Kirchen und die Herrschaft ihres hl. Wortes höher stellt, als
die Herrschaft der Cäsaren[5]). Schon vor ihm sagt der hl. Anselm
von Canterbury († 1109): der Herr habe dem Papst (Urban II.)
seine Kirche zur Regierung übergeben[6]). Bekannt ist des
hl. Bernard († 1153) schöne Stelle (lib. 2. de considerat. ad
Eugen. III. c. 8.): Non modo ovium, sed et pastorum tu unus
omnium pastor. Habent illi sibi assignatos greges, singuli singulos, tibi universi crediti, uni unus (sc. grex) . . . Pasce oves

---

[1]) Lib. 1. erudit. theol. de sacramentis c. 43.
[2]) Lib. 3. collat. c. 10.
[3]) Lib. de reb. eccles. c. 31.
[4]) In praefat. ad vitam S. Joannis Eleemosyn.
[5]) Lib. 2. in Joann. c. 3.
[6]) i. Dedic. libr. de fide Trinitatis et Incarnati Verbi ad Urban. II: suam
ecclesiam divina providentia vestrae sanctitati regendam commisit.

meas. Quas? Illius vel illius populos civitatis..? Oves, inquit, meas. Cui non planum est, non designasse aliquas, sed assignasse omnes? Nihil excipitur, ubi distinguitur nihil ¹). Und in der Rede an die Synode von Rheims, vor Papst Innocenz II., sprach er: Ich soll reden, so befiehlt mir dieser zweite Moses. Et plus quam Moyses hic. Moysi commissa fuit una plebs israelitica, *isti autem universa ecclesia*. (Diese Worte erinnern ganz an die Modification einer Stelle des Chrys. im Libell!) Wir führen noch an, was Gerigo, Prior der Carthause von Grenoble und Freund des hl. Bernard, an den rechtmässigen Papst Innocenz II. schreibt: Non pars una, sed totus pene orbis est vestra dioecesis: nam sicut Deus est unus, Mediator unus, mundus unus, sol unus ..., ita b. Petri vicarius i. e. Papa non potest esse nisi unus.

C. Idem habet in ecclesia potestatis plenitudinem.

Anastasius Bibliothekarius sagt zu Papst Johann VIII. an der bereits citirten Stelle: Non fas est, ut ... absque Te, omnium arbitro, aliquid consumetur vel divulgetur ... Tu quod ligas, nemo solvit, quod aperis nemo claudit, quod claudis nemo aperit: vices namque in terris possides Dei ²). So klar wie irgend ein Scholastiker spricht darüber der hl. Bernard: Plenitudo potestatis super universas orbis ecclesias singulari praerogativa Apostolicae sedi donata est (ep. 131. ad cler. et pop. Mediolan.); und noch schulmässiger in den Considerationen (l. c.): Ergo juxta canones alii in partem sollicitudinis, tu in plenitudinem potestatis vocatus es. Aliorum potestas certis arctatur limitibus, tua extenditur et in ipsos, qui potestatem in alios acceperunt. Hören wir noch, welche Anschauungen der englische Abt Aelred (Rievellensis) unter König Heinrich II. über den Primat entwickelt. Der Papst ist der Statthalter Christi; ... er besitzt in der Kirche die Fülle der Gewalt, welche nach dem Plane der Vorsehung nicht im Orient, sondern im Occident auf dem römischen Stuhl residiren sollte. Illius (sc. Romanae eccle-

---

¹) Vgl. Hugo von St. Victor l. c.: Papa dicitur, quia Pater patrum; *universalis dicitur, quia universae ecclesiae praeest* etc. — Arnulf. Lixoviensis (i. gratul. de elect. Alexandro Pap. III.): Vos apostolum Christi, Petri vicarium, *pastorem et episcopum omnium*, qui christiano nomine censentur, agnosco. — Potho Prum. lib. I. de statu domus Dei: Ipse sc. Papa solus totius domus Dei, quae est ecclesia, morem gerit. — Hugo Etherian. (contra Graecos lib. 3. c. 17): Omnes occidui orbis limites Petri successorem sibi dominum recognoscunt, et *sub illo praesule* diriguntur.

²) Vgl. Jvo von Chartres ep. 48. ad Pascalem II.

siae) est, consulere omnibus, judicare de omnibus, omnibus providere[1]).

D. In eadem est potestate quae collata est Petro a Christo. Wir verweisen auf bereits angeführte Stellen, welche dem Papst die praelatio universalis und die plenitudo potestatis zueignen, weil er Petri Nachfolger ist.

Ausdrücklich sagt Paschasius Rabbertus, Abt von Corbie († 865), er habe unwiderlegliche Zeugnisse gesammelt zum Beweis des Satzes: quod ejus sc. Papae sit *potestatis*, imo Dei, et b. *Petri Apostoli, ire et mittere ad omnes gentes pro fide Christi, et in eo sc. Papa esset omnis auctoritas b. Petri excellens, et potestas viva*, a quo oporteret universos judicari etc.[2]). Aehnlich der hl. Bernhard, wenn er zu Eugen III. sagt: Furchtbar ist der Ort, auf welchem Du stehst: locus Petri est, locus Principis apostolorum est, ubi steterunt pedes ejus[3]); und wenn er demselben Papst in den Consiberationen zuruft (l. c.): *Tu — potestate Petrus!*

E. Ad eum pertinet determinare quae sunt fidei.

Die Zeugnisse für diese Thesis sind so viele, daß wir nur die sprechendsten citiren können.

Regino von Prüm († 915) nennt in seinem Chronikon (ad a. 865, Lothar's Ehescheidung) diejenigen Thoren, welche da glauben, den Stuhl Petri mit einem verkehrten „Dogma" täuschen zu können: quae (sc. sedes Petri) nec se fefellit, nec ab aliqua unquam haeresi falli potuit. Ratherius, Bischof von Verona († 974), weiß keinen Ort, wo man sich, wie zu Rom, in kirchlichen Dogmen Unterricht erholen könne. Der Grund hiefür? Nusquam ratum, quod illic irritum, nusquam irritum, quod illic ratum fuerit visum[4]). Den Papst, sagt Petrus Damiani, hat der allmächtige Gott vor allen Andern auf der weiten Erde erwählt, cui *cathedram* magisterii *principaliter* in ecclesia tenere perpetuo privilegii jure concessit[5]). „Da für den Glauben Petri vom Herrn gebetet wurde, daß er nicht abnehme, wird der Glaube des römischen Patriarchen allein, in welchem er seine Brüder bestärkt, niemals abnehmen... Mag der Papst

---

[1]) Nach Benettis l. c. p. 363 in Bibl. PP. und Biblioth. Cisterc. t. V. Man vergleiche damit die entsprechende Stelle aus „Pseudo=Cyrill" (H).
[2]) Paschasius Radb. i. vita Walae abbatis l. 2.
[3]) Ep. 277. ad Eugen. III. Man vergleiche das Zeugniß des Cyrillus im Libell (L).
[4]) i. Itinerario (Appellation an Johann XIII.) t. 2. spicileg. Dacheriani.
[5]) Ep. 38. ad Orientis Patriarcham (über filioque).

im Fundament des Glaubens angegriffen, bestürmt werden: er wird unbeweglich stehen; warum? Weil Himmel und Erde vergehen, ehe des Herrn Wort vergeht; Christus aber sprach: Tu es Petrus etc." So Anselm von Luca, der Vertheidiger Gregor's VII. in seinem Werk gegen den Gegenpapst Guibert von Ravenna (Lect. antiquae Canisii t. VII.). Nicht anders Anselm, der Erzbischof von Canterbury in der bereits erwähnten Widmung seiner Schrift gegen Roscelin (an Urban II.): Ad nullum alium rectius refertur, si quid contra catholicam fidem oritur in ecclesia, ut ejus auctoriate corrigatur; nec ulli alii tutius, si quid contra errorem respondetur, ostenditur, ut ejus prudentia examinetur. Darum eben widmet er auch seine Schrift dem Papste und legt sie ihm vor: quatenus, si quid in ea (sc. epistola) corrigendum est, vestra censurâ castigetur, et quod regulam veritatis tenet, vestra auctoritate roboretur. Rupert von Deutz erklärt ironisch die Stellung Griechenlands in der Azymenfrage dadurch: quia tantis haeresibus *fermentata* est Graecia. Romana vero ecclesia, fügt er bei, super Apostolicae fidei petram altius fundata firmiter stetit, et tam Graeciae quam totius orbis haereticos semper confutavit, et de excelso fidei tribunali data sententia judicavit[1]). Was Bernard sagt in einem Brief an Innocenz II. (ep. 190.) in Bezug auf die bereits zu Sens (1141) verurtheilten Irrthümer des Abälard, ist bekannt. Alle Gefahren und Aergernisse, die vorkommen im Reich Gottes, besonders aber auftauchende Glaubensfragen (ea praesertim quae de fide contingunt) müssen dem apostolischen Stuhle hinterbracht werden. Dignum namque arbitror, ibi potissimum resarciri damna fidei, ubi non, possit fides sentire defectum. Das ist ja die Prärogative dieses Sitzes. Wem anders wurde einst gesagt: Ego pro te rogavi, Petre etc.? *Ergo quod sequitur, a Petri successore exigitur*: Et tu aliquando conversus etc. Das soll nun jetzt geschehen. Beweist jetzt, hl. Vater, Euren Principat u. s. w. Darin wahrlich verseht Ihr Petri Stelle, si vestra auctoritate conteritis fidei corruptores. Vgl. den Brief (ep. 174) an die Kanoniker von Lyon wegen des Festes de immacul. concept. — Hören wir auch, was der bereits citirte Anselm von Havelburg seinem Gegner Nechites über diesen Punkt sagt. Die Concilien, wendete dieser ein, haben den Glauben rein bewahrt. Darauf Anselm: Ich bewundere deine Gescheidtheit, weil Du das den Gliedern

---

[1]) De divinis offic. lib. 2. c. 22.

zuschreibst, was Sache des Hauptes war. Dann rückt er ihm mit
Beispielen aus der Geschichte entgegen. Wahr ist, sagt er, bei den
Griechen, hier in Constantinopel, sind die Häresien entstanden und
niedergeworfen worden: aber letzteres nicht durch die Griechen, son=
dern durch den Papst. Er beweist dieß. Hierauf ruft er ihm zu:
Ecce vides quaslibet haereses hic et ubique exortas a petra fidei
per Petrum Apostolum collisas et destructas¹). Der auch schon
angeführte Abt Aelred sagt von der Kirche in Rom: Quidquid ipsa
statuerit, suscipio, approbo quod approbaverit, quod damnaverit
damno²). Hugo Etherianus folgert (lib. 3. adv. Graec. c. 17.)
daraus, daß der Herr den Petrus und seinen Nachfolger zum Fürsten
und Haupt der morgen= und abendländischen Kirche gemacht hat:
aequum est ratum habere, quod tanta ecclesia (sc. Romana) de-
cernit, quod tantus Pontifex — es handelt sich um das filioque! —
Denn ohne den Papst, setzt er nach Stephan dem Jüngeren plastisch
bei, vertrocknet das Leben (vigor) in der Feder der kirchlichen Tra=
dition. Und im 10. Capitel sagte er bereits (auch vom filioque):
Quodsi Conciliis Constantinopolitano et Chalcedonensi licuit Synodo
Nicaeno aliquid addere, id quoque Romano Pontifici licuit³).
Den Schluß der Stellen unter dieser Thesis bilde das schöne Zeugniß
des Abtes Joachim von Floris in Calabrien († 1202). Ich bitte
und beschwöre Euch, meine Brüder, — schreibt derselbe in prolog. 1.
ad Apocalyps. — Alles, was ich etwa vor meinem Tode noch schreibe,
vollständig der Prüfung des apostolischen Stuhles zu unterwerfen:
recipientes ab eadem Sede vice mea correptionem, et exponentes
ei meam circa ipsam devotionem et fidem, et quod ea semper
tenere paratus sim, quae ipsa statuit vel statuerit, nullamque
meam opinionem contra ejus defendere sanctam fidem, credens
ad integrum quae ipsa credit, et *tam in moribus quam in doctrina
ejus* suscipiens correptionem, abjiciens quos ipsa abjicit, suscipiens
quos suscipit ipsa, *credensque firmiter*, non posse portas inferi
praevalere adversus eam, et si eam ad horam turbari, et pro-
cellis agitari contingat, *non deficere fidem ejus* usque ad consummationem saeculi⁴).

---

¹) l. c. lib. 3. cap. 12.
²) l. c. — Cf. Serm. 231. ibidem.
³) Man vergleiche das Argument des hl. Thomas über diesen Punkt im Opus
de Potentia l. c.
⁴) Cf. Conc. Later. IV. decret. 2. (definitio contra abbatem Joachim et
Almaricum). Es ist darin bemerkt, es solle durch Verurtheilung der Lehre Joachims

F. Ipse etiam patriarchis praelatus existit.

Es gehören hieher alle Stellen unter A. Ganz der Thesis entspricht, was Isidor in einem Briefe vom Papst sagt (ep. ad Claudium Ducem): Wir Bischöfe sind zwar Vorstände der Kirche, aber unter dem Papst: ihm schulden wir vor allen übrigen Prälaten der Kirche besonders (specialius prae caeteris ecclesiae praelatis) Ehrfurcht und Gehorsam[1]). Ausdrücklich hat die Thesis der Lombarde (Sent. IV. d. 24. im Commentar Bonaventura's ed. Peltier t. VI. p. 165). Da zählt er die Stufen der Hierarchie, zuletzt die Patriarchen auf, welche so heißen, weil patriarcha nach dem Griechischen = summus patrum ist. So der römische, alexandrinische, antiochenische: *sed omnium summus est Romanus.* Anselm von Havelburg (l. c. c. 12.) betont diesen Vorzug des Einen Papstes scharf gegenüber den Prätensionen von Constantinopel: Es gibt auf Erden nur Eine Kirche, darum auch nur Einen, der ihr Haupt ist. Das ist der Bischof von Rom: quem Majestas Divini Judicii *principaliter et omnibus praeesse voluit.* Alexander von Hales († 1245) sagt dasselbe also: In der Reihe der zeitlichen Gewalten steht Keiner über dem König oder Kaiser: in der Reihe der geistlichen Keiner über dem Papst (nullus est major Papa)[2]).

G. Subesse Romano Pontifici est de necessitate salutis.

Schon Isidor folgert aus dem für alle Zeit feststehenden Vorrang des Bischofs von Rom: „Wer demselben nicht ehrfurchtsvoll den schuldigen Gehorsam leistet, trennt sich vom Haupt, macht sich des Schisma's der Acephali schuldig. Da gilt dann, was Athanasius in Bezug auf den Glauben an die Trinität sagt: Quod nisi quisque fideliter crediderit, *salvus esse non poterit.* Das Nämliche folgert Rabanus Maurus (in Matth. c. 17, schon vor ihm Beda) aus der besonderen Verleihung der Binde- und Löse-Gewalt an Petrus.

---

seinem Kloster in Floris nicht nahe getreten werden, weil es in guter Zucht blühe, namentlich aber „cum ipse Joachim omnia scripta sua nobis assignari mandaverit, Apostolicae sedis judicio approbanda, seu etiam corrigenda, dictans epistolam, quam propria manu subscripsit, in qua firmiter confitetur, se illam fidem tenere, quam Romana tenet ecclesia, quae (disponente Domino) cunctorum fidelium mater est et magistra. — Der Brief des Abtes und sein Inhalt lag also dem Concilium vor und die klaren Stellen über das Magisterium der Päpste fanden des Concils Beifall!

[1]) Die Schlußworte in diesem Brief: Hoc vero non ex proprii arbitrii electione etc. haben wir bereits zur Erklärung einer Stelle im Libell (Cyrill, E, am Ende) beigezogen.

[2]) Summ. part. 3. q. 40. mem. 2.

Wir fanden die betreffenden Worte schon wiederholt bei Thomas und Albertus benützt. Herrlich sind Anselms Worte über diejenigen, welche sich des Papstes (Paschal II.) Vorschriften gegen die Investitur widersetzten. Qui quum dedignantur Apostolicis decretis, quae ad robur christianae fidei Papa facit, esse obedientes, Petro utique apostolo, cujus vice fungitur, immo Christo, qui Petro suam commendavit ecclesiam, se probant esse inobedientes. Quaerant igitur, qui Vicarii Petri, et in eo Petri et Christi decreta christiana contemnunt, alias regni coelorum portas, quia certe per illas non introibunt, quarum claves Petrus apostolus portat[1]).

Wir haben den angeführten Zeugnissen nichts beizusetzen. Sie selber, gerade unter die Thesen des Opusculums contra errores Graecorum vertheilt, sprechen laut genug. Wenn von allen Zeugnissen, welche Thomas in Bezug auf den Primat aus dem Libell ausgehoben hat, kein einziges ächt wäre, und wenn Thomas die Thesen in seinem Büchlein aus diesen fingirten Stellen geschöpft, abgeleitet hätte, — selbst dann könnte man nicht sagen, daß dadurch die Lehre der Theologen, geschweige die Kirchenlehre sei gefälscht worden!

X. Schluß.

Am Ende der Untersuchung über unsern Gegenstand glauben wir drei Punkte als feststehendes Ergebniß hervorheben zu dürfen.

1. **Thomas hat die Unfehlbarkeit des Papstes bei endgiltigen Entscheidungen in Glaubenssachen eben so gewiß gelehrt, als die Vollgewalt des Papstes in dem angegebenen Sinne.**

Die mens vera des hl. Thomas ist durchaus nicht die, daß der Papst nur unfehlbar entscheiden kann im formellen Verband mit dem Consens der Kirche oder der Bischöfe. Der Versuch der Verfasser

---

[1]) Anselmi Cantuar. ep. 65 (t. 3. ed. Gerberon.) bei Benettis l. c. p. 345. Cf. Gergo Carthus. maj. ep. ad Innoc. II. l. c., noch mehr in praef. ad vitam S. Hugonis: Durch Ungehorsam gegen den, welchem die ganze Welt übergeben ist, müssen wir fürchten, den zu beleidigen, von dem die Welt geschaffen wurde. — Aelredus l. c.: Haec est ecclesia Romana: cui qui non communicat, haereticus est. — Hugo Ether. (lib. 3. c. 10.): Qui autem primae sedi, immo totius orbis praesuli resistunt, Christi dispositioni resistunt.

und Vertheidiger der gallicanischen Artikel, das Ansehen des Thomas
in Bezug auf den IV. Artikel nicht gegen sich zu haben, muß als
mißlungen bezeichnet werden. Thomas war „Infallibilist". Dabei
fällt schwer in's Gewicht, daß Thomas ein Heiliger war von flecken=
losem Wandel und Charakter, unabhängiger und freier von Leiden=
schaften und Rücksichten, als mancher Meister der modernen Wissen=
schaft. Er schaute nicht auf einen etwa in der Luft schwebenden Car-
dinalshut — den ihm zugedachten nahm er eben so wenig als ein
Bisthum an! — noch ließ er sich an den Höfen zu Paris und Neapel,
wo er hoch in Ansehen stand, irgendwie von der Hofluft beeinflussen.

Die Fassung der Frage bei Thomas ist so klar, als man es
nur, mehr als vier Säcula vor dem Jahre 1682, erwarten kann.
Der Kern der Frage ist niemals außer Acht gelassen. Ist des Papstes
entscheidendes Wort — das letzte, Unfehlbares aussprechende Wort in
Glaubenssachen, oder muß man nach dessen Entscheidung erst den aus=
drücklichen oder stillschweigenden Consens der Kirche abwarten, damit
der Satz als Glaubenslehre sicher steht? Auf letztere Frage antwortet
Thomas mit einem entschiedenen Nein. Einer Befürchtung, die in unsern
Tagen in den Vordergrund gestellt wird und so recht die ganze Frage
in Staubwolken zu hüllen geeignet ist, gedenkt Thomas gar nicht, der
Befürchtung nämlich, ob nicht der unfehlbare Papst, aus Unwissen=
heit oder Bosheit, irgendeinmal die ganze Kirche mit zu glauben vor=
gestellten Irrthümern überschütte. Er gedenkt ihrer nicht, weil sie
eitel ist. Die Kirche hat noch niemals gefürchtet, der Papst möchte
einmal das ihm zustehende, mit der lehramtlichen Unfehlbarkeit wenig=
stens verwandte Recht der Canonisation aus bösem Willen oder aus
Nachlässigkeit zur Täuschung aller Gläubigen mißbrauchen!

2. **Thomas hat seine Ansicht vom unfehlbaren Lehr=
amt wie von der Vollgewalt des Papstes nicht aus un=
ächten, fingirten Stellen genommen, noch sie erst auf
Grund derselben in die Dogmatik eingeführt.** Sein Büch=
lein gegen die Griechen ist kein Beweis für diese colossale Behauptung.
Umfang, Zeit der Abfassung, besonders Anlage und Zweck dieses
Büchleins, sowie sein Verhältniß zu den übrigen für unsern Gegen=
stand benützten Werken des heiligen Lehrers — sprechen laut gegen
dieselbe. Nicht erst Thomas brauchte der Lehre von der päpstlichen
Unfehlbarkeit „das Thor der Schule aufzumachen". Sein Freund und
Zeitgenosse, der hl. Bonaventura, sein Lehrer Albertus Magnus, die
bedeutendsten Theologen des Mittelalters vor Thomas haben das
Gleiche eben so entschieden vorgetragen. Es ist kein Zweifel, daß vor

600 Jahren die Anschauung des hl. Thomas unter den Theologen, besonders der Pariser Schule, die herrschende war und es nicht erst durch Thomas wurde. Das Gegentheil behaupten wollen, wäre ein Verstoß gegen die historische Wahrheit, die uns auch im 13. Jahrhundert heilig ist. Die beßfallsigen, kategorischen Erklärungen bei Janus, bei Döllinger richten sich von selbst. Man kann unmöglich reden von einer Freude der Päpste über den durch die Einführung der Unfehlbarkeit in die Dogmatik gemachten „Gewinn", oder von einem Vortheil der gerade damals über die Welt sich ergießenden Bettelorden, nicht reden von einem a. 1274 geschehenen Schritt, „dessen Wichtigkeit und vollständiger Erfolg kaum überschätzt werden kann".

3. **Thomas hat sich für seine Lehre in der That nicht durchweg nur auf Fälschungen berufen; es ist nicht wahr, daß er nie auf echte Stellen der Väter oder Concilien sich beruft.**

Zwei seiner Beweise sind geführt und stehen ohne irgend ein einzelnes Zeugniß der Väter oder Concilien. Aus der Idee des Primates und aus dem Zweck des Primates zieht er die Unfehlbarkeit des kirchlichen Oberhauptes bei feierlichen Lehrentscheidungen als nothwendige Consequenz. Der dritte seiner Beweise hat zur Basis das Verhältniß zwischen Papst und Concilium, nicht wie es sich herausstellt nach fingirten Zeugnissen, sondern wie es bis herab in die neueste Zeit, in der jüngsten Conciliengeschichte nicht geläugnet wurde: Jedem Beschluß eines allgemeinen Concils, besonders aber Glaubensdecreten ist zu ihrer Rechtskräftigkeit absolut nothwendig die Bestätigung durch den Papst; erst durch den Beitritt des Papstes erhielten und erhalten die Gläubigen Gewißheit, ob eine Sentenz zu glauben sei oder nicht. Dieß Verhältniß setzt voraus, daß des Papstes Entscheid dem Irrthum nicht zugänglich ist.

Dieß die Beweise des Thomas. Aber nicht einmal die Beweis-Mittel desselben sind „durchweg gefälscht". In den Hauptstellen für die päpstliche Unfehlbarkeit ist entweder kein traditionelles Zeugniß benützt (Summ. c. Gentes) oder es werden ächte Stellen citirt (Summ. theol.) und wahre Thatsachen angeführt (Op. de Potent.). Nicht einmal die Zeugnisse im Opusc. 1. sind durchweg unecht. Was darin auch der schärffte Kritiker nicht beanstanden kann (z. B. in Stellen aus Chrys. und Maxim.), gäbe ein genügendes Fundament zu einem Beweis für den Primat und seine Rechte.

4. Das Glied also, welches der hl. Thomas, resp. sein Büchlein gegen die Griechen in der Beweiskette des Janus bilden sollte, fällt

zweifellos heraus. Der Zeitpunkt der Einführung der päpstlichen Unfehlbareit muß weiter zurück gesucht werden. Es wird sich bei aufrichtigem Suchen nach Wahrheit kein anderer finden, als der Moment, da der Heiland der Welt den hl. Petrus als Grundstein seiner Kirche erwählte und befähigte. Das steht uns jetzt so fest, wie irgend ein Dogma der Kirche. Mit mehr Grund können wir deßhalb gegenüber der aus Anlaß des Dogma's vom 18. Juli 1870 in Scene gesetzten, alle Elemente des Unglaubens anziehenden Bewegung sagen, was einst Bonaventura von der durch Wilhelm von St. Amour geführten Bewegung gegen die neuen Orden geschrieben hat: Secundum dictum hujus hominis unius concludendum est, quod universalis ecclesia tota erravit et decepta fuit; et qui hujusmodi statum erroneum invenerunt et approbaverunt, omnes damnati sunt. Quod est horribilissimum et incredibilissimum: quod Deus permitteret errare universaliter populum suum sanctum et tantam multitudinem sapientium, qui haec tempora praecesserunt. Quis autem tam sapiens et tam justus, ut audeat caeteros, praeter se, judicare fuisse deceptos et reprobos? Mira est haec sapientia, quae omnium ostendit insipientiam: et mira justitia, quae caeteros condemnat. Quodsi hoc non est sapientia, sed potius temeritas, sedem apostolicam velle judicare, quae a solo Deo judicatur, et ejus judicium et sapientiam reprobare, et tot viros sanctos in infernum retrudere et in barathrum damnationis: procul ergo haec fiant a cordibus fidelibus et christianis! [1]

---

[1] Op. de Paupert. Christi a. 1. t. VII. p. 389 (ed. Vatic.).

Nachträgliche Bemerkungen.

S. 6 Z. 9 v. u. lies Summum statt Summam.
„ 9 Anm. 2) lies schismc statt chisme.
„ 15 Anm. lies Pontefici statt Pontifici.
„ 18 Z. 3 v. o. lies committeret statt commiteret.
„ 48 Z. 6 v. u. lies credendum statt eredendum.
„ 66 D. Wenn wir bei Darlegung des Status quaestionis aus Thomas sagen: „nicht in allen Punkten, — nur in Glaubenssachen sei die Entscheidung des Papstes unfehlbar", so verstehen wir darunter nicht bloß dogmatische Entscheidungen, wie dieß Eberhard, „Fels des Glaubens" S. 173 zu verstehen scheint, sondern endgiltige Entscheidungen in iis quae ad fidem pertinent, wie Thomas (Quodlib. 9.) richtig das Object der kirchlichen Unfehlbarkeit bezeichnet. Man vergleiche auch die Regensburger Broschüre gegen Ruckgaber (bei Pustet, 1871) S. 6: „Der Papst muß zweitens ausdrücklich die Lehre als Glaubenssatz (?) erklären und in Beziehung darauf die Unterwerfung des Verstandes fordern." S. 7: „Jene Decrete sind nicht ex cathedra erlassen, welche 1) nicht von Glaubenssachen handeln."
„ 78. Anm. 3) lies stammen=ben statt stammen. ben.

Inhalts-Verzeichniß.

		Seite
I.	Einleitung	1
II.	Der Primat	15
III.	Das unfehlbare Lehramt des Papstes	41
IV.	Der Status quaestionis bei Thomas	57
V.	Die Beweis-Mittel des hl. Thomas	70
VI.	Die Beweise des hl. Thomas	90
VII.	Das Büchlein gegen die Griechen	101
VIII.	Fortsetzung. Die Väterterte	117
IX.	Zeitgenossen und Vorläufer des hl. Thomas	156
X.	Schluß	191
	Nachträgliche Bemerkungen.	

www.ingramcontent.com/pod-product-compliance
Lightning Source LLC
Chambersburg PA
CBHW020919230426
43666CB00008B/1495